Kombi BUCH Deutsch 9

Lese- und Sprachbuch für den Sekundarunterricht Ausgabe Luxemburg

Erstellt auf der Basis von
Kombi-Buch Deutsch, Ausgabe N

Erarbeitet von
Tanja Klingbeil
Rolande Linden
Christiane Schmitz
Ursula Spichale
Mady Weydert

in Zusammenarbeit mit dem
Ministerium für Erziehung und
Berufsausbildung, Luxemburg

C.C.BUCHNER

Die 4 Lernbereiche im Kombi-Buch

Im Kombi-Buch sind in jedem Kapitel alle vier Lernbereiche grundsätzlich vernetzt → Integratives Prinzip.
Die Farbfelder markieren deshalb lediglich den Lernschwerpunkt in den Kapiteln bzw. auf der Seite:

Sprechen und Zuhören

Schreiben

Sprachgebrauch und Sprachreflexion

Umgang mit Texten und Medien

2. Auflage, 1. Druck 2016
Alle Drucke dieser Auflage sind, weil untereinander unverändert, nebeneinander benutzbar.

Dieses Werk folgt der reformierten Rechtschreibung und Zeichensetzung.
Ausnahmen bilden Texte, bei denen künstlerische, philologische oder lizenzrechtliche Gründe einer Änderung entgegenstehen.

www.ccbuchner.de

Grafik und Satz: ARTBOX Grafik und Satz GmbH, Bremen
Umschlag: tiff.any, Berlin
Druck: Stürtz GmbH, Würzburg

ISBN 978-3-7661-3669-5

Inhaltsverzeichnis

Wahrheiten

Autoren in ihrer Zeit

Zwei Welten in mir

Lichterloh

Berlin – Aspekte einer Metropole

Alles Liebe

Gold und Geld

Zwischen Inszenierung und Information

Lebenswünsche, Lebenswege

Übergänge

Wahrheiten

Damit es bei der Prüfung auch absolut gerecht zugeht, bekommt ihr alle die gleiche Aufgabe: Klettert auf den Baum!

4,5% x 8,2

Bertolt Brecht[1]

Ich habe gehört, ihr wollt nichts lernen

Ich habe gehört, ihr wollt nichts lernen.
Daraus entnehme ich: ihr seid Millionäre.
Eure Zukunft ist gesichert – sie liegt
Vor euch im Licht. Eure Eltern
Haben dafür gesorgt, daß eure Füße
An keinen Stein stoßen. Da mußt du
Nichts lernen. So wie du bist
Kannst du bleiben.

Sollte es dann noch Schwierigkeiten geben, da doch die Zeiten
Wie ich gehört habe, unsicher sind
Hast du deine Führer, die dir genau sagen
Was du zu machen hast, damit es euch gut geht.
Sie haben nachgelesen bei denen
Welche Wahrheiten wissen
Die für alle Zeiten Gültigkeit haben
Und die Rezepte, die immer helfen.

Wo so viele für dich sind
Brauchst du keinen Finger zu rühren.
Freilich, wenn es anders wäre
Müßtest du lernen.

[1] Texte von Bertolt Brecht dürfen aus urheberrechtlichen Gründen nur in alter Rechtschreibung abgedruckt werden.

1

Aufgaben: Seite 15

Theo Schmich

Geier

Geier waren wir.

Unser Opfer war Harold. Manchmal kommt mir alles im Traume wieder. Wir hocken auf dem Rand unserer Büroschränke. Mit kahlen, hässlichen, lauernden Geierköpfen. Unter uns, an seinem Schreibtisch, Harold.

Mit seiner Beförderung zum Prokuristen[1] hatte Harolds Ende begonnen. Er strahlte an diesem Tage, schritt energiegeladen durch die Flure. Siegessicher. Er hatte es geschafft, er würde es weiterhin schaffen. Wir, seine Kollegen, waren jenseits allen Neides. Längst schon hatte er uns überrundet, hatte seine Beförderung sich abgezeichnet. Unseren Neid hatten wir hinter uns gebracht, zu einem früheren Zeitpunkt. Und resigniert angesichts Harolds Energie. Jetzt standen wir auf. Nicht gegen Harold, sondern um aus sicherem Abstande seinen Kampf zu beobachten.

„Ob er es schafft?"

„Kaum. Zu viel Arbeit. Und es wird noch mehr, verlasst euch darauf!"

„Abwarten. Harold ist zäh."

Die Geier bezogen ihre Posten. Schon bald nach seiner Beförderung erschien Harold verändert. Betont freundlich war er bisher gewesen, frei von Launen. Nun wurde er gereizt, fuhr seine Untergebenen an. Meist zwar fand er hinterher eine Entschuldigung. Doch war dies nur ein Beweis dafür, wie schwer ihm bereits die Kontrolle über sich selbst fiel. „Was habe ich gesagt? Es wird zu viel für ihn." Vielsagend zwinkerten wir uns zu. Harolds rechtes Augenlid begann zu zucken. Bemerkte Harold es nicht? Jedenfalls sah er uns beim Gespräch unbefangen an, während wir Mühe hatten, ihm nicht ins Gesicht zu lachen. Es war zu komisch, dies zuckende Augenlid! Dann wurde Harold wieder stiller. Nicht eigentlich, dass er seine Gereiztheit überwand. Nur ihre „Wogen" schlugen weniger hoch. Harold verlor an Energie. „Er schafft es nicht", urteilten wir einmütig und wiegten dabei unsere Köpfe. Keine schadenfrohe Feststellung! Ein leidenschaftsloses Urteil.

[1] *der Prokurist:* ein leitender Angestellter mit Berechtigung, im Namen des Betriebes zu unterschreiben

Harold hetzte von einer Aufgabe zur anderen, konnte aber nie etwas vollständig erledigen, da sich hinter jeder dringenden Arbeit eine noch dringendere versteckte. Seine Gesichtszüge wurden schlaffer. Die Mundpartie bekam etwas Raubtierhaftes. Der Glanz seiner Augen wurde matter. Doch gleichzeitig verengten sie sich zu lauernden Spalten. „Urlaub!", sagte einer von uns.
Mit geringschätzigem Staunen sahen wir ihn an. Erkannte er die Situation nicht? Einen Urlaub konnte Harold sich nicht leisten. Zwar seinen Posten erobern, hätte keiner von uns vermocht. Aber wir hätten seine Stellung erschüttert während seiner Abwesenheit, ihm Befugnisse entrissen, uns Entscheidungen angemaßt. Geier, die auf eine Schwäche ihres Opfers warteten.
„Mein Arm schmerzt, meine Schulter", klagte Harold. Für einen Augenblick empfanden wir Mitleid. Ein klagender Harold, das war neu, das war ungewohnt. Alarmierend! Schmerzen im Arm, in der Schulter. Herz.
„Zum Arzt", sagten wir.
Harold sah uns an, durch uns hindurch. Nickte schließlich langsam, als hätte er begriffen, und ging müde zurück an seinen Schreibtisch. Und er hatte begriffen!
„Ruhe!", würde der Arzt anordnen. Teure Medikamente, jedes Medikament hätte Harold sich leisten können. Aber keine Ruhe. Eines nur gab es: durchhalten, die Stellung festigen, ausbauen. Dann vielleicht: Ruhe. Andere drängten nach, auch wir. Eine Schwäche von ihm hätte uns gestärkt. Harold wusste das. An einem Freitag sahen wir ihn zum letzten Male. Samstags war er zusammengebrochen. Er hatte noch gelebt, als man ihn ins Krankenhaus schaffte. So jedenfalls hörten wir, als wir montags darauf zur gewohnten Arbeit erschienen.

Heinrich Böll

Anekdote zur Senkung der Arbeitsmoral

2

Aufgaben: Seite 15

In einem Hafen an einer westlichen Küste Europas liegt ein ärmlich gekleideter Mann in seinem Fischerboot und döst. Ein schick angezogener Tourist legt eben einen neuen Farbfilm in seinen Fotoapparat, um das idyllische Bild zu fotografieren: blauer Himmel, grüne See mit friedlichen schneeweißen Wellenkämmen, schwarzes Boot, rote Fischermütze. Klick. Noch einmal: klick. Und da aller guten Dinge drei sind und sicher sicher ist, ein drittes Mal: klick. Das spröde, fast feindselige Geräusch weckt den dösenden Fischer, der sich schläfrig aufrichtet, schläfrig nach seiner Zigarettenschachtel angelt; aber bevor er das Gesuchte gefunden, hat ihm der eifrige Tourist schon eine Schachtel vor die Nase gehalten, ihm die Zigarette nicht gerade in den Mund gesteckt, aber in die Hand gelegt, und ein viertes Klick, das des Feuerzeuges, schließt die eilfertige Höflichkeit ab. Durch jenes

kaum messbare, nie nachweisbare Zuviel an flinker Höflichkeit ist eine gereizte Verlegenheit entstanden, die der Tourist – der Landessprache mächtig – durch ein Gespräch zu überbrücken versucht.
„Sie werden heute einen guten Fang machen.“
Kopfschütteln des Fischers.
„Aber man hat mir gesagt, dass das Wetter günstig ist.“
Kopfnicken des Fischers.
„Sie werden also nicht ausfahren?“
Kopfschütteln des Fischers, steigende Nervosität des Touristen. Gewiss liegt ihm das Wohl des ärmlich gekleideten Menschen am Herzen, nagt an ihm die Trauer über die verpasste Gelegenheit.
„Oh, Sie fühlen sich nicht wohl?“
Endlich geht der Fischer von der Zeichensprache zum wahrhaft gesprochenen Wort über. „Ich fühle mich großartig“, sagt er. „Ich habe mich nie besser gefühlt.“ Er steht auf, reckt sich, als wollte er demonstrieren, wie athletisch er gebaut ist. „Ich fühle mich fantastisch.“ Der Gesichtsausdruck des Touristen wird immer unglücklicher, er kann die Frage nicht mehr unterdrücken, die ihm sozusagen das Herz zu sprengen droht: „Aber warum fahren Sie dann nicht aus?“ Die Antwort kommt prompt und knapp. „Weil ich heute Morgen schon ausgefahren bin.“
„War der Fang gut?“
„Er war so gut, dass ich nicht noch einmal auszufahren brauche, ich habe vier Hummer in meinen Körben gehabt, fast zwei Dutzend Makrelen gefangen ...“ Der Fischer, endlich erwacht, taut jetzt auf und klopft dem Touristen beruhigend auf die Schultern. Dessen besorgter Gesichtsausdruck erscheint ihm als ein Ausdruck zwar unangebrachter, doch rührender Kümmernis. „Ich habe sogar für morgen und übermorgen genug“, sagt er, um des Fremden Seele zu erleichtern. „Rauchen Sie eine von meinen?“
„Ja, danke.“ Zigaretten werden in die Münder gesteckt, ein fünftes Klick, der Fremde setzt sich kopfschüttelnd auf den Bootsrand, legt die Kamera aus der Hand, denn er braucht jetzt beide Hände, um seiner Rede Nachdruck zu verleihen. „Ich will mich ja nicht in Ihre persönlichen Angelegenheiten mischen“, sagt er, „aber stellen Sie sich mal vor, Sie führen heute ein zweites, ein drittes, vielleicht sogar ein viertes Mal aus, und Sie würden drei, vier, fünf, vielleicht gar zehn Dutzend Makrelen fangen – stellen Sie sich das mal vor!“
Der Fischer nickt.
„Sie würden“, fährt der Tourist fort, „nicht nur heute, sondern morgen, übermorgen, ja, an jedem günstigen Tag zwei-, dreimal, vielleicht viermal ausfahren – wissen Sie, was geschehen würde?“

Der Fischer schüttelt den Kopf.

„Sie würden sich in spätestens einem Jahr einen Motor kaufen können, in zwei Jahren ein zweites Boot, in drei oder vier Jahren vielleicht einen kleinen Kutter haben, mit zwei Booten und dem Kutter würden Sie natürlich viel mehr fangen – eines Tages würden Sie zwei Kutter haben, Sie würden …“, die Begeisterung verschlägt ihm für ein paar Augenblicke die Stimme, „Sie würden ein kleines Kühlhaus bauen, vielleicht eine Räucherei, später eine Marinadenfabrik, mit einem eigenen Hubschrauber rundfliegen, die Fischschwärme ausmachen und Ihren eigenen Kuttern per Funk Anweisungen geben. Sie könnten die Lachsrechte erwerben, ein Fischrestaurant eröffnen, den Hummer ohne Zwischenhändler direkt nach Paris exportieren – und dann …“, wieder verschlägt die Begeisterung dem Fremden die Sprache.

Kopfschüttelnd, im tiefsten Herzen betrübt, seiner Urlaubsfreude schon fast verlustig, blickt er auf die friedlich hereinrollende Flut, in der die ungefangenen Fische munter springen. „Und dann“, sagt er, aber wieder verschlägt ihm die Erregung die Sprache. Der Fischer klopft ihm auf den Rücken, wie einem Kind, das sich verschluckt hat. „Was dann?“, fragt er leise. „Dann“, sagt der Fremde mit stiller Begeisterung, „dann könnten Sie beruhigt hier im Hafen sitzen, in der Sonne dösen – und auf das herrliche Meer blicken.“

„Aber das tu' ich ja jetzt schon“, sagt der Fischer, „ich sitze beruhigt am Hafen und döse, nur Ihr Klicken hat mich dabei gestört.“

Tatsächlich zog der solcherlei belehrte Tourist nachdenklich von dannen, denn früher hatte er auch einmal geglaubt, er arbeite, um eines Tages einmal nicht mehr arbeiten zu müssen, und es blieb keine Spur von Mitleid mit dem ärmlich gekleideten Fischer in ihm zurück, nur ein wenig Neid.

3

Erich Kästner

Die Entwicklung der Menschheit

Aufgaben: Seite 15

Einst haben die Kerls auf den Bäumen gehockt,
behaart und mit böser Visage.
Dann hat man sie aus dem Urwald gelockt
und die Welt asphaltiert und aufgestockt,
bis zur dreißigsten Etage.

Da saßen sie nun, den Flöhen entflohn,
in zentralgeheizten Räumen.
Da sitzen sie nun am Telefon.
Und es herrscht noch genau derselbe Ton
wie seinerzeit auf den Bäumen.

Sie hören weit. Sie sehen fern.
Sie sind mit dem Weltall in Fühlung.
Sie putzen die Zähne. Sie atmen modern.
Die Erde ist ein gebildeter Stern
mit sehr viel Wasserspülung.

Sie schießen die Briefschaften durch ein Rohr[1].
Sie jagen und züchten Mikroben.
Sie versehn die Natur mit allem Komfort.
Sie fliegen steil in den Himmel empor
und bleiben zwei Wochen oben.

Was ihre Verdauung übrig lässt,
das verarbeiten sie zu Watte.
Sie spalten Atome. Sie heilen Inzest[2].
Und sie stellen durch Stiluntersuchungen fest,
dass Cäsar Plattfüße hatte.

So haben sie mit dem Kopf und dem Mund
den Fortschritt der Menschheit geschaffen.
Doch davon mal abgesehen und
bei Lichte betrachtet sind sie im Grund
noch immer die alten Affen.

[1] *die Rohrpost:* eine mit Saug- oder Druckluft betriebene Anlage zur Beförderung von Briefen o. Ä. durch Rohrleitungen

[2] *der Inzest:* der Geschlechtsverkehr zwischen Blutsverwandten

Bertolt Brecht, **Ich habe gehört, ihr wollt nichts lernen** *(Seite 9)*

1. Entnimm den Versen 1–12, welche Gründe das lyrische Ich für die Lernunwilligkeit der anderen vermutet.

2. In Vers 11 ist von „Führern" die Rede. Das Gedicht entstand 1932 (☞ Kurzbiografie: Bertolt Brecht, S. 141 f.). Erörtert, wen Brecht wohl gemeint haben könnte. Lest dann genau die Verse 13–18 und überlegt, ob das dort Gesagte wörtlich zu verstehen ist.

3. Nehmt Stellung zu den letzten beiden Versen. Ist das Gedicht noch aktuell?

1 *Theo Schmich,* **Geier** *(Seite 10)*

1. Trage alle Informationen zusammen, die Aufschluss über Harolds Verhalten geben, und ziehe daraus Schlussfolgerungen.

2. Untersuche das Verhalten von Harolds Kollegen und überprüfe, inwiefern sie sich wie „Geier" benehmen.

3. Beurteile, ob die Kollegen Mitschuld an Harolds Ende tragen.

4. Wähle eine der folgenden Schreibaufgaben aus:

- Versetze dich in die Rolle eines Kollegen und verfasse eine Rede, die du bei der Beerdigung von Harold halten sollst.
- Harold spricht vor seinem Tod mit seiner Frau über die Arbeit. Schreibe diesen Dialog.

2 *Heinrich Böll,* **Anekdote zur Senkung der Arbeitsmoral** *(Seite 11)*

1. Lege eine Tabelle an und sammle darin alle Informationen über den Fischer und den Touristen zu folgenden Punkten: Aussehen, Verhalten, Einstellung zur Arbeit. Inwiefern unterscheidet sich ihre Lebenseinstellung?

2. Untersuche den Dialog zwischen dem Fischer und dem Touristen. Kläre, wer im Gespräch dominiert, und erläutere, wie sich der Tourist in dessen Verlauf verändert.

3. Analysiere, wo die Haltung des Autors deutlich wird und welche sprachlichen Mittel er nutzt.

4. Ergänze den Text um die Gedanken des Fischers. Halte schriftlich fest, was er in folgenden Momenten gedacht haben könnte:

- „... und ein viertes Klick, das des Feuerzeuges, schließt die eilfertige Höflichkeit ab." (Z. 14 f.)
- „Kopfschütteln des Fischers, steigende Nervosität des Touristen." (Z. 24)
- „... wieder verschlägt die Begeisterung dem Fremden die Sprache." (Z. 68 f.)

3 *Erich Kästner,* **Die Entwicklung der Menschheit** *(Seite 14)*

1. Untersuche, welcher Art die Fortschritte der Menschheit sind.

2. Erläutere, warum die Menschen „noch immer die alten Affen" (V. 30) sind.

Wirklichkeit als Mangel: Satire und Karikatur

Wesen und Merkmale der Satire

Gerhard Zwerenz

Nicht alles gefallen lassen ...

Wir wohnten im dritten Stock mitten in der Stadt und haben uns nie etwas zuschulden kommen lassen, auch mit Dörfelts von gegenüber verband uns eine jahrelange Freundschaft, bis die Frau sich kurz vor dem Fest unsere Bratpfanne auslieh und nicht zurückbrachte.

Als meine Mutter dreimal vergeblich gemahnt hatte, riss ihr eines Tages die Geduld und sie sagte auf der Treppe zu Frau Muschg, die im vierten Stock wohnt, Frau Dörfelt sei eine Schlampe. Irgendwer muss das den Dörfelts hinterbracht haben, denn am nächsten Tag überfielen Klaus und Achim unsern Jüngsten, den Hans, und prügelten ihn windelweich. Ich stand grad im Hausflur, als Hans ankam und heulte. In diesem Moment trat Frau Dörfelt drüben aus der Haustür, ich lief über die Straße, packte ihre Einkaufstasche und stülpte sie ihr über den Kopf. Sie schrie aufgeregt um Hilfe, als sei sonst was los, dabei drückten sie nur die Glasscherben etwas auf den Kopf, weil sie ein paar Milchflaschen in der Tasche gehabt hatte.

Vielleicht wäre die Sache noch gut ausgegangen, aber es war just um die Mittagszeit, und da kam Herr Dörfelt mit dem Wagen angefahren. Ich zog mich sofort zurück, doch Elli, meine Schwester, die mittags zum Essen heimkommt, fiel Herrn Dörfelt in die Hände. Er schlug ihr ins Gesicht und zerriss dabei ihren Rock. Das Geschrei lockte unsere Mutter ans Fenster, und als sie sah, wie Herr Dörfelt mit Elli umging, warf unsre Mutter mit Blumentöpfen nach ihm. Von Stund an herrschte erbitterte Feindschaft zwischen den Familien.

Weil wir nun den Dörfelts nicht über den Weg trauten, installierte Herbert, mein ältester Bruder, der bei einem Optiker in die Lehre geht, ein Scherenfernrohr[1] am Küchenfenster. Da konnte unsere Mutter, waren wir andern alle unterwegs, die Dörfelts beobachten.

Augenscheinlich verfügten diese über ein ähnliches Instrument, denn eines Tages schossen sie von drüben mit einem Luftgewehr herüber. Ich erledigte das feindliche Fernrohr dafür mit einer Kleinkaliberbüchse[2], an diesem Abend ging unser Volkswagen unten im Hof in die Luft.

Unser Vater, der als Oberkellner im hochrenommierten Café Imperial arbeitete, nicht schlecht verdiente und immer für den Ausgleich eintrat, meinte, wir sollten uns jetzt an die Polizei wenden.

Aber unserer Mutter passte das nicht, denn Frau Dörfelt verbreitete in der ganzen Straße, wir, das heißt unsere gesamte Familie, seien derart schmutzig, dass wir mindestens zweimal jede Woche badeten und für das hohe Wassergeld,

[1] *das Scherenfernrohr:* ein Doppelfernrohr, mit dem man auch die Entfernung messen kann

[2] *die Kleinkaliberbüchse:* ein leichtes Gewehr

das die Mieter zu gleichen Teilen zahlen müssen, verantwortlich wären.

Wir beschlossen also, den Kampf aus eigener Kraft in aller Härte aufzunehmen, auch konnten wir nicht mehr zurück, verfolgte doch die ganze Nachbarschaft gebannt den Fortgang des Streites.

Am nächsten Morgen schon wurde die Straße durch ein mörderisches Geschrei geweckt. Wir lachten uns halbtot, Herr Dörfelt, der früh als Erster das Haus verließ, war in eine tiefe Grube gefallen, die sich vor der Haustüre erstreckte. Er zappelte ganz schön in dem Stacheldraht, den wir gezogen hatten, nur mit dem linken Bein zappelte er nicht, das hielt er fein still, das hatte er sich gebrochen. Bei alledem konnte der Mann noch von Glück sagen – denn für den Fall, dass er die Grube bemerkt und umgangen hätte, war der Zünder einer Plastikbombe mit dem Anlasser seines Wagens verbunden.

Damit ging kurze Zeit später Klunker-Paul, ein Untermieter von Dörfelts, hoch, der den Arzt holen wollte. Es ist bekannt, dass die Dörfelts leicht übel nehmen. So gegen zehn Uhr begannen sie unsre Hausfront mit einem Flakgeschütz zu bestreichen[3]. Sie mussten sich erst einschießen, und die Einschläge befanden sich nicht alle in der Nähe unserer Fenster. Das konnte uns nur recht sein, denn jetzt fühlten sich auch die anderen Hausbewohner geärgert, und Herr Lehmann, der Hausbesitzer, begann um den Putz zu fürchten.

Eine Weile sah er sich die Sache noch an, als aber zwei Granaten in seiner guten Stube krepierten, wurde er nervös und übergab uns den Schlüssel zum Boden. Wir robbten sofort hinauf und rissen die Tarnung von der Atomkanone. Es lief alles wie am Schnürchen, wir hatten den Einsatz oft genug geübt, die werden sich jetzt ganz schön wundern, triumphierte unsre Mutter und kniff als Richtkanonier[4] das rechte Auge fachmännisch zusammen.

Als wir das Rohr genau auf Dörfelts Küche eingestellt hatten, sah ich drüben gegenüber im Bodenfenster ein gleiches Rohr blinzeln, das hatte freilich keine Chance mehr, Elli, unsre Schwester, die den Verlust ihres Rockes nicht verschmerzen konnte, hatte zornroten Gesichts das Kommando „Feuer!“ erteilt. Mit einem unvergesslichen Fauchen verließ die Atomgranate das Rohr, zugleich fauchte es auch auf der Gegenseite. Die beiden Geschosse trafen sich genau in der Straßenmitte. Natürlich sind wir nun alle tot, die Straße ist hin und wo unsre Stadt früher stand, breitet sich jetzt ein graubrauner Fleck aus.

Aber eins muss man sagen, wir haben das Unsere getan, schließlich kann man sich nicht alles gefallen lassen. Die Nachbarn tanzen einem sonst auf der Nase herum.

[3] *mit einem Flakgeschütz bestreichen:* mit einer Flugzeugabwehrkanone beschießen

[4] *der Richtkanonier:* der Bediener einer Kanone, der für die Treffsicherheit zuständig ist

1. Untersuche Ausgangssituation und Ende der Geschichte. Zu welchen Schlussfolgerungen kommst du?

2. Halte die verschiedenen Etappen des Streites fest und beschreibe, wodurch sie sich unterscheiden.

3. Arbeite am Text das Verhalten der Erwachsenen heraus und beurteile dieses.

4. Überlege, auf welchen Missstand der Autor mit seiner Satire aufmerksam machen möchte. Notiere deine Ideen.

5. Diskutiert, welche Parallelen zwischen dieser Geschichte und ähnlichen Konflikten im wirklichen Leben bestehen.

6. Die Satire arbeitet mit den Mitteln der Übertreibung und der Untertreibung. Suche für beide Mittel Beispiele aus dem Text heraus.

Die **Satire** (lat. *satura*: 1. mit verschiedenen Früchten gefüllte Opferschale; 2. von *satur* = satt, voll) ist eine literarische Verspottung von Missständen, menschlichen Schwächen oder Lastern. Die Satire entlarvt das Kleinliche und Schlechte im Menschenleben und gibt es der Verachtung und Lächerlichkeit preis. Durch das Aufdecken der Missstände soll eine Besserung herbeigeführt werden.
Die Satire arbeitet mit den Mitteln der **Über-** oder **Untertreibung**, der **Ironie** und der **Komik**. Oft entsteht Komik durch eine Verbindung nicht zusammenpassender Elemente: *Mikroben jagen* (Kästner).
Eine satirische Darstellung ist in allen Gattungen möglich (in Gedichten, Romanen, Kurzprosa und im Drama).

7. Schlage selbst in einem Wörterbuch nach, was *Ironie* bzw. *ironisch* bedeutet und was man unter *Komik* bzw. *komisch* versteht. Erstelle eine Begriffsdefinition und suche entsprechende Beispiele aus Zwerenz' Text „Nicht alles gefallen lassen …" (S. 16f.) heraus.

Kurt Tucholsky

Was darf Satire?

Der Satiriker ist ein gekränkter Idealist: Er will die Welt gut haben, sie ist schlecht, und nun rennt er gegen das Schlechte an. Die Satire eines charaktervollen Künstlers, der um des Guten willen kämpft, verdient also nicht diese bürgerliche Nichtachtung und das empörte Fauchen, mit dem hierzulande diese Kunst abgetan wird. Vor allem macht der Deutsche einen Fehler: Er verwechselt das Dargestellte mit dem Darstellenden. Wenn ich die Folgen der

Trunksucht aufzeigen will, also dieses Laster bekämpfe, so kann ich das nicht mit frommen Bibelsprüchen, sondern ich werde es am wirksamsten durch die packende Darstellung eines Mannes tun, der hoffnungslos betrunken ist. Ich hebe den Vorhang auf, der schonend über die Fäulnis gebreitet war, und sage: „Seht!“ Übertreibt die Satire? Die Satire muss übertreiben und ist ihrem tiefsten Wesen nach ungerecht. Sie bläst die Wahrheit auf, damit sie deutlicher wird, und sie kann gar nicht anders arbeiten als nach dem Bibelwort: Es leiden die Gerechten mit den Ungerechten. Wir sollten nicht so kleinlich sein. Wir alle haben Fehler und komische Seiten und kleine und große Schwächen. Und wir müssen nun nicht immer gleich aufbegehren, wenn einer wirklich einmal einen guten Witz über uns reißt. Boshaft kann er sein, aber ehrlich soll er sein. Die echte Satire ist blutreinigend: Und wer gesundes Blut hat, der hat auch einen reinen Teint. Was darf die Satire? Alles.

Kurt Tucholsky (geb. 1890 in Berlin; gest. 1935 in Göteborg)

Erich Kästner

Sinn und Wesen der Satire

Dem Satiriker ist es verhasst, erwachsenen Menschen Zucker in die Augen und auf die Windeln zu streuen. Dann schon lieber Pfeffer! Es ist ihm ein Herzensbedürfnis, an den Fehlern, Schwächen und Lastern der Menschen – also an der Gesellschaft, dem Staat, den Parteien, der Kirche Kritik zu üben. Ihn plagt die Leidenschaft, wenn irgend möglich das Falsche beim richtigen Namen zu nennen. Seine Methode lautet: übertriebene Darstellung negativer Tatsachen mit mehr oder weniger künstlerischen Mitteln zu einem mehr oder weniger außerkünstlerischen Zweck. Er stellt die Dummheit, die Bosheit, die Trägheit und verwandte Eigenschaften an den Pranger. Er hält den Menschen einen Spiegel, meist einen Zerrspiegel, vor, um sie durch Anschauung zur Einsicht zu bringen.

Erich Kästner (geb. 1899 in Dresden; gest. 1974 in München)

8. „Er verwechselt das Dargestellte mit dem Darstellenden." (☞ S. 18, Z. 5 f.) Erläutere, was mit diesem Satz gemeint ist.

9. Vergleicht beide Texte und haltet fest, was nach Tucholsky und Kästner Ziel und Merkmal der Satire ist.

10. Diskutiert in der Klasse, ob es Grenzen für die satirische Darstellung gibt. Darf sie wirklich „alles"?

Karikaturen analysieren

1. Beschreibe möglichst genau, was du auf dem Bild siehst.
2. Halte fest, welche Wirkung die Karikatur beim Betrachter auslöst.
3. Überlege, welches Ziel der Zeichner mit der Karikatur verfolgt.
4. Vergleiche Satire und Karikatur und halte Gemeinsamkeiten und Unterschiede fest.

> Eine **Karikatur** (ital. *caricare*: überladen, übertreiben) weist durch übertrieben komische Darstellung von Menschen und gesellschaftlichen Zuständen auf Missstände hin. Durch **Überbetonung** einzelner, aber erkennbarer Charakterzüge und durch **Verzerrung** von Sachverhalten bezieht der Karikaturist Stellung zu oft aktuellen Vorgängen. Die satirisch-humoristische Darstellung soll den Betrachter zum Nachdenken anregen.

5. Suche in Tageszeitungen, in Zeitschriften oder im Internet eine Karikatur heraus, die dir gut gefällt, und stelle sie der Klasse vor.

6. Wähle eine der Karikaturen auf Seite 8 aus und analysiere sie schriftlich unter folgenden Gesichtspunkten:

- genaue Beschreibung des Bildes
- Wirkung auf den Betrachter
- mögliche Ziele des Karikaturisten

PROJEKT

Eigene Satiren schreiben

Du hast jetzt Satiren kennengelernt und weißt, was eine Satire ausmacht. Wie wäre es, nun selbst eine zu schreiben?
Es gibt sicherlich vieles, was dich aufregt und nervt. Darüber kannst du schreiben, aber es muss witzig sein, damit der Leser darüber lachen kann. Zu diesem Zweck musst du über- und untertreiben und dich der Ironie bedienen. Sage nie direkt, was du denkst, sondern verstecke es, indem du das Gegenteil sagst und zum Beispiel übertrieben lobst, was du kritisieren möchtest.
Wenn du dich über das fade Kantinenessen ärgerst, kannst du dieses übertrieben als exquisites Gourmet-Menü von einem Dreisternekoch bezeichnen. Wenn du dich über eine zu schwierige Prüfung aufregst, kannst du diese als Unterforderung darstellen.
Überlege nun selbst, was dich jeden Tag ärgert und worüber sich auch andere ärgern, denn nur so kann jeder mitlachen.
Beispiele:

- Fahrt im Schulbus
- Schlange stehen in der Kantine
- nervende Eltern ...

Im Kunstunterricht könnt ihr eure Satire auch als Karikatur verbildlichen.

Loriot

Bundestagsrede

Meine Damen und Herren, Politik bedeutet, und davon sollte man ausgehen, das ist doch – ohne darum herumzureden – in Anbetracht der Situation, in der wir uns befinden. Ich kann meinen politischen Standpunkt in wenigen Worten zusammenfassen: erstens das Selbstverständnis unter der Voraussetzung, zweitens, und das ist es, was wir unseren Wählern schuldig sind, drittens die konzentrierte Beinhaltung als Kernstück eines zukunftsweisenden Parteiprogramms ...

1. Überlege, wen und was Loriot mit dieser Rede kritisieren will.

2. Wähle eine der folgenden Aufgaben aus:

- Schreibe die Satire weiter.
- Verfasse einen Paralleltext. Lasse deinen Direktor/deine Direktorin eine Rede über die Schule halten oder halte selber eine Rede über das Teenagerdasein.

Der Konjunktiv in verschiedenen Funktionen

Der Einsatz des Konjunktivs im Text

☞ S. 70 f.
Lies den Text „Papa, was ist ein Fremder?“ von Tahar Ben Jelloun und überlege, welche gedanklichen Überschneidungen es zwischen dem literarischen Text und dem Sachtext gibt und worin diese bestehen.

Bertolt Brecht

Wenn die Haifische Menschen wären

„Wenn die Haifische Menschen wären“, fragte Herrn K. die kleine Tochter seiner Wirtin, „wären sie dann netter zu den kleinen Fischen?“

„Sicher“, sagte er. „Wenn die Haifische Menschen wären, würden sie im Meer für die kleinen Fische gewaltige Kästen bauen lassen, mit allerhand Nahrung drin, sowohl Pflanzen als auch Tierzeug. Sie würden dafür sorgen, daß[1] die Kästen immer frisches Wasser hätten, und sie würden überhaupt allerhand sanitäre Maßnahmen treffen, wenn z. B. ein Fischlein sich die Flosse verletzen würde, dann würde ihm sogleich ein Verband gemacht, damit es den Haifischen nicht wegstürbe vor der Zeit.

Damit die Fischlein nicht trübsinnig würden, gäbe es ab und zu große Wasserfeste; denn lustige Fischlein schmecken besser als trübsinnige.

Es gäbe natürlich auch Schulen in den großen Kästen. In diesen Schulen würden die Fischlein lernen, wie man in den Rachen der Haifische schwimmt. Sie würden z. B. Geographie brauchen, damit sie die großen Haifische, die faul irgendwo rumliegen, finden könnten. Die Hauptsache wäre natürlich die moralische Ausbildung der Fischlein. Sie würden unterrichtet werden, daß es das Größte und Schönste sei, wenn ein Fischlein sich freiwillig aufopfert, und daß sie alle an die Haifische glauben müßten, vor allem, wenn sie sagten, sie würden für eine schöne Zukunft sorgen. Man würde den Fischlein beibringen, daß diese Zukunft nur gesichert sei, wenn sie Gehorsam lernten. Vor allen niedrigen, materialistischen[2], egoistischen und marxistischen[3] Neigungen müßten sich die Fischlein hüten, und es sofort melden, wenn eines von ihnen solche Neigungen verriete.

[1] Texte von Bertolt Brecht dürfen aus urheberrechtlichen Gründen nur in alter Rechtschreibung abgedruckt werden.

[2] *materialistisch:* nur auf den eigenen Vorteil und Nutzen bedacht sein

[3] *marxistisch:* zu Marxismus, eine auf Karl Marx zurückgehende politische, ökonomische und soziale Theorie

Parabel = Übertragung einer Geschichte auf die Realität

Wenn die Haifische Menschen wären, würden sie natürlich auch untereinander Kriege führen, um fremde Fischkästen und fremde Fischlein zu erobern. Die Kriege würden sie von ihren eigenen Fischlein führen lassen. Sie würden die Fischlein lehren, daß zwischen ihnen und den Fischlein der anderen Haifische ein riesiger Unterschied bestehe. Die Fischlein, würden sie verkünden, sind bekanntlich stumm, aber sie schweigen in ganz verschiedenen Sprachen und können einander daher unmöglich verstehen. Jedem Fischlein, das im Krieg ein paar andere Fischlein, feindliche, in anderer Sprache schweigende Fischlein, tötete, würden sie Orden aus Seetang anheften und den Titel Held verleihen.
Wenn die Haifische Menschen wären, gäbe es bei ihnen natürlich auch eine Kunst. Es gäbe schöne Bilder, auf denen die Zähne der Haifische in prächtigen Farben, ihre Rachen als reine Lustgärten, in denen es sich prächtig tummeln läßt, dargestellt wären.
Die Theater auf dem Meeresgrund würden zeigen, wie heldenmütige Fischlein begeistert in die Haifischrachen schwimmen, und die Musik wäre so schön, daß die Fischlein unter ihren Klängen, die Kapelle voran, träumerisch, und in den allerangenehmsten Gedanken eingelullt, in die Haifischrachen strömten.
Auch eine Religion gäbe es da, wenn die Haifische Menschen wären. Sie würde lehren, daß die Fischlein erst im Bauche der Haifische richtig zu leben begännen. Übrigens würde es auch aufhören, daß alle Fischlein, wie es jetzt ist, gleich sind. Einige von ihnen würden Ämter bekommen und über die anderen gesetzt werden. Die ein wenig größeren dürften sogar die kleineren auffressen. Dies wäre für die Haifische nur angenehm, da sie dann selber öfter größere Brocken zu fressen bekämen. Und die größeren, Posten innehabenden Fischlein würden für die Ordnung unter den Fischlein sorgen, Lehrer, Offiziere, Ingenieure im Kastenbau usw. werden.
Kurz, es gäbe erst eine Kultur im Meer, wenn die Haifische Menschen wären."

Haifische = Politiker, Diktatoren Fische = Bürger, Bewohner

1. Untersuche, in welchen Bereichen die Haifische laut Herrn K. für verbesserte Lebensbedingungen der Fischlein sorgen würden, und beurteile diese Verbesserungen.

2. Analysiere, wie das Mädchen seine Frage formuliert und was es damit voraussetzt. Bestätigt sich diese Annahme durch die Antwort des Herrn K.?

3. „Kurz, es gäbe überhaupt erst eine Kultur im Meer, wenn die Haifische Menschen wären." (Z. 50): Schlage den Begriff *Kultur* nach und erläutere die unterschiedlichen Bedeutungen des letzten Satzes. Beziehe bei deinen Überlegungen die naturbedingten Unterschiede zwischen Haifisch und Mensch ein.

4. Prüfe, ob es sich um eine Satire handelt, und begründe deine Meinung.

5. Berücksichtige Brechts Biografie (☞ S. 141) und seine Zeit (☞ S. 43): An welchen politischen und gesellschaftlichen Missständen übt er Kritik? Diskutiert, ob diese heute noch berechtigt ist.

Der Konjunktiv in Bedingungssätzen

Satz 1: Wenn die Haifische Menschen wären, wären sie dann netter zu den kleinen Fischen? (Z. 1 f.)

Satz 2: ... wenn zum Beispiel ein Fischlein sich die Flosse verletzen würde, dann würde ihm sogleich ein Verband gemacht, damit es den Haifischen nicht wegstürbe vor der Zeit. (Z. 7 ff.)

Satz 3: Damit die Fischlein nicht trübsinnig würden, gäbe es ab und zu große Wasserfeste; denn lustige Fischlein schmecken besser als trübsinnige. (Z. 10 f.)

Erklärung

Wir unterscheiden drei **Modi** des Verbs:
- **Indikativ** (Wirklichkeitsform)
- **Konjunktiv** (Möglichkeitsform)
- **Imperativ** (Befehlsform)

1. Unterstreiche die Verbformen in den Beispielsätzen. Bestimme den Modus und seine Verwendung.

2. Erkläre die Bildung des gewählten Modus am Beispiel von *gäbe* (Satz 3). Erläutere, warum bei *verletzen* (Satz 2) die Umschreibung mit *würde* gewählt wird.

3. Nenne den Infinitiv des Verbs *wegstürbe* (Satz 2). Erkläre, warum der Autor in diesem Fall auf die Umschreibung mit *würde* verzichtet hat.

4. Begründe die Wahl des Indikativ Präsens im letzten Beispielsatz.

Bedingungssätze

Man unterscheidet drei Möglichkeiten für Bedingungssätze:

- **Realis (mögliches Geschehen)**
  *Einige Haifische **greifen** Menschen an, wenn man ihnen zu nahe **kommt**. Die Menschen **werden** den Haifisch **ausrotten**, wenn sie ihn weiter so **jagen**.*
  Form: Indikativ Präsens/Futur im Hauptsatz – Präsens im Bedingungssatz

- **Potentialis (angenommenes Geschehen)**
  Wenn die Haifische Menschen wären, wären sie netter zu den Fischen.
  Form: Konjunktiv II der Gegenwart im Hauptsatz und im Bedingungssatz

- **Irrealis (unerfüllbares Geschehen)**
  Wenn es den Menschen besser gegangen wäre, wäre es vielleicht nicht zum Krieg gekommen.
  Form: Konjunktiv II der Vergangenheit im Hauptsatz und im Bedingungssatz

Bildung der Konjunktivformen:

ERINNERT EUCH!

- **Konjunktiv II der Gegenwart:** Präteritumstamm des Verbs mit den Endungen *-e*, *-est*, *-en* oder *-et*; bei starken Verben oft Umlaut:
  er nahm → er nähme
  Wenn der Konjunktiv II mit dem Präteritum übereinstimmt oder nicht mehr gebräuchlich ist, wird die Umschreibung mit *würde* gewählt:
  er lachte → er lachte → er würde lachen, er stürbe → er würde sterben
- **Konjunktiv II der Vergangenheit:** *haben/sein* im Konjunktiv II der Gegenwart und Partizip Perfekt des Verbs:
  er hätte geschrieben, wir wären gegangen

Infinitiv	Konjunktiv II der Gegenwart	Konjunktiv II der Vergangenheit
geben	ich gäbe	ich hätte gegeben
lassen	du ließest	du hättest gelassen
sein	er wäre	er wäre gewesen
fahren	wir führen	wir wären gefahren
kennen	ihr kenntet → ihr würdet kennen	ihr hättet gekannt
sagen	sie sagten → sie würden sagen	sie hätten gesagt

5. Brecht verwendet in „Wenn die Haifische Menschen wären" (☞ S. 22 f.) als Modus den Konjunktiv II. Häufig benutzt er allerdings die Ersatzform mit *würde* und Infinitiv, auch wenn der Konjunktiv II der Gegenwart nicht lautgleich mit dem Präteritum ist. Suche diese Formen und ersetze sie durch entsprechende Konjunktiv II-Formen.

Erich Kästner

Trostlied im Konjunktiv

Wär ich ein Baum, stünd ich droben am Wald.
Trüg Wolke und Stern in den grünen Haaren.
Wäre mit meinen dreihundert Jahren
noch gar nicht so alt.

6. Ergänze das Gedicht um weitere Verse, in denen die Folgen der Bedingung (*Wär ich ein Baum, ...*) genannt werden, oder ergänze weitere Strophen mit neuen Bedingungen (*Wär ich eine Wolke, ...*).

Indirekte Rede und Konjunktiv

Sie würden unterrichtet werden, daß es das Größte und Schönste **sei**, wenn ein Fischlein sich freudig aufopfert, und daß sie alle an die Haifische **glauben müßten**, vor allem, wenn sie sagten, sie **würden** für eine schöne Zukunft **sorgen**. Man würde den Fischlein beibringen, daß diese Zukunft nur gesichert **sei**, wenn sie Gehorsam lernten. […], daß zwischen ihnen und den Fischlein der anderen Haifische ein riesiger Unterschied **bestehe**. Die Fischlein […] **sind** bekanntlich stumm, aber sie **schweigen** in ganz verschiedenen Sprachen…[1]

[1] Ausschnitt des Brecht-Textes; deshalb alte Rechtschreibung

1. Begründe den Modus der fett gedruckten Verbformen mithilfe des Merkkastens.

Gebrauch des Konjunktivs in der indirekten Rede
In der indirekten Rede wird der Konjunktiv I der Gegenwart bzw. der Konjunktiv I der Vergangenheit verwendet: *er gehe* bzw. *er sei gegangen.*
Sind diese Verbformen identisch mit dem Indikativ Präsens, wird der Konjunktiv II der Gegenwart bzw. der Vergangenheit verwendet: *wir sehen → wir sähen; wir haben gesehen → wir hätten gesehen.*
Die Ersatzform mit *würde* wird gewählt, wenn der Konjunktiv II veraltet oder identisch mit dem Präteritum ist: *wir stürben → wir würden sterben.*
Die direkte Rede kann auch in einem Konjunktionalsatz mit *dass* wiedergegeben werden. Hier kann Konjunktiv oder Indikativ verwendet werden: *Man würde den Haifischen beibringen, dass diese Zukunft nur gesichert sei/ist, wenn sie Gehorsam lernten.* Nach manchen Verben kann man einen Redebeitrag indirekt auch durch eine Infinitivkonstruktion wiedergeben: *Die Haifische würden die Fische auffordern, in ihren Rachen zu schwimmen.*

Infinitiv	Konjunktiv I der Gegenwart	Konjunktiv I der Vergangenheit
geben	ich gebe → *ich gäbe*	ich habe gegeben → *ich hätte gegeben*
lassen	du lassest	du habest gelassen
sein	er sei	er sei gewesen
fahren	wir fahren → *wir führen*	wir seien gefahren
kennen	ihr kennet → *ihr kenntet* → *ihr würdet kennen*	ihr habet gekannt
sagen	sie sagen → *sie sagten* → *sie würden sagen*	sie haben gesagt → *sie hätten gesagt*

Haie: Tauchen ohne Käfig

Weiße Haie sind für den Südafrikaner Chris Fallows alles andere als gefräßige Monster. Der 36-Jährige gibt seinen Lieblingshaien Namen, beschreibt die riesigen Raubfische als „entspannt" und „vorsichtig" und versucht, ihre Körpersprache zu verstehen.

Wenn Sie im Mai vor der Robbeninsel Ausschau nach den Haien halten, woran erkennen Sie Ihre „alten Bekannten"?
Die meisten weißen Haie tragen einzigartige Muster auf ihrer Haut. Viele erkenne ich auch an den Kerben und Einschnitten in ihrer Rückenflosse. Oder an weißen Markierungen. „Februar", eines meiner Lieblingsweibchen zum Beispiel, besitzt einen großen weißen Fleck an ihrer Rückenflosse und ist daran sehr leicht zu erkennen.

Wodurch zeichnen sich Haie wie „Februar" aus?
Sie fallen durch ihr besonderes Verhalten auf. „Februar" zum Beispiel ist ein unglaublich großer Hai. Sie misst 5,2 Meter, wiegt etwa 1 500 Kilogramm und ist trotzdem ein ganz, ganz entspanntes Tier. Einen solchen Riesen ruhig neben dem Boot schwimmen zu sehen, ist schon etwas Besonderes. Ich weiß, die Menschen glauben gern, Haie seien verrückte und aggressive Wesen, die nur eines wollen: fressen! Das genau aber sind sie nicht. Wenn „Februar" um unser Boot schwimmt, versucht sie erst gar nicht, in irgendetwas zu beißen. Sie schwimmt ausgesprochen langsam und ist sehr vorsichtig bei jeder Bewegung.

Trotzdem gelten weiße Haie als ziemlich neugierig, oder?
Ja, das sind sie. Treibt zum Beispiel etwas auf dem Wasser, tauchen die Haie auf und schauen sich dieses Etwas genau an. Kommt es ihnen komisch vor, schwimmen sie jedoch lieber davon, statt sich diesem Unbekannten weiter zu nähern.

Wie nähern Sie sich den Haien, wenn Sie die Tiere unter Wasser beobachten wollen? Steigen Sie zu diesem Zweck in einen Tauchkäfig?
Nein, wir tauchen in der Gruppe und haben bisher immer ohne Käfig beobachtet. Ich werde auch in Zukunft ohne Angst schwimmen und surfen. In der Vergangenheit habe ich mich noch nie vor weißen Haien gefürchtet, auch wenn schon öfter von Haiattacken berichtet wurde. Man sollte nur enormen Respekt vor ihnen haben.

2. Gib das Interview in der indirekten Rede wieder. So kannst du beginnen:

> Chris Fallows wird gefragt, woran er seine „alten Bekannten" erkenne, wenn er im Mai vor der Robbeninsel Ausschau nach ihnen halte …

Möglichkeiten der Satzverknüpfung

Unterschiedliche Arten von Nebensätzen (☞ S. 241 ff.)

Raubtier der Meere: der Hai

Haie – fleischfressende Killer, die nur allzu gerne Badegäste oder arglose Surfer aus dem Hinterhalt angreifen, um sie zu verschlingen? Solche Gruselgeschichten kennt jeder von uns. **Obwohl** sie teilweise auf Tatsachen beruhen, wurden sie vor allem in unserer Fantasie produziert und dank Hollywood ausgebaut, **sodass** der Hai ein schlechtes Image erhielt.

Seitdem der Film „Der weiße Hai“ von Steven Spielberg im Jahre 1975 in den Kinos gelaufen ist, gilt der Haifisch als kaltblütiger Menschenfresser. Der Film beruht nämlich auf einer wahren Begebenheit: Bis zum Juli 1916 galten Haiangriffe als Unfälle, doch durch eine Verkettung unglücklicher Umstände fielen zwischen dem 1. und 12. Juli an der Küste von New Jersey fünf Menschen dem Hai zum Opfer. **Dadurch dass** der Film in „Hollywoodmanier“ das wahre Geschehen völlig überzogen darstellte, erlangte der Hai seine negative Berühmtheit. **Indem** er zum unberechenbaren und unbarmherzigen Killer gemacht wurde, war der Startschuss für eine gnadenlose Jagd gegeben.

Während im Jahr weniger als zehn Menschen durch einen Hai ums Leben kommen, sterben jährlich 200 Millionen Haie durch den Menschen. Haie werden heute vor allem wegen ihrer Flossen gejagt, denn Haifischflossensuppe gilt in China als teure Delikatesse. **Damit** die Flossen möglichst frisch auf den Markt kommen, werden den Haien die Flossen bei lebendigem Leib abgeschnitten und die Tiere dann lebend zurück ins Meer geworfen, **wo** sie qualvoll verenden. **Wenn** der faszinierende Unterwasserbewohner weiterhin so gejagt wird, verschwindet er in einigen Jahrzehnten ganz.

Egal, wie grausam Hollywood den Hai auch in Filmen darstellt oder wie blutrünstig wir ihn uns vorstellen, die Realität sieht anders aus. Dort sind vor allem die Menschen die „unbarmherzigen Killer“, die nicht aus Überlebensdrang töten, sondern aus Habgier und Gleichgültigkeit.

1. Beschreibe das Verhalten der Menschen den Haien gegenüber.
2. Vergleiche die hier dargestellte Verhaltensweise mit der, die Brecht in seinem Text „Wenn die Haifische Menschen wären ...“ (☞ S. 22 f.) den Menschen unterstellt.

3. Untersuche, welche gedanklichen Beziehungen zwischen den Vorgängen durch die im Text fett markierten Konjunktionen hergestellt werden.

Beispiel: ***Obgleich*** *der Hai nicht gefährlich ist, gilt er als blutrünstiger Killer.*
→ Einschränkung / Einräumung

4. Vergleiche die folgenden Sätze und bestimme Haupt- und Nebensatz. Beachte dabei die Stellung von Subjekt und Prädikat und die Stellung der finiten Verbform. Welche stilistischen Unterschiede stellst du fest? Notiere deine Ergebnisse stichpunktartig.

Satz 1: Dadurch dass der Film in „Hollywoodmanier" das wahre Geschehen völlig überzogen darstellte, erlangte der Hai seine negative Berühmtheit. (Z. 11 ff.)

Satz 2: **Durch die völlig überzogene Darstellung des wahren Geschehens in „Hollywoodmanier"** erlangte der Hai seine negative Berühmtheit.

5. Bestimme das fett gedruckte Satzglied des zweiten Satzes. Erfrage den Nebensatz im ersten Beispiel. Welche Schlussfolgerung ziehst du?

ERINNERT EUCH!

Adverbialsätze sind Neben- oder Gliedsätze, die für adverbiale Bestimmungen stehen. Sie werden mit unterordnenden Konjunktionen eingeleitet:

- **temporal** (Zeit) → *als, nachdem, bis, während, solange ...*
- **lokal** (Ort) → *wo* (ein Fragewort, das hier wie eine Konjunktion gebraucht wird)
- **modal** (Art und Weise) → *indem, ohne dass, als ...*
- **instrumental** (Mittel) → *indem, dadurch dass ...*
- **kausal** (Grund) → *weil, da ...*
- **final** (Zweck, Ziel, Absicht) → *damit ...*
- **konzessiv** (Einräumung) → *obwohl, obgleich ...*
- **konditional** (Bedingung) → *wenn, falls, sofern ...*
- **konsekutiv** (Folge) → *sodass ...*
- **adversativ** (Gegensatz) → *anstatt dass, während, wohingegen ...*

6. Finde einen Beispielsatz zu jedem dieser Adverbialsätze. Schreibe ihn in dein Heft, unterstreiche den Adverbialsatz und notiere in Klammern dahinter, welche Art der gedanklichen Verknüpfung die beiden Geschehen verbindet.

Beispiel: ***Nachdem alle Gäste bei der Geburtstagsparty angekommen waren,*** *wurden die Geschenke ausgepackt.* (Temporalsatz)
(zeitliches Nacheinander von Neben- und Hauptsatz)

7. Verbinde die Satzpaare zu einem Satzgefüge aus Hauptsatz und Adverbialsatz.

- Das intelligente Raubtier hat einen schlechten Ruf. In einem Jahr werden mehr Menschen vom Blitz getroffen als von einem Hai gefressen. (Einräumung)
- Schwimmer verlassen in bestimmten Gebieten die eingegrenzte Badezone. Haie können sich bedroht fühlen. (Bedingung)
- Die meisten Angriffe geschehen im Pazifischen Ozean. Im Mittelmeer finden kaum Haiattacken statt. (Gegensatz)
- Die meisten Haie benötigen nur zwei bis drei Prozent ihres Körpergewichtes an Nahrung pro Tag. Sie müssen somit nur einmal in der Woche jagen. (Folge)
- Die Plankton fressenden Haie ernähren sich wie Staubsauger. Sie saugen Wasser ein, filtern es und stoßen es über die Kiemen wieder aus. (Art und Weise)
- Die räuberischen Haie haben einen extrem ausgeprägten Geruchssinn. Sie können ihre Beute genau aufspüren. (Zweck, Ziel)

8. Suche weitere Beispiele für Adverbialsätze aus dem Text „Wenn die Haifische Menschen wären ..." (☞ S. 22 f.) heraus und bestimme sie.

Infinitiv- und Partizipialsatz

1. Vergleiche die Sätze. Bestimme Haupt- und Nebensatz im Satzgefüge und die Art des Adverbialsatzes. Kläre, wo Subjekt und Prädikat im zweiten Satz „versteckt" sind.

Satz 1: Die Haifische würden natürlich auch untereinander Kriege führen, damit sie fremde Fischkästen und fremde Fische erobern können.

Satz 2: Die Haifische würden natürlich auch untereinander Kriege führen, um fremde Fischkästen und fremde Fische zu erobern.

2. Forme die folgenden Beispielsätze in Sätze mit Infinitiven um.

a) Die Haifische sorgen für die kleinen Fischlein, damit sie große, leckere Fischlein essen können.

b) Die Fischlein bekommen Unterricht in Geografie, damit sie die Haifische leichter finden können.

c) Einige Fischlein bekommen einen Posten, damit sie für die Ordnung unter den Fischlein sorgen.

3. Probiere aus, welche der Nebensätze du in Sätze mit Infinitiv umwandeln kannst. Erkläre, warum die Umwandlung bei zwei Sätzen nicht funktioniert.

a) Die Haifische sorgen dafür, dass sie selbst immer genug zu essen haben.

b) Die Haifische bauen Schulen, damit die Fischlein moralisch belehrt werden.

c) Die Haifische bauen Schulen, damit sie die Fischlein manipulieren können.

d) Die Haifische planen, dass sie die Fischlein mit Musik und Theater einlullen.

e) Die Haifische planen, dass die Fischlein mit Musik und Theater eingelullt werden.

Der **Infinitivsatz**
- drückt den Zusammenhang zwischen zwei Handlungen aus,
- dient der verkürzten Ausdrucksweise,
- funktioniert nur, wenn das Subjekt des übergeordneten Satzes identisch mit dem Subjekt des Infinitivsatzes ist.

Der Infinitivsatz wird durch **Komma** abgetrennt,
- wenn er mit *um, ohne, statt, anstatt, außer* eingeleitet wird (a),
- wenn er von einem Nomen abhängt (b),
- wenn er von einem Verweiswort im übergeordneten Satz abhängt (c).

Beispiele: (a) *Die Fischlein bekommen Unterricht,* ***um*** *Gehorsam zu lernen.*
(b) *Die Haifische haben den* ***Wunsch****, alle Fischlein zu kontrollieren.*
(c) *Die Fischlein freuen sich* ***darauf****, für die Haifische zu sterben.*

4. Formuliere fünf Beispielsätze mit Infinitivkonstruktionen. Du kannst auch Infinitive mit *ohne zu* und *anstatt zu* verwenden.
Beispiele: *Ohne zu grüßen, ging er aus dem Raum.*
Sie fährt lieber mit dem Fahrrad zur Schule, anstatt auf den Bus zu warten.

5. Lass diese Beispielsätze durch deinen Nachbarn/deine Nachbarin in Satzgefüge umwandeln. Prüft anschließend gemeinsam bei jedem Beispielsatz, ob der Infinitivsatz oder der Nebensatz verständlicher bzw. stilistisch besser ist.

6. Vergleiche die folgenden Sätze und untersuche, mit welchen Verbformen der zweite Satz an mehreren Stellen verkürzt worden ist.

Satz 1: Indem er den Kopf schüttelt, da er im tiefsten Herzen betrübt und seiner Urlaubsfreude schon fast verlustig ist, blickt er auf die Flut, die friedlich hereinrollt und in der die Fische, die noch nicht gefangen worden sind, munter springen.

Satz 2: Kopfschüttelnd, im tiefsten Herzen betrübt, seiner Urlaubsfreude schon fast verlustig, blickt er auf die friedlich hereinrollende Flut, in der die ungefangenen Fische munter springen.

7. Forme folgende Sätze um, indem du in ähnlicher Weise das Partizip I verwendest (Merkkästchen S. 32):
- Während ich in der einen Hand die Gläser und in der anderen die Teller balancierte, wurde ich immer langsamer.
- Weil sie über den Mut des Dompteurs staunten, brachen die Zuschauer in donnernden Applaus aus.
- Nachdem sie stundenlang im Schnee gespielt hatten, kamen die Kinder, die vor Kälte mit den Zähnen klapperten, ins Haus.

8. Formuliere die folgenden Satzgefüge um, indem du in ähnlicher Weise das Partizip II zur Verkürzung der Nebensätze verwendest.

- Weil der junge Tennisspieler von seiner Vorbereitung überzeugt war, ging er konzentriert in das Entscheidungsspiel gegen den Champion.
- Die Zuschauer, die durch seinen Mut für ihn eingenommen waren, feuerten ihn mit Beifallsrufen an.

9. Prüfe, welche der folgenden Satzgefüge man ohne Veränderung des Hauptsatzes durch einen Partizipialsatz verkürzen kann. Erkläre mithilfe des Kastens, warum dies manchmal nicht geht.

- Indem er die Überraschung des Champions nutzte, gelangen dem Angreifer einige Spielzüge.
- Der Gegner, der durch die harten Vorrundenspiele erschöpft war, konnte zunächst keine Punkte gutmachen.
- Weil der junge Spieler von seinem Erfolg übermütig wurde, wurde sein Spiel vorübergehend unkonzentrierter.

Es gibt zwei Arten von Partizipien:

- **Partizip I** = Partizip Präsens: lesen > *lesend* (= gleichzeitig zur Haupthandlung), z. B. *Der lesende Schüler lässt sich durch nichts ablenken.*
- **Partizip II** = Partizip Perfekt: lesen > *gelesen* (= vorzeitig zur Haupthandlung), z. B. *Das mehrfach gelesene Buch ist schon ganz zerfleddert.*

Der **Partizipialsatz**

- drückt den Zusammenhang zwischen zwei Handlungen aus,
- dient der verkürzten Ausdrucksweise,
- funktioniert nur, wenn das Subjekt der Handlung im Partizipialsatz auch im übergeordneten Satz vorkommt.

Der Partizipialsatz wird durch **Komma** abgetrennt,

- wenn er zwischen Subjekt und Prädikat des übergeordneten Satzes geschoben wird (a).
- wenn im übergeordneten Satz direkt auf den Partizipialsatz verwiesen wird (b).
- wenn der Partizipialsatz einen Zusatz bildet (c).

Beispiele: (a) *Der Tourist, im tiefsten Herzen betrübt, blickt auf das Meer.*
(b) *Im tiefsten Herzen betrübt, so blickt der Tourist auf das Meer.*
(c) *Der Tourist blickt auf das Meer, im tiefsten Herzen betrübt.*

10. Formuliere fünf Beispielsätze mit Partizipialkonstruktionen. Lass diese Beispielsätze durch deinen Nachbarn/deine Nachbarin in Satzgefüge umwandeln. Prüft anschließend gemeinsam bei jedem Beispielsatz, ob der Partizipialsatz oder der Nebensatz verständlicher bzw. stilistisch besser ist.

Infinitiv- und Partizipialsätze

1. Unterstreiche alle Infinitivsätze und setze die Kommas.

Neues zu erfinden machte Wilhelm Bauer viel Freude. Statt nach dem ersten Misserfolg aufzugeben machte er eifrig weiter. Trotz aller Anerkennung stand der Techniker bald völlig mittellos da ohne mit seiner Erfindung auch nur einen Schritt weiterzukommen. Doch er bestand darauf weiterzumachen um am Ende ein funktionsfähiges U-Boot zu erschaffen. 1855 wurde Bauer damit beauftragt sein Boot in Sankt Petersburg vorzuführen.
In den folgenden 20 Jahren bis zu seinem Tod 1875 war der Konstrukteur aufgrund mangelnden Interesses an seiner Erfindung gezwungen sich zurückzuziehen.

2. Wandle in den folgenden Sätzen die Nebensätze in Infinitivsätze um. Nimm alle dafür nötigen Änderungen vor.

- Zu Zeiten Wilhelm Bauers hieß es unter Experten, dass es physikalisch unmöglich sei, dass ein Unterwasserfahrzeug gebaut würde.
- Kurze Zeit später befahl Wilhelm Bauers Kommandant ihm, dass er das Modell und die Pläne im Ministerium abliefern müsse.
- Doch dieser weigerte sich und fasste den Plan, dass er seine Erfindung lieber zerstörte, als dass er sie jemand anderem vermachte.

3. Setze in den folgenden Sätzen die fehlenden Kommas an den richtigen Stellen. Begründe jeweils, warum ein Komma zu setzen ist.

- Der Wunsch sich unter Wasser aufhalten zu können beschäftigte zu allen Zeiten die Fantasie der Menschen.
- Wilhelm Bauer hatte es geschafft sich diesen Traum zu erfüllen.
- Am 1. Februar 1851 gedachte Bauer erstmals unter Wasser zu tauchen.
- Doch bei 30 Fuß Tiefe fing das Boot an zu knistern und zu krachen.

4. Ersetze den Nebensatz jeweils durch einen Partizipialsatz, in dem du entweder das Partizip I oder II verwendest. Bestimme das jeweilige Partizip.

Beispiel: *Dadurch dass Sven jeden Tag Klavier übte, hatte er schon große Fortschritte auf dem Instrument gemacht.*

*Jeden Tag Klavier **übend** (Partizip I) hatte Sven schon große Fortschritte auf dem Instrument gemacht.*

- Weil der Junge eine Krankheit vortäuschte, musste er nicht zur Schule gehen.
- Als die Reisegruppe in Paris angekommen war, suchte sie zuerst das Hotel auf.
- Nachdem der Ganove aus dem Gefängnis entlassen worden war, überfiel er eine Tankstelle.
- Arnold Schwarzenegger, der in der Steiermark in Österreich geboren wurde, war in Kalifornien Gouverneur.

Autoren in ihrer Zeit

Wolfgang Borchert
Lesebuchgeschichte

Als der Krieg aus war, kam der Soldat nach Haus. Aber er hatte kein Brot.
Da sah er einen, der hatte Brot. Den schlug er tot.
Du darfst doch keinen totschlagen, sagte der Richter.
Warum nicht, fragte der Soldat ...

Heinrich Böll

1

Auch Kinder sind Zivilisten

Aufgaben: Seite 42

„Es geht nicht", sagte der Posten mürrisch. „Warum?", fragte ich. „Weil's verboten ist."
„Warum ist's verboten?"
„Weil's verboten ist, Mensch, es ist für Patienten verboten, rauszugehen."
„Ich", sagte ich stolz, „ich bin doch verwundet." Der Posten blickte mich verächtlich an: „Du bist wohl 's erste Mal verwundet, sonst wüsstest du, dass Verwundete auch Patienten sind, na geh schon jetzt." Aber ich konnte es nicht einsehen. „Versteh mich doch", sagte ich, „ich will ja nur Kuchen kaufen von dem Mädchen da." Ich zeigte nach draußen, wo ein hübsches kleines Russenmädchen im Schneegestöber stand und Kuchen feilhielt. „Mach, dass du reinkommst!" Der Schnee fiel leise in die riesigen Pfützen auf dem schwarzen Schulhof, das Mädchen stand da, geduldig, und rief leise immer wieder: „Chuchen ... Chuchen ..."
„Mensch", sagte ich zu dem Posten, „mir läuft's Wasser im Munde zusammen, dann lass doch das Kind eben reinkommen."
„Es ist verboten, Zivilisten reinzulassen."
„Mensch", sagte ich, „das Kind ist doch ein Kind." Er blickte mich wieder verächtlich an. „Kinder sind wohl keine Zivilisten, was?" Es war zum Verzweifeln, die leere, dunkle Straße war von Schneestaub eingehüllt, und das Kind stand ganz allein da und rief immer wieder: „Chuchen ...", obwohl niemand vorbeikam. Ich wollte einfach rausgehen, aber der Posten packte mich schnell am Ärmel und wurde wütend: „Mensch", schrie er, „hau jetzt ab, sonst hol' ich den Feldwebel."
„Du bist ein Rindvieh", sagte ich zornig. „Ja", sagte der Posten befriedigt, „wenn man noch 'ne Dienstauffassung hat, ist man bei euch ein Rindvieh." Ich blieb noch eine halbe Minute im Schneegestöber stehen und sah, wie die weißen Flocken zu Dreck wurden, der ganze Schulhof war voll Pfützen, und dazwischen lagen kleine weiße Inseln wie Puderzucker. Plötzlich sah ich, wie das hübsche kleine Mädchen mir mit den Augen zwinkerte und scheinbar gleichgültig die Straße hinunterging. Ich ging ihr auf der Innenseite der Mauer nach. „Verdammt", dachte ich, „ob ich denn tatsächlich ein Patient bin?"
Und dann sah ich, dass da ein kleines Loch in der Mauer war neben dem Pissoir, und vor dem Loch stand das Mädchen mit dem Kuchen. Der Posten konnte uns hier nicht sehen. „Der Führer segne deine Dienstauffassung", dachte ich. Die Kuchen sahen prächtig aus: Makronen und Buttercremeschnitten, Hefekringel und Nussecken, die von Öl glänzten. „Was kosten sie?", fragte ich das Kind. Sie lächelte, hob mir den Korb entgegen und sagte mit ihrem fei-

nen Stimmchen: „Dreimarkfinfzig das Stick." „Jedes?" „Ja", nickte sie. Der Schnee fiel auf ihr feines, blondes Haar und puderte sie mit flüchtigem, silbernem Staub, ihr Lächeln war einfach entzückend. Die düstere Straße hinter ihr war ganz leer, und die Welt schien tot.

Ich nahm einen Hefekringel und kostete ihn. Das Zeug schmeckte prachtvoll, es war Marzipan darin. „Aha", dachte ich, „deshalb sind die auch so teuer wie die anderen." Das Mädchen lächelte „Gut?", fragte sie, „gut?"

Ich nickte nur: Mir machte die Kälte nichts, ich hatte einen dicken Kopfverband und sah aus wie Theodor Körner[1]. Ich probierte noch eine Buttercremeschnitte und ließ das prachtvolle Zeug langsam im Munde zerschmelzen. „Komm", sagte ich leise, „ich nehme alles, wie viel hast du?" Sie fing vorsichtig mit einem zarten, kleinen, ein bisschen schmutzigen Zeigefinger an zu zählen, während ich eine Nussecke verschluckte. Es war sehr still, und es schien mir fast, als wäre ein leises sanftes Weben in der Luft von den Schneeflocken. Sie zählte sehr langsam, verzählte sich ein paarmal, und ich stand ganz ruhig dabei und aß noch zwei Stücke. Dann hob sie ihre Augen plötzlich zu mir, so erschreckend senkrecht, dass ihre Pupillen ganz nach oben standen, und das Weiße in den Augen war so dünnblau wie Magermilch. Irgendetwas zwitscherte sie mir auf Russisch zu, aber ich zuckte lächelnd die Schultern, und dann bückte sie sich und schrieb mit ihren schmutzigen Fingerchen eine 45 in den Schnee; ich zählte meine fünf dazu und sagte: „Gib mir auch den Korb, ja?"

Sie nickte und gab mir den Korb vorsichtig durch das Loch, ich reichte zwei Hundertmarkscheine hinaus. Geld hatten wir satt, für einen Mantel bezahlten die Russen siebenhundert Mark, und wir hatten drei Monate nichts gesehen als Dreck und Blut, ein paar Huren und Geld.

„Komm morgen wieder, ja?", sagte ich leise, aber sie hörte nicht mehr auf mich, ganz flink war sie weggehuscht, und als ich traurig meinen Kopf durch die Mauerlücke steckte, war sie schon verschwunden, und ich sah nur die stille russische Straße, düster und vollkommen leer, die flachdachigen Häuser schienen langsam von Schnee zugedeckt zu werden. Lange stand ich so da wie ein Tier, das mit traurigen Augen durch die Hürde hinausblickt, und erst als ich spürte, dass mein Hals steif wurde, nahm ich den Kopf ins Gefängnis zurück.

Und jetzt erst roch ich, dass es da in der Ecke abscheulich stank, und die hübschen, kleinen Kuchen waren alle mit einem zarten Zuckerguss von Schnee bedeckt. Ich nahm müde den Korb und ging aufs Haus zu, mir war nicht kalt, ich sah ja aus wie Theodor Körner und hätte noch eine Stunde im Schnee stehen können. Ich ging, weil ich doch irgendwohin gehen musste. Man muss doch irgendwohin gehen, das muss man doch. Man kann ja nicht stehen bleiben und sich zuschneien lassen. Irgendwohin muss man gehen, auch wenn man verwundet ist in einem fremden, schwarzen, sehr dunklen Land ...

[1] Zu Theodor Körner siehe Seite 42

2

Aufgaben: Seite 42

Heinrich Böll

Die Toten parieren nicht mehr

Der Leutnant sagte, wir sollten uns hinlegen, und wir legten uns hin. Es war an einem Waldrand, und die Sonne schien, es war Frühling, alles war still, und wir wussten, dass der Krieg jetzt bald zu Ende war. Die noch Tabak hatten, fingen an zu rauchen, und wir anderen versuchten zu schlafen, denn wir waren müde, hatten seit drei Tagen nicht viel gegessen und viele Gegenstöße gemacht. Es war so wunderbar still, und irgendwo sangen auch Vögel, und die ganze Luft war voll einer sanften feuchten Zärtlichkeit ...

Plötzlich fing der Leutnant an zu brüllen. Er schrie: „He!“ Dann wurde er wütend und rief: „He, Sie da!“ Und dann wurde er ganz rasend, und seine Stimme überschlug sich: „Eh, Sie, eh, Sie, Sie!“

Und dann sahen wir, wen er meinte. Drüben an der anderen Seite des Waldweges saß jemand, der an einen Baum gelehnt schlief. Es war ein ganz simpler grauer Soldat, der, an einem Baum gelehnt, schlief; und dieser Soldat lächelte ganz süß mit seinem Sommersprossengesicht, und wir dachten, der Leutnant würde verrückt, denn der Leutnant schrie immer mehr und der Schlafende lächelte immer mehr ...

Die angefangen hatten zu rauchen, hörten jetzt auf zu rauchen, und die, die hatten schlafen wollen, waren jetzt wach, und manche von uns lächelten auch. Es war Frühling, mild und süß, und wir wussten, dass der Krieg jetzt bald zu Ende war.

Plötzlich schrie der Leutnant nicht mehr, er sprang auf, setzte mit zwei Schritten über den Waldweg und schlug dem Schlafenden ins Gesicht.

Aber jetzt sahen wir, dass der Schlafende tot war. Ohne ein Wort zu sagen, fiel er um, und er lächelte nicht mehr: In seinem Gesicht war ein furchtbares Grinsen, und der Leutnant, der blass zurückkam, tat uns gar nicht leid, denn wir hatten keine Freude mehr an der Sonne, keine Lust mehr an dieser sanften, feuchten, zärtlichen Frühlingsluft, und es schien uns gleichgültig, ob der Krieg nun zu Ende ging oder nicht. Wir spürten plötzlich, dass wir alle tot waren, auch der Leutnant, denn er grinste jetzt und hatte gar keine Uniform mehr an ...

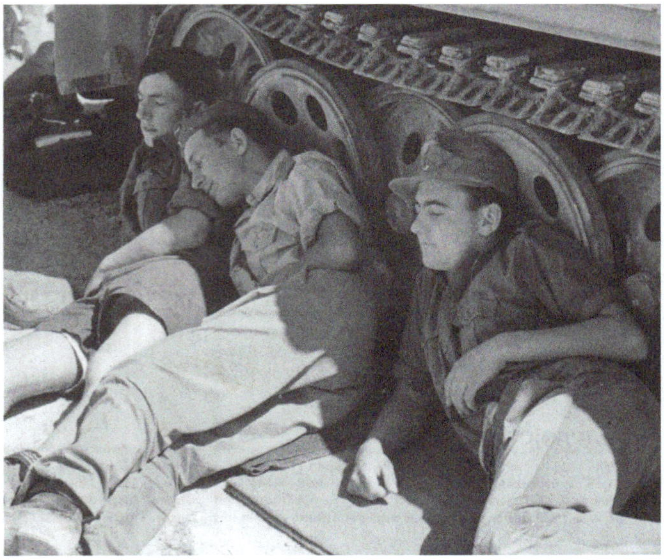

Im Schatten eines Panzers schlafende Soldaten im 2. Weltkrieg

Wolfgang Borchert

Das Holz für morgen

3

Aufgaben: Seite 42

Er machte die Etagentür hinter sich zu. Er machte sie leise und ohne viel Aufhebens hinter sich zu. Obgleich er sich das Leben nehmen wollte. Das Leben, das er nicht verstand und in dem er nicht verstanden wurde. Er wurde nicht von denen verstanden, die er liebte. Und gerade das hielt er nicht aus, dieses Aneinandervorbeisein mit denen, die er liebte. Aber es war noch mehr da, das so groß wurde, dass es alles überwuchs, und das sich nicht wegschieben lassen wollte. Das war, dass er nachts weinen konnte, ohne dass die, die er liebte, ihn hörten. Das war, dass er sah, dass seine Mutter, die er liebte, älter wurde und dass er das sah. Das war, dass er mit den anderen im Zimmer sitzen konnte, mit ihnen lachen konnte und dabei einsamer war als je. Das war, dass die anderen es nicht schießen hörten, wenn er es hörte. Dass sie das nie hören wollten. Das war dieses Aneinandervorbeisein mit denen, die er liebte, das er nicht aushielt. Nun stand er im Treppenhaus und wollte zum Boden hinaufgehen und sich das Leben nehmen. Er hatte die ganze Nacht überlegt, wie er das machen wollte, und er war zu dem Entschluss gekommen, dass er vor allem auf den Boden hinaufgehen müsse, denn da wäre man allein und das war die Vorbedingung für alles andere. Zum Erschießen hatte er nichts und Vergiften war ihm zu unsicher. Keine Blamage wäre größer gewesen, als dann mithilfe eines Arztes wieder in das Leben zurückzukommen und die vorwurfsvollen mitleidigen Gesichter der anderen, die so voll Liebe und Angst für ihn waren, ertragen zu müssen. Und sich ertränken, das fand er zu pathetisch[1], und sich aus dem Fenster stürzen, das fand er zu aufgeregt. Nein, das Beste würde es sein, man ginge auf den Boden. Da war man allein. Da war es still. Da war alles ganz unauffällig und ohne viel Aufhebens. Und da waren vor allem die Querbalken vom Dachstuhl. Und der Wäschekorb mit der Leine. Als er die Etagentür leise hinter sich zugezogen hatte, fasste er ohne zu zögern nach dem Treppengeländer und ging langsam nach oben. Das kegelförmige Glasdach über dem Treppenhaus, das von ganz feinem Maschendraht wie von Spinngewebe durchzogen war, ließ einen blassen Himmel hindurch, der hier oben dicht unter dem Dach am hellsten war. Fest umfasste er das saubere, hellbraune Treppengeländer und ging leise und ohne viel Aufhebens nach oben.

Da entdeckte er auf dem Treppengeländer einen breiten, weißen Strich, der vielleicht auch etwas gelblich sein konnte. Er blieb stehen und fühlte mit dem Finger darüber, dreimal, viermal. Dann sah er zurück. Der weiße Strich ging auf dem ganzen Geländer entlang. Er beugte sich etwas vor. Ja, man konnte ihn bis tief in die dunkleren

[1] *pathetisch:* theatralisch, übertrieben gefühlsbetont

Stockwerke nach unten verfolgen. Dort wurde er ebenfalls bräunlicher, aber er blieb doch einen ganzen Farbton heller als das Holz des Geländers. Er ließ seinen Finger ein paar Mal auf dem weißen Strich entlangfahren, dann sagte er plötzlich: Das hab' ich ja ganz vergessen. Er setzte sich auf die Treppe. Und jetzt wollte ich mir das Leben nehmen und hatte das beinahe vergessen. Dabei war ich es doch. Mit der kleinen Feile, die Karlheinz gehörte. Die habe ich in die Faust genommen und dann bin ich in vollem Tempo die Treppe runtergesaust und habe dabei die Feile tief in das weiche Geländer gedrückt. In den Kurven habe ich besonders stark gedrückt, um zu bremsen. Als ich unten war, ging über das Treppengeländer vom Boden bis zum Erdgeschoss eine tiefe, tiefe Rille. Das war ich. Abends wurden alle Kinder verhört. Die beiden Mädchen unter uns, Karlheinz und ich. Und der nebenan. Die Hauswirtin sagte, das würde mindestens vierzig Mark kosten. Aber unsere Eltern wussten sofort, dass es von uns keiner gewesen war. Dazu gehörte ein ganz scharfer Gegenstand, und den hatte keiner von uns, das wussten sie genau. Außerdem verschandelte doch kein Kind das Treppengeländer in seinem eigenen Haus. Und dabei war ich es. Ich mit der kleinen spitzen Feile. Als keiner von den Familien die vierzig Mark für die Reparatur des Treppengeländers bezahlen wollte, schrieb die Hauswirtin auf die nächste Mieterrechnung je Haushalt fünf Mark mehr drauf für Instandsetzungskosten des stark demolierten Treppenhauses. Für dieses Geld wurde dann gleich das ganze Treppenhaus mit Linoleum ausgelegt. Und Frau Daus bekam ihren Handschuh ersetzt, den sie sich an dem aufgesplitterten Geländer zerrissen hatte. Ein Handwerker kam, hobelte die Ränder der Rille glatt und schmierte sie dann mit Kitt aus. Vom Boden bis zum Erdgeschoss. Und ich, ich war es. Und jetzt wollte ich mir das Leben nehmen und hatte das beinahe vergessen. Er setzte sich auf die Treppe und nahm einen Zettel. Das mit dem Treppengeländer war ich, schrieb er da drauf. Und dann schrieb er oben darüber: An Frau Kaufmann, Hauswirtin. Er nahm das ganze Geld aus seiner Tasche, es waren zweiundzwanzig Mark, und faltete den Zettel da herum. Er steckte ihn oben in die kleine Brusttasche. Da finden sie ihn bestimmt, dachte er, da müssen sie ihn ja finden. Und er vergaß ganz, dass sich keiner mehr daran erinnern würde. Er vergaß, dass es schon elf Jahre her war, das vergaß er. Er stand auf, die Stufe knarrte ein wenig. Er wollte jetzt auf den Boden gehen. Er hatte das mit dem Treppengeländer erledigt und konnte jetzt nach oben gehen. Da wollte er sich noch einmal aufsagen, dass er es nicht mehr aushielte, das Aneinandervorbeisein mit denen, die er liebte, und dann wollte er es tun. Dann würde er es tun. Unten ging eine Tür. Er hörte, wie seine Mutter sagte: Und dann sag ihr, sie soll das Seifenpulver nicht vergessen. Dass sie auf keinen Fall das Seifenpulver vergisst. Sag ihr, dass der Junge extra mit dem Wagen los ist, um das Holz zu holen, damit wir morgen waschen können. Sag ihr, das wäre für Vater eine große Erleichterung, dass er nicht mehr mit dem Holzwagen los braucht und dass der Junge wieder da ist. Der Junge ist extra los heute. Vater sagt, das wird ihm Spaß machen. Das hat er die ganzen Jahre nicht tun können. Nun kann er Holz holen. Für uns. Für morgen zum Waschen. Sag ihr das, dass er extra mit dem Wagen los ist und dass sie mir nicht das Seifenpulver vergisst. Er hörte eine Mädchenstimme antworten. Dann wurde die Tür zugemacht, und das Mädchen lief die Treppen hinunter. Er konnte ihre kleine rutschende Hand das ganze Treppengeländer entlang bis unten verfolgen. Dann hörte er nur ihre Beine noch. Dann war es still. Man hörte das Geräusch, das die Stille machte. Er ging langsam die Treppe abwärts, langsam Stufe um Stufe abwärts. Ich muss das Holz holen, sagte er, natürlich, das hab' ich ja ganz vergessen. Ich muss ja das Holz holen, für morgen. Er ging immer schneller die Treppen hinunter und ließ seine Hand dabei kurz hintereinander auf das Treppengeländer klatschen. Das Holz, sagte er, ich muss ja das Holz holen. Für uns. Für morgen. Und er sprang die letzten Stufen mit großen Sätzen abwärts. Ganz oben ließ das dicke Glasdach einen blassen Himmel hindurch. Hier unten aber mussten die Lampen brennen. Jeden Tag. Alle Tage.

Nachkriegsdeutschland in Trümmern

Wolfgang Borchert, **Lesebuchgeschichte** *(Seite 35)*

1. Formuliere die Aussage dieser kurzen Geschichte.
2. Überlege, warum der Text den Titel „Lesebuchgeschichte" trägt.

1 *Heinrich Böll,* **Auch Kinder sind Zivilisten** *(Seite 36)*

1. Beschreibe die äußere Situation, in der sich der Ich-Erzähler befindet.
2. Erkläre den Vergleich mit Theodor Körner.

Theodor Körner (1791–1813), Dichter von Bühnenstücken und vaterländischen (patriotischen) Gedichten, fiel 1813 im Krieg gegen Napoleon. Körner gilt seitdem als Freiheitskämpfer und Nationalist und wurde im 1. Weltkrieg vom Kaiserreich und später von den Nationalsozialisten für ihre Propaganda vereinnahmt.

3. Analysiere, welche Bedeutung der Kuchen in dieser Erzählung hat.

2 *Heinrich Böll,* **Die Toten parieren nicht mehr** *(Seite 38)*

1. Vergleiche die Stimmung zu Beginn und am Ende der Geschichte.
2. Untersuche das Verhalten des Leutnants und beurteile es.
3. Erläutere den letzten Satz der Erzählung.

3 *Wolfgang Borchert,* **Das Holz für morgen** *(Seite 39)*

1. Erkläre, was der junge Mann plant, und nenne seine Gründe.
2. Halte nun in einem Flussdiagramm genau fest, wie sich der junge Mann im Verlauf des Geschehens fühlt. Erläutere, wann und warum sich seine Einstellung ändert.
3. Stelle das Verhältnis des jungen Mannes zu seinem Umfeld dar.
4. Deute den Schluss der Erzählung. Berücksichtige dabei auch den Titel.
5. Untersuche Sprache und Symbolik der Erzählung: Inwiefern besteht eine Verbindung zum Inhalt?
6. Die Bilder auf Seite 41 zeigen typische Szenen der deutschen Nachkriegszeit, in der auch dieser Text Borcherts spielt. Erkläre – auch im Zusammenhang mit dem Inhalt von „Das Holz für morgen" –, warum die sogenannten „Trümmerfrauen" eine so wichtige Rolle in dieser Zeit spielten.

Sich mit literarischen Texten auseinandersetzen

Texte im historischen Zusammenhang interpretieren

In seinem Größenwahn glaubte Hitler, mit seiner Armee die ganze Welt besiegen zu können. Im September 1939 überfiel die deutsche Armee Polen. Nun erklärten England und Frankreich dem Deutschen Reich den Krieg, Hitler ordnete den „Westfeldzug“ an und setzte so seinen „Blitzkrieg“ fort. Am 10. Mai 1940 überfiel Deutschland die Niederlande, Belgien und Luxemburg, marschierte kurze Zeit später in Frankreich ein und besetzte das Land innerhalb von sechs Wochen. Schließlich führte Deutschland mit fast allen europäischen Ländern Krieg. Zuerst schienen die Deutschen überall zu siegen. Erst im Kampf gegen die Sowjetunion erlitten ihre Truppen zunehmend schwere Niederlagen: Der russische Winter 1941 stoppte die deutsche Offensive. Im folgenden Frühjahr, also 1942, setzte die Wehrmacht ihre Offensive in Südrussland fort. Die sich jetzt zuspitzende Schlacht um die Stadt Stalingrad (heute Wolgograd) wurde zum Wendepunkt des deutschen Krieges im Osten: Die deutschen Truppen wurden hier eingekesselt und besiegt. Bis 1943 waren auf deutscher und auf russischer Seite Hunderttausende getötet worden. Aus Sicht der deutschen Bevölkerung waren die Jahre zwischen 1942 und 1945 besonders schlimm. Bei den Luftangriffen der Alliierten wurden die deutschen Städte teilweise völlig zerstört, es gab viele Todesopfer. Nach fünf Jahren war die Lage aussichtslos für die Deutschen. Eine Kapitulation kam jedoch für Hitler nicht in Frage. Er schickte in den letzten Kriegsmonaten sogar Kinder als Soldaten in den Kampf. Im Mai 1945 war der Krieg zu Ende und Deutschland besiegt. Zu diesem Zeitpunkt waren große Teile Europas zerstört. Auch deutsche Städte lagen durch den Luftkrieg in Trümmern. Viele Kinder hatten ihre Eltern verloren und lebten auf der Straße. Die Bevölkerung hungerte und litt große Not.

1. Stelle einen Zusammenhang zwischen dem geschichtlichen Hintergrund und den folgenden Textstellen her. Entscheide, inwiefern die historischen Informationen für die Deutung wichtig sind.

- *„Ja“, sagte der Posten befriedigt, „wenn man noch 'ne Dienstauffassung hat, ist man bei euch ein Rindvieh.“* (☞ S. 36, Z. 30 f., „Auch Kinder sind Zivilisten“)
  „Der Führer segne deine Dienstauffassung“, dachte ich. (Z. 40 f., ebd.)
  Geld hatten wir satt, für einen Mantel bezahlten die Russen siebenhundert Mark, und wir hatten drei Monate nichts gesehen als Dreck und Blut, ein paar Huren und Geld. (☞ S. 37, Z. 67 ff., ebd.)
- *Es war Frühling, mild und süß, und wir wussten, dass der Krieg jetzt bald zu Ende war.* (☞ S. 38, Z. 21 f., „Die Toten parieren nicht mehr“)
- *Das war, dass die anderen es nicht schießen hörten, wenn er es hörte. Dass sie das nie hören wollten.* (☞ S. 39, Z. 12 f., „Das Holz für morgen“)

2. Arbeite heraus, in welchem Verhältnis die Figuren aus „Auch Kinder sind Zivilisten" (S. 36) zueinander stehen. Inwiefern ist diese Beziehung durch die historischen Umstände bedingt?

3. Lies die folgende Biografie von Wolfgang Borchert und arbeite Parallelen zu „Das Holz für morgen" (S. 39) heraus.

Wolfgang Borchert: Ein Leben im Zeichen des Krieges

20.5.1921	Wolfgang Borchert wird in Hamburg als Sohn eines Volksschullehrers und einer Mundartautorin geboren.
1936	Mit 15 Jahren schreibt Borchert bereits erste Gedichte.
1939	Er beginnt eine Lehre als Buchhändler, die er Ende 1940 abbricht. Anschließend nimmt er Schauspielunterricht.
1941	Im März wird er an einer Lüneburger Wanderbühne als Schauspieler engagiert. Im Juni muss er bereits zum Kriegsdienst antreten. Er selbst bezeichnet die kurze Periode am Theater als die schönste seines Lebens.
1942/43	Borchert wird verwundet und erkrankt an Diphtherie. Er wird wegen Selbstverstümmlung angeklagt, jedoch freigesprochen. Er bleibt in Untersuchungshaft und wird wegen „defätistischer[1] Äußerungen" zu mehreren Monaten Gefängnis verurteilt. Im November wird er zur „Bewährung" an die Ostfront versetzt. Aufgrund von Krankheit wird er im Dezember in ein Lazarett eingeliefert und Anfang 1943 aus der Armee entlassen.
1943	Borchert tritt als Kabarettist auf. Wegen einer Parodie auf Joseph Goebbels wird er verhaftet.
1944	Borchert wird wegen Defätismus erneut zu neun Monaten Gefängnis verurteilt. Er wird vorzeitig entlassen – zur „Feindbewährung" an der Front.
1945	Borchert flieht aus französischer Kriegsgefangenschaft und kehrt als Schwerkranker nach Hamburg zurück.

[1] *defätistisch, der Defätismus:* die Einstellung eines Menschen, der nicht an den Sieg glaubt

In einer Biografie über den Autor heißt es:

Borchert ist heilfroh, wieder zu Hause zu sein. In seinem eigenen Zimmer. Immer noch hat er die Hoffnung, mittun zu können, nicht aufgegeben. Wenn ihn das Fieber für eine kurze Weile verlässt, versucht er aufzustehen, sich, auf Möbelstücke gestützt, durch die Wohnung zu bewegen. Morgens schleppt er sich zum Waschbecken, kein Tag, an dem er sich nicht ankleiden ließe, alles, um sich selbst, den Eltern, den Freunden das Bild eines Gesunden zu vermitteln. Wenn er zu Hause Besuche empfängt, gibt er sich heiter, lacht, redet von der Zukunft und allem, was er noch vorhabe. Auf Debatten über seine Krankheit lässt er sich nicht ein, von der Vergangenheit, von Kriegs- und Haftzeit spricht er ungern.

1945/46 Borchert will die verlorene Zeit nachholen. Er schreibt zahlreiche Kurzgeschichten, in denen er Menschenschicksale in Kriegs- und Nachkriegszeit thematisiert.

Januar 1947 Unheilbar krank schreibt Borchert innerhalb einer Woche das Drama „Draußen vor der Tür“, mit dem er über Nacht berühmt wird. Hierin beschreibt er realistisch die Situation eines Kriegsheimkehrers sowie das Elend und die Einsamkeit, welche die Kriegsgeneration nach dem desillusionierenden Kriegsende erwartet.

20.11.1947 Wolfgang Borchert stirbt während eines Kuraufenthaltes in Basel in der Schweiz.

Aufführung „Draußen vor der Tür“ 2013 in Freiburg

4. Diskutiert, inwiefern Informationen zum geschichtlichen Hintergrund und biografische Angaben zum Autor für das Textverständnis von Bedeutung sind.

Heinrich Böll

Heinrich Böll wurde 1917 in Köln geboren. Sein Vater war Kunstschreiner, die Eltern waren katholisch und hassten Hitler von Anfang an. Noch als Gymnasiast begann Böll zu schreiben. Nach dem Abitur und dem Arbeitsdienst konnte er 1939 noch ein Semester studieren, bevor er zur Wehrmacht eingezogen wurde. Sechs Jahre lang verweigerte er jeglichen Karrieresprung, obwohl ihm als Abiturient die Offizierslaufbahn offenstand. 1942 schrieb er darüber an seine Mutter:

„Es ist unheimlich verlockend, die Aussicht, die Möglichkeit, dem ganzen blöden Gesindel überlegen zu sein; einen Putzer zu haben, der alles erledigt, alle die Dinge, die für mich eine Qual sind, wie Waschen und Stiefelputzen; und ein Bett haben und Ruhe; und vorne zu sein, vorne weg, das ist das Verlockendste; nicht mehr hinten weit drin in der Masse wie ein Stück Scheiße; ach, es hat vieles für sich, fast alles; aber es wäre ein Verrat, und deshalb will ich es nicht. Du wirst mich schon verstehen.“

Böll hätte niemals gestattet, dies Widerstand zu nennen. Als einfacher Infanterist holte sich Böll Krankheiten und Verwundungen, die sein Leben lang nachwirkten, und da machte er die Erfahrungen, die er zeitlebens nicht vergessen wollte. Gleich nach seiner Heimkehr verschrieb sich Böll der Literatur. „Schreiben, schreiben, schreiben“, lautete sein Credo, dem er zumeist abends und nachts gehorchte. Tagsüber versuchte er ein paar Mark für sich und seine Familie zu

Heinrich-Böll-Denkmal in Berlin

verdienen. Und was er schrieb in jenen ersten Nachkriegsjahren, das ließ sich mit fast nichts vergleichen, was sonst so geschrieben und gedruckt wurde. Böll schrieb als Erster und dann für lange Zeit als einer der wenigen von den Massenmorden der Wehrmacht, von den deutschen Gehorsamsorgien und dem Holocaust aus der Sicht von einem, der dabei war. Böll bekannte sich ausdrücklich zur sogenannten „Kriegs-, Trümmer- oder Heimkehrerliteratur":

„Es war Krieg gewesen, sechs Jahre lang, wir kehrten heim aus diesem Krieg, wir fanden Trümmer und schrieben darüber. Merkwürdig, fast verdächtig war nur der vorwurfsvolle, fast gekränkte Ton, mit dem man sich dieser Bezeichnungen bediente: Man schien uns zwar nicht verantwortlich zu machen dafür, dass Krieg gewesen, dass alles in Trümmern lag, nur nahm man uns offenbar übel, dass wir es gesehen hatten und sahen, aber wir hatten keine Binde vor den Augen und sahen es. Ein gutes Auge gehört zum Handwerkszeug des Schriftstellers."

5. Vergleiche die Angaben zu Heinrich Bölls Biografie mit den Lebensumständen des Soldaten im Text „Auch Kinder sind Zivilisten" (☞ S. 36).

6. Informiere dich über Bölls spätere Werke und erläutere, inwiefern auch sie vom „Geist des Widerstands" geprägt sind.

Interpretation im Zusammenhang mit zusätzlichen Informationen

Untersuchung des Textes + Einbeziehen von zusätzlichem Wissen: → eigene **Deutung**

- **Zeitbezug** der dargestellten Ereignisse
- **Zusammenhang** des Textes **mit anderen Texten** des Autors bzw. der Autorin
- **Biografie** des Autors bzw. der Autorin

Achtung: Du musst deine Deutung immer auf Textstellen beziehen. Die Einbeziehung zusätzlicher Informationen darf nicht dazu führen, dass du dich vom eigentlichen Text entfernst.

Wolfgang Borchert
Die Küchenuhr

Sie sahen ihn schon von Weitem auf sich zukommen, denn er fiel auf. Er hatte ein ganz altes Gesicht, aber wie er ging, daran sah man, dass er erst zwanzig war. Er setzte sich mit seinem alten Gesicht zu ihnen auf die Bank. Und dann zeigte er ihnen, was er in der Hand trug.

Das war unsere Küchenuhr, sagte er und sah sie alle der Reihe nach an, die auf der Bank in der Sonne saßen. Ja, ich habe sie noch gefunden. Sie ist übriggeblieben. Er hielt eine runde tellerweiße Küchenuhr vor sich hin und tupfte mit dem Finger die blau gemalten Zahlen ab.

Sie hat weiter keinen Wert, meinte er entschuldigend, das weiß ich auch. Und sie ist auch nicht so besonders schön. Sie ist nur wie ein Teller, so mit weißem Lack. Aber die blauen Zahlen sehen doch ganz hübsch aus, finde ich. Die Zeiger sind natürlich nur aus Blech. Und nun gehen sie auch nicht mehr. Nein. Innerlich ist sie kaputt, das steht fest. Aber sie sieht noch aus wie immer. Auch wenn sie jetzt nicht mehr geht. Er machte mit der Fingerspitze einen vorsichtigen Kreis auf dem Rand der Telleruhr entlang. Und er sagte leise: Und sie ist übriggeblieben.

Die auf der Bank in der Sonne saßen, sahen ihn nicht an. Einer sah auf seine Schuhe und die Frau in ihren Kinderwagen. Dann sagte jemand: Sie haben wohl alles verloren?

Ja, ja, sagte er freudig, denken Sie, aber auch alles! Nur sie hier, sie ist übrig. Und er hob die Uhr wieder hoch, als ob die anderen sie noch nicht kannten.

Aber sie geht doch nicht mehr, sagte die Frau.

Nein, nein, das nicht. Kaputt ist sie, das weiß ich wohl. Aber sonst ist sie doch noch ganz wie immer: weiß und blau. Und wieder zeigte er ihnen seine Uhr. Und was das Schönste ist, fuhr er aufgeregt fort, das habe ich Ihnen ja noch überhaupt nicht erzählt. Das Schönste kommt nämlich noch: Denken Sie mal, sie ist um halb drei stehengeblieben. Ausgerechnet um halb drei, denken Sie mal!

Dann wurde Ihr Haus sicher um halb drei getroffen, sagte der Mann und schob wichtig die Unterlippe vor. Das habe ich schon oft gehört. Wenn die Bombe runtergeht, bleiben die Uhren stehen. Das kommt von dem Druck.

Er sah seine Uhr an und schüttelte überlegen den Kopf. Nein, lieber Herr, nein, da irren Sie sich. Das hat mit den Bomben nichts zu tun. Sie müssen nicht immer von den Bomben reden. Nein. Um halb drei war ganz etwas

anderes, das wissen Sie nur nicht. Das ist nämlich der Witz, dass sie gerade um halb drei stehengeblieben ist. Und nicht um viertel nach vier oder um sieben. Um halb drei kam ich nämlich immer nach Hause. Nachts, meine ich. Fast immer um halb drei. Das ist ja gerade der Witz. Er sah die anderen an, aber die hatten ihre Augen von ihm weggenommen. Er fand sie nicht. Da nickte er seiner Uhr zu: Dann hatte ich natürlich Hunger, nicht wahr? Und ich ging immer gleich in die Küche. Da war es dann immer fast halb drei. Und dann, dann kam nämlich meine Mutter. Ich konnte noch so leise die Tür aufmachen, sie hat mich immer gehört. Und wenn ich in der dunklen Küche etwas zu essen suchte, ging plötzlich das Licht an. Dann stand sie da in ihrer Wolljacke und mit einem roten Schal um. Und barfuß. Immer barfuß. Und dabei war unsere Küche gekachelt. Und sie machte ihre Augen ganz klein, weil ihr das Licht so hell war. Denn sie hatte ja schon geschlafen. Es war ja Nacht.

So spät wieder, sagte sie dann. Mehr sagte sie nie. Nur: So spät wieder. Und dann machte sie mir das Abendbrot warm und sah zu, wie ich aß. Dabei scheuerte sie immer die Füße aneinander, weil die Kacheln so kalt waren. Schuhe zog sie nachts nie an. Und sie saß so lange bei mir, bis ich satt war. Und dann hörte ich sie noch die Teller wegsetzen, wenn ich in meinem Zimmer schon das Licht ausgemacht hatte. Jede Nacht war es so. Und meistens immer um halb drei. Das war ganz selbstverständlich, fand ich, dass sie mir nachts um halb drei in der Küche das Essen machte. Ich fand das ganz selbstverständlich. Sie tat das ja immer. Und sie hat nie mehr gesagt als: So spät wieder. Aber das sagte sie jedes Mal. Und ich dachte, das könnte nie aufhören. Es war mir so selbstverständlich. Das alles war doch immer so gewesen.

Einen Atemzug lang war es ganz still auf der Bank. Dann sagte er leise: Und jetzt? Er sah die anderen an. Aber er fand sie nicht. Da sagte er der Uhr leise ins weißblaue runde Gesicht: Jetzt, jetzt weiß ich, dass es das Paradies war. Das richtige Paradies. Auf der Bank war es ganz still. Dann fragte die Frau: Und Ihre Familie? Er lächelte sie verlegen an: Ach, Sie meinen meine Eltern? Ja, die sind auch mit weg. Alles ist weg. Alles, stellen Sie sich vor. Alles weg.

Er lächelte verlegen von einem zum anderen. Aber sie sahen ihn nicht an. Da hob er wieder die Uhr hoch und er lachte. Er lachte: Nur sie hier. Sie ist übrig. Und das Schönste ist ja, dass sie ausgerechnet um halb drei stehengeblieben ist. Ausgerechnet um halb drei. Dann sagte er nichts mehr. Aber er hatte ein ganz altes Gesicht. Und der Mann, der neben ihm saß, sah auf seine Schuhe. Aber er sah seine Schuhe nicht. Er dachte immerzu an das Wort Paradies.

1. Lies den ersten Satz und notiere, welche Fragen dabei offen bleiben.

2. Halte fest, was du über die Hauptfigur des Textes erfährst und was du aus diesen Informationen schließen kannst. Beziehe dabei die historischen Hintergründe mit ein.

3. Analysiere nun das Verhalten der anderen Figuren genau und deute es.

4. Überlege, an welchem Punkt das Geschehen eine andere Richtung nimmt.

5. Erläutere, welche Bedeutung die Küchenuhr in dieser Geschichte hat.

> Die **Kurzgeschichte** ist eine epische Kleinform mit folgenden Merkmalen:
> - **Unmittelbarer Anfang**: Es gibt keine Einleitung, der Leser wird direkt ins Geschehen versetzt.
> - **Alltägliches Geschehen**: Die Handlung ist in der Regel nicht außergewöhnlich, Ort und Zeit werden kaum beschrieben.
> - **Wendepunkt**: Viele Kurzgeschichten enthalten einen Wendepunkt, also einen Punkt, an dem das Geschehen einen anderen Verlauf nimmt.
> - **Alltägliche Figuren**: Die Figuren sind durchschnittliche Menschen, die durch ihr Handeln indirekt charakterisiert werden.
> - **Offener Schluss**: Die Handlung bricht oft unmittelbar ab, damit der Leser sich selber Gedanken über die Folgen des Geschehens machen kann.
> - **Einfache, schlichte Sprache**: Die Sprache ist meist leicht verständlich, wirkt aber durch die Wahl rhetorischer Mittel (Metaphern, Vergleiche, Personifikationen, Anaphern, Leitmotive ...) poetisch.
> - Oft enthält die Kurzgeschichte auch ein **Leitmotiv** (Wiederholung von Redewendungen, Handlungen einer Person oder wiederholte Hinweise auf Gegenstände).

6. Überprüfe die Merkmale der Kurzgeschichte an dieser und an einer anderen Erzählung aus diesem Kapitel.

7. Arbeite produktiv mit einer Kurzgeschichte deiner Wahl: Du kannst eine Vorgeschichte oder ein Ende hinzufügen, das Geschehen aus einer anderen Perspektive darstellen oder dem Wendepunkt eine andere Richtung geben.

8. Recherchiere im Internet die Entstehung und Entwicklung der Gattung Kurzgeschichte und halte einen Kurzvortrag in der Klasse.

Innere und äußere Handlung unterscheiden

1. Markiere im Text „Das Holz für morgen" (S. 39), an welchen Stellen du etwas über den Ablauf des Geschehens erfährst.

2. Vergleiche deine Ergebnisse mit dem Flussdiagramm zu den Gedanken und Gefühlen der Hauptfigur aus Frage 2 auf Seite 42.

Die **äußere Handlung** stellt Geschehnisse dar, die sinnlich wahrnehmbar sind. Sie erzählt den Ablauf des Geschehens, stellt dessen Ursachen und Folgen dar.
Die **innere Handlung** dagegen bezeichnet Vorgänge, die sich im Bewusstsein der Protagonisten abspielen. Sie stellt Gedanken und Gefühle der Erzählfiguren dar. Deren Gefühlszustand kann oft aus der äußeren Darstellung (Gestik, Mimik, Körperhaltung) erschlossen werden.

3. Überlege, in welcher Form die Gedanken und Gefühle der Hauptfigur in folgenden Textstellen dargestellt werden.

Er hatte die ganze Nacht überlegt, wie er das machen wollte, und er war zu dem Entschluss gekommen, dass er vor allem auf den Boden hinaufgehen müsse, denn da wäre man allein und das war die Vorbedingung für alles andere. Zum Erschießen hatte er nichts und Vergiften war ihm zu unsicher. Keine Blamage wäre größer gewesen, als dann mithilfe eines Arztes wieder in das Leben zurückzukommen, und die vorwurfsvollen mitleidigen Gesichter der anderen, die so voll Liebe und Angst für ihn waren, ertragen zu müssen. („Das Holz für morgen", S. 39, Z. 16 ff.)

Und jetzt wollte ich mir das Leben nehmen und hatte das beinahe vergessen. Dabei war ich es doch. Mit der kleinen Feile, die Karlheinz gehörte. Die habe ich in die Faust genommen und dann bin ich in vollem Tempo die Treppe runtergesaust und habe dabei die Feile tief in das weiche Geländer gedrückt. In den Kurven habe ich besonders stark gedrückt, um zu bremsen. Als ich unten war, ging über das Treppengeländer vom Boden bis zum Erdgeschoss eine tiefe, tiefe Rille. Das war ich. („Das Holz für morgen", S. 40, Z. 67 ff.)

4. Erläutere, welche Wirkung durch die unterschiedliche Perspektive entsteht.

Die **erlebte Rede** nimmt eine Zwischenstellung zwischen dem Erzählerbericht und dem inneren Monolog ein. Dabei wird das innere Geschehen in der **dritten Person Singular** dargestellt. Die erlebte Rede steht im **Präteritum.**
Beim **inneren Monolog** versetzt sich der Erzähler in eine Figur hinein und stellt das Geschehen aus deren Perspektive dar, ohne sich in das Geschehen einzumischen. Der innere Monolog verwendet die **Ich-Form** und steht meist im **Indikativ Präsens.**

Dann sagte er nichts mehr. Aber er hatte ein ganz altes Gesicht. Und der Mann, der neben ihm saß, sah auf seine Schuhe. Aber er sah seine Schuhe nicht. Er dachte immerzu an das Wort Paradies. („Die Küchenuhr", S. 48, Z. 71 ff.)

5. Versetze dich in die Situation des Mannes auf der Bank und verfasse einen inneren Monolog, in dem die Gedanken und Gefühle der Figur zum Ausdruck kommen.

Satzglieder und Attribute bestimmen

Satzglieder

1. Bestimme in folgendem Text die unterstrichenen Satzglieder.

Kriegsende

Als der Krieg sich auch in Deutschland nach mehreren Jahren dem Ende zuneigte, waren die Jungen und jungen Männer erneut verloren.
Aus vielen Gründen verstanden sie die Welt nicht mehr. Jahrelang waren sie groß geworden in dem festen Glauben, dass alle bis zum letzten Mann mit der Waffe in der Hand um den Sieg kämpfen würden. Doch nun mussten sie aufgrund der Niederlagen in Russland und in Afrika erleben, dass Erwachsene kniffen, dass die Soldaten sich ergaben, anstatt – „hart wie Kruppstahl" – bis zum letzten Mann zu kämpfen.
Doch die Nationalsozialisten versuchten weiterhin die Bevölkerung vom Endsieg zu überzeugen. Im September 1944 wurde zu diesem Zweck der Volkssturm gebildet, der zumeist an der „Heimatfront" bis zum letzten Mann kämpfen sollte. Vor allem Jugendliche und alte Männer wurden nun bei eisigen Temperaturen in Schnellkursen ausgebildet, um über die anstehende Niederlage hinwegzutäuschen. Zehntausende von Soldaten kämpften bis zur Erschöpfung, sie starben trotz ihres Einsatzes. Viele von ihnen waren 16 oder 17 Jahre alt oder gar jünger. Die Familien gedachten ihrer.

Die Satzglieder

ERINNERT EUCH!

Das **Subjekt** gibt an, wer oder was etwas tut (Aktiv): *der Krieg*

Das **Prädikat** (die Satzaussage) gibt an, was geschieht oder was jemand tut: *neigt sich ... zu*

Die **Objekte** ergänzen den Satz:

- Dativobjekt (*dem Krieg*)
- Akkusativobjekt (*den Krieg*)
- Genitivobjekt (*des Krieges*)

Die **Adverbiale** geben die näheren Umstände eines Geschehens oder Sachverhalts an. Man unterscheidet:

- das Temporaladverbial (Adverbial der Zeit): *nach mehreren Jahren*
- das Lokaladverbial (Adverbial des Ortes): *auch in Deutschland*
- das Modaladverbial (Adverbial der Art und Weise): *erneut*
- das Kausaladverbial (Adverbial des Grundes): *aufgrund der Niederlagen in Russland und in Afrika*

2. Modaladverbiale lassen sich noch genauer unterscheiden. Ordne den Beispielen in der rechten Spalte die richtige Bezeichnung aus der linken Spalte zu.

Adverbial		Angabe
Zweck (Finaladverbial)	?	*trotz ihres Einsatzes*
Folge (Konsekutivadverbial)	?	*mit der Waffe in der Hand*
Bedingung (Konditionaladverbial)	?	*zu diesem Zweck*
Mittel (Instrumentaladverbial)	?	*bis zur Erschöpfung*
Einschränkung (Konzessivadverbial)	?	*bei eisigen Temperaturen*

3. Bei den blau unterlegten Satzgliedern des Eingangstextes (S. 51) handelt es sich um Objekte. Ermittle diese mit der Fragemethode und notiere, wodurch sie sich von den Objekten unterscheiden, die du bisher kennengelernt hast.

Das Präpositionalobjekt

Das **Präpositionalobjekt** ist ein Objekt, das durch eine **Präposition** eingeleitet wird.
Der Kasus des Präpositionalobjekts hängt von der Präposition ab:
Wir kümmern uns ***um das Besteck.*** (um + Akkusativ)
Die Frage nach dem Präpositionalobjekt enthält immer eine Präposition:
Worum *kümmert ihr euch?* (Sache) – ***An wen*** *denkst du?* (Person)
Das Präpositionalobjekt kann durch ein **Pronominaladverb** ersetzt werden, wenn es sich nicht auf ein Lebewesen bezieht:
Wir kümmern uns ***um das Besteck.*** *– Wir kümmern uns* ***darum.***
Wenn das Präpositionalobjekt zu einem **dass-Satz** oder einer **Infinitivkonstruktion** erweitert wird, dann verweist die **Präposition** mit ***da-*** oder ***dar-*** auf die Erweiterung:
Wir kümmern uns ***darum****, einen Ersatz zu finden.*
Er denkt ***daran****, die Schule zu wechseln.*

Weltweit gibt es noch immer viele Kindersoldaten

Auf der ganzen Welt können viele Jungen und Mädchen von einer unbeschwerten Kindheit nur träumen. Viele müssen schon in jungen Jahren schwer arbeiten und haben keine Zeit zu spielen oder zu lernen. Besonders schlimm aber geht es den Kindern, die im Krieg als sogenannte Kindersoldaten in den Kampf geschickt werden. Seit 2002 findet jährlich am 12. Februar der „Red Hand Day“ statt. Durch verschiedene Aktionen an diesem Tag wird die weltweite Aufmerksamkeit auf die Situation von Kindersoldaten gelenkt und die

Politik zum Handeln aufgefordert. Trotz der weltweiten Kritik werden Kinder von bewaffneten Rebellen und regulären Armee-Einheiten gezwungen, als Soldaten an Kämpfen teilzunehmen. Viele Kinder können auch nicht ausreißen, da sie dann um ihr Leben fürchten müssen. Manche Kinder schließen sich aber auch freiwillig bewaffneten Truppen an, weil sich niemand um sie kümmert oder sie sich Schutz erhoffen. Denn unter den Kindersoldaten sind viele, die im Krieg ihre Eltern verloren haben und sich alleine durchschlagen müssen. Nach Schätzungen gibt es weltweit etwa 250 000 Kindersoldaten. Die meisten von ihnen sind zwischen 15 und 18 Jahre alt. Es gibt aber auch Kinder, die schon als Neunjährige eingezogen werden.

Der Alltag dieser Kinder ist hart und voller Gefahren. Neben der militärischen Ausbildung müssen sie meist schwer arbeiten. Spiele mit Freunden und eine Schulausbildung bleiben ihnen verwehrt. Auch fehlt es in den Kriegsgebieten, in denen sie leben, an Nahrungsmitteln und Trinkwasser oder einer funktionierenden Gesundheitsversorgung. Hinzu kommt die ständige Angst vor Hinterhalten, Überfällen, tödlichen Landminen oder Gewehrfeuer.
Der Alltag der Kindersoldaten wird noch zusätzlich erschwert durch den brutalen Umgang der Erwachsenen mit ihnen. Disziplin und Gehorsam werden mit Schlägen und Drohungen erzwungen. Viele Kinder halten diese unmenschlichen Bedingungen nicht aus und sterben. Andere überleben, aber sie verlieren ihre Beine durch Minen, werden blind oder tragen andere Verwundungen davon. Die meisten Kinder sind für den Rest ihres Lebens seelisch so verletzt, dass sie nie wieder ein normales Leben führen können. Ihr Alltag wird auch später von Angst, bösen Albträumen und Traurigkeit bestimmt.

4. Erkläre mit deinen eigenen Worten, warum es so viele Kindersoldaten in den Kriegen dieser Welt gibt, und beschreibe ihre Situation.

5. Bestimme, ob es sich bei den unterstrichenen Satzgliedern um Adverbiale oder um Präpositionalobjekte handelt.

6. Analysiere und bestimme im folgenden Text auf Seite 54 die unterstrichenen Prädikate und ihre Ergänzungen. Der Merkkasten am Textende hilft dir dabei.
Beispiel: *sind Waisen* (Z. 5)
= Prädikatsnomen im Nominativ

Warum werden Kinder und Jugendliche zu Soldaten?

Kinder und Jugendliche gelten als gehorsam und sind leicht zu manipulieren. Vor allem aber stehen sie in großer Zahl zur Verfügung. Armut und Arbeitslosigkeit machen sie empfänglich für die Versprechungen von Soldaten und Milizen.
Viele Kindersoldaten sind Waisen, deren Eltern im Krieg getötet wurden. Sie bleiben allein und wissen nicht wohin, sie schließen sich den Truppen an, weil sie Schutz suchen, und werden dann unter Drogen gezwungen zu kämpfen. Sie scheinen Erwachsene zu sein, sind aber noch Kinder.
Die große Verfügbarkeit von leichten Waffen in den Krisenländern der Erde macht den Missbrauch der Kinder erst möglich. Schon Achtjährige lernen, mit einem deutschen G3-Gewehr oder einer Kalaschnikow umzugehen. Die Waffen verleihen ihnen vordergründig Selbstvertrauen und Macht – gleichzeitig machen sie die Kinder zu Außenseitern. Auch nach Ende der Kriegshandlungen bleiben sie Soldaten. Einige nennen sie Kriegstreiber, doch in Wahrheit sind sie die eigentlichen Opfer des Krieges.

Das Prädikativ

Das **Prädikativ** ist ein Teil des Prädikats, der sich entweder auf das Subjekt oder auf ein Akkusativobjekt bezieht.
Das Prädikativ zum Subjekt folgt auf die Verben *sein, werden, bleiben, heißen, scheinen, gelten (als).*
Es kann folgende Formen annehmen:

- ein Nomen im Nominativ: *Viele junge Männer werden **Soldaten.***
- ein Pronomen: *Wer bist **du?***
- ein Adjektiv: *Manche Soldaten werden nicht **alt.***
- ein Infinitiv: *Vieles bleibt **zu tun.***
- ein Adverb: *Manche bleiben **dort.***
- ein Numerale: *Einige sind erst **sechzehn.***

Bezieht sich das Prädikativ auf ein Akkusativobjekt, so spricht man von einem **prädikativen Akkusativ.** Er steht vor allem bei folgenden Verben: *finden, nennen, schimpfen, schelten, heißen*:
Viele nennen ihn einen Diktator.

7. Diskutiert, welche Folgen der Kriegseinsatz von Kindern auf deren weiteres Leben hat.

Attribute: Teile von Satzgliedern

Janne Teller

Krieg. Stell dir vor, er wäre hier
Wenn bei uns Krieg wäre.
Wohin würdest du gehen?

① Wenn durch die Bomben der größte Teil des Landes, der größte Teil der Stadt in Ruinen läge? Wenn das Haus, in dem du mit deiner Familie lebst, Löcher in den Wänden hätte? Wenn alle Fensterscheiben zerbrochen, das Dach weggerissen wäre? Der Winter steht bevor, die Heizung funktioniert nicht, es regnet herein. Ihr könnt euch nur im Keller aufhalten. Deine Mutter hat Bronchitis, und bald wird sie wieder eine Lungenentzündung bekommen. Dein großer Bruder hat schon früh bei einem Vorfall mit einer Mine drei Finger der linken Hand verloren und unterstützt gegen den Willen deiner Eltern die Milizia.

② Wenn durch die herabfallenden Bomben über der Stadt der größte Teil des Landes, der größte Teil der Stadt am Fluss in Ruinen läge? Wenn das Haus, in dem du mit deiner Familie lebst, Löcher in den Wänden hätte? Wenn alle Fensterscheiben eures Hauses zerbrochen, das schöne neue Dach aus Schiefer weggerissen wäre? Der kalte Winter steht bevor, die Heizung im Keller funktioniert nicht, es regnet herein. Ihr könnt euch nur im Keller aufhalten. Deine Mutter hat schlimme Bronchitis, und bald wird sie wieder eine lebensbedrohliche Lungenentzündung bekommen. Dein großer Bruder hat schon früh bei einem Vorfall mit einer Mine drei Finger der linken Hand verloren und unterstützt gegen den Willen deiner Eltern die Milizia.

1. Vergleiche die unterschiedlichen Fassungen des Textbeginns. Welcher Art sind die zusätzlichen unterstrichenen Informationen, die du in der zweiten Fassung erhältst?

2. Untersuche, auf welches Satzglied sich diese Informationen jeweils beziehen.

3. Überlege, inwiefern sich der Sinn der Aussage ändert, wenn diese Informationen wegfallen, und ob der Satz dann noch grammatisch korrekt ist.

4. Ermittle die einzelnen Satzglieder durch die Umstellprobe. Was kannst du im Hinblick auf die unterstrichenen Informationen feststellen?
„Wenn durch die herabfallenden Bomben über der Stadt der größte Teil des Landes, der größte Teil der Stadt am Fluss in Ruinen läge?"

5. Erkläre, warum die Autorin weitgehend auf diese zusätzlichen Informationen verzichtet hat. Das Original ist die erste Fassung des Textbeginns.

Attribute dienen dazu, Wörter (vor allem Nomen) näher zu bestimmen oder ihren Bedeutungsinhalt zu erweitern. Sie sorgen für größere Klarheit und Anschaulichkeit. Das Nomen, das erweitert und näher erläutert wird, nennt man Bezugswort.
Attribute sind keine selbstständigen Satzglieder, sondern **Teile von Satzgliedern**. Sie sind somit im Satz nicht einzeln verschiebbar, sondern können nur zusammen mit dem entsprechenden Satzglied verschoben werden (**Umstellprobe**): *Der Bruder hat drei Finger* ***der linken Hand*** *verloren.* → *Drei Finger* ***der linken Hand*** *hat der Bruder verloren.*
Da es sich um Zusatzinformationen handelt, kann man diese Satzergänzungen weglassen, ohne dass der Satz ein Satzglied verliert (**Weglassprobe**): *Die* ***durch den Krieg zerstörten*** *Häuser werden abgerissen* → *Die Häuser werden abgerissen.*

6. Suche weitere Attribute in der zweiten Fassung (☞ S. 55) und bestimme die Art aller Attribute. Orientiere dich an den Informationen des Merkkästchens.

Attribute können unterschiedliche sprachliche Formen annehmen und vor oder nach dem Bezugswort stehen. Die wichtigsten Attribute sind:

- Adjektive: *der* ***kalte*** *Winter*
- Partizipien: *die* ***herabfallenden*** *Bomben*
- präpositionale Ausdrücke: *die Heizung* ***im Keller***
- Nomen im Genitiv: *alle Fensterscheiben* ***eures Hauses***
- Relativsätze: *das Haus,* ***in dem du mit deiner Familie lebst***
- Appositionen (in Kommas eingeschlossene Nomen im gleichen Fall): *Der Krieg,* ***der Schrecken der Menschheit,*** *herrscht in Europa.*
- Infinitiv: *der Wunsch* ***zu helfen***

So geht der Text von Seite 55 weiter: Deine kleine Schwester wurde von Granatsplittern am Kopf verletzt, sie liegt in einem Krankenhaus, dem es an allem fehlt. Deine Großeltern starben, als eine Bombe ihr Pflegeheim traf. Du bist noch unversehrt, aber du hast Angst. Morgens, mittags, abends, nachts. Jedes Mal, wenn in der Ferne die Raketen abgefeuert werden, zuckst du zusammen, jedes Mal, wenn du am Horizont Licht aufscheinen siehst und du nicht weißt, ob die Rakete dieses Mal in deine Richtung fliegt. Jedes Mal, wenn es irgendwo kracht, zuckst du zusammen. Wie viele deiner Freunde wurden dieses Mal getroffen? Die Wasserrohre sind schon lange geplatzt. Jeden Tag müssen du und dein großer Bruder durch die Straßen und über den Rathausplatz zum öffentlichen Wasserversorgungswagen laufen, jeder mit zwei Eimern. Schlimmer als die Angst ist der Hunger. Am allerschlimmsten ist die Kälte. Du weißt nicht, wie ihr den Winter überleben sollt. Der Arzt sagt, deine Mutter wird einen weiteren Winter im Keller nicht schaffen.

7. Fasse zusammen, was mit den genannten Familienmitgliedern seit Kriegsbeginn passiert ist und wie sich deren Lebenssituation im Krieg verändert.

8. Versetze dich in die Situation und erweitere den Text um mögliche Attribute.

Michael Höhn

Gewaltlosigkeit – eine Idee für Schwächlinge?

Mahatma Gandhi (geb. 1869; ermordet 1948)

Ganz und gar nicht. Mahatma Gandhi, ein kleines dünnes Männchen aus Indien und zugleich einer der bekanntesten und wirkungsvollsten Vertreter der Idee und Praxis der Gewaltlosigkeit, hat mit seinem eigenen Leben genau das Gegenteil davon bewiesen. Aber erst einmal sah alles ganz anders aus: „Auf der Schule hatte ich einige Schwierigkeiten im Rechnen", erzählt Gandhi später. „Ich war sehr schüchtern und vermied jedwede Gesellschaft ... Ich rannte buchstäblich von der Schule zurück, weil ich es nicht ertragen konnte. Ich hatte Angst, man würde sich über mich lustig machen ... mehr noch, ich war ein Feigling. Mich verfolgte die Angst vor Dieben, Geistern und Schlangen. In der Nacht wagte ich mich nicht vor die Tür. Es war mir fast unmöglich, im Dunkeln zu schlafen ..." Dann beschloss Gandhi, sich seinen eigenen Schwächen zu stellen und nicht mehr vor seiner Angst davonzulaufen. Und es gelang ihm, Ängste und Schwächen in mühsamer Arbeit zu verwandeln. Gandhi hatte hart kämpfen und unzählige Ängste und Niederlagen überwinden müssen, bevor aus dem schüchternen jungen Mann, der kaum den Mund aufzumachen wagte, ein mitreißender politischer Friedensprophet geworden war. Sein Geheimnis: Gewaltlosigkeit verwandelt die Wut in Stärke. Gewalt, Hass und Rache können immer nur zerstören, meinte Gandhi. Nur in der unbewaffneten Liebe sah er die Möglichkeit, zerrüttete Beziehungen heil zu machen und den tödlichen Kreislauf von Hass, Gewalt und Gegengewalt zu durchbrechen. Der Gegner soll nicht vernichtet, sondern zum Nachdenken gebracht werden, der Feind soll zum Freund gewonnen werden. Schließlich soll nicht ein gedemütigter Gegner am Ende einer Auseinandersetzung stehen, sondern der ehrenvolle Kompromiss als Grundlage für ein neues Miteinander.

9. Benenne alle unterstrichenen Satzglieder und Attribute.

10. Bestimme alle Satzglieder und Attribute im letzten Satz (Z. 22 ff.).

11. „Manche nennen mich einen Feigling, wenn ich mich nicht wehre und zurückschlage."
Diskutiert, ob nicht mehr Mut und Tapferkeit dazugehört, auf das Zurückschlagen zu verzichten als einen Kampf einzugehen.

Zwei Welten in mir

Zafer Şenocak
Doppelmann

Ich habe meine Füße auf zwei Planeten
wenn sie sich in Bewegung setzen
zerren sie mich mit
ich falle

ich trage zwei Welten in mir
aber keine ist ganz
sie bluten ständig

die Grenze verläuft
mitten durch meine Zunge

ich rüttele daran wie ein Häftling
das Spiel an einer Wunde

1

Aufgaben: Seite 69

Irena Brežná

Die undankbare Fremde

Der Roman „Die undankbare Fremde" erzählt die Geschichte einer jungen Frau, die aus einer Diktatur in ein reiches Land fliehen muss, wo von ihr Dankbarkeit und Anpassung erwartet werden. Doch die Ich-Erzählerin wird dort nicht heimisch, sondern „näht" sich aus verschiedenen Kulturfetzen eine neue Identität zusammen.

Wir ließen unser Land im vertrauten Dunkel zurück und näherten uns der leuchtenden Fremde. „Wie viel Licht!", rief Mutter, als wäre das der Beweis, dass wir einer lichten Zukunft entgegenfuhren. Die Straßenlaternen flackerten nicht träge orange wie bei uns, sondern blendeten wie Scheinwerfer. Mutter war voller Emigrationslust und sah nicht die Schwärme von Mücken, Käferchen und Nachtfaltern, die um die Laternenköpfe herumschwirrten, daran klebten, mit Flügeln und Beinchen ums Leben zappelten, bis sie, angezogen vom gnadenlosen Schein, verbrannten und auf die saubere Straße herunterfielen. Und das grelle Licht der Fremde fraß auch die Sterne auf.

In der Kaserne verhörte uns ein Hauptmann, der mehrere Sprachfehler hatte. Er konnte kein r rollen, weder ž, ľ, ť, dž, ň noch ô aussprechen und betonte unseren Namen falsch, sodass ich mich nicht wiedererkannte. Er schrieb ihn auf ein Formular und nahm ihm alle Flügel und Dächlein weg: „Diesen Firlefanz brauchen Sie hier nicht." Er strich auch meine runde, weibliche Endung, gab mir den Familiennamen des Vaters und des Bruders. Diese saßen stumm da und ließen meine Verstümmelung geschehen. Was sollte ich mit dem kahlen, männlichen Namen anfangen? Ich fror.

Der Hauptmann lehnte sich zufrieden zurück: „Sind Sie zu uns geflüchtet, weil es hier die Meinungsäußerungsfreiheit gibt?"

Wir kannten dieses lange Wort nicht. Mussten wir dem Mann jetzt unsere Meinung sagen, damit er jedem ein Bett und eine Wolldecke gibt? Zu sagen, was man denkt, sät Zwietracht, man wird einsam davon, kommt in Einzelhaft.

Der Hauptmann wartete vergeblich auf unsere Meinung, dann senkte er die Stimme verdächtig tief: „Was für einen Glauben haben Sie?"

Ich fürchtete, Mutter und Vater würden den Pakt mit dem Teufel schließen und Gott ins Spiel bringen, aber sie blieben sich gottlos treu und schwiegen.

Da wandte sich der Mann an mich: „Woran glaubst du, Mädchen?"

„An eine bessere Welt."

„Dann bist du richtig bei uns. Herzlich willkommen!"

Er zwinkerte mir zu und besiegelte mein Schicksal mit einem Stempel. [...]

Wir bezogen eine Neubauwohnung am Stadtrand. Die Eltern bekamen Arbeit im zwölften Stock einer Firma, die chemische Farbstoffe herstellte. Mutter war stolz, dass die Welt dank ihr farbiger wurde. Vom ersten Gehalt ging sie mit mir Möbel kaufen. Im Keller eines Einfamilienhauses zeigte uns der Hausherr gediegene Trödelware und nannte Preise, worauf Mutter den Kopf schüttelte und mit der Zunge schnalzte. Je aufmerksamer er uns anschaute, umso trauriger wurde er. Als könnte er davon fröhlicher werden, senkte er die Preise. Er senkte sie so sehr, dass Mutter nur noch nickte. Dieser Mann schämte sich vor uns seines Häuschens und des Friedens, in dem er lebte, schämte sich dafür, dass er nichts gegen das Unrecht, das unserem Land widerfahren war, tun konnte, und war bodenlos beschämt, dass sich Mama über seine Möbel freute. Obwohl er aufgewühlt war, wahrte er das Maß und erniedrigte uns nicht mit Spottpreisen. Ich hatte nicht gewusst, dass es eine so anständige Scham geben kann, und sie war es, die uns inmitten dieses bürgerlichen Gerumpels in der Fremde willkommen hieß. Wie es sich bei Begrüßungszeremonien gehört, kam ein Geschenk dazu. Als ich nach dem Preis eines roten Kelims[1] fragte, hob der Mann diesen sanft wie ein Neugeborenes vom Boden auf und sagte: „Der gehört dir." Er tat es, ohne zu seufzen und ohne mir einen triefenden Kuss auf die Stirn zu drücken. So lernte ich, dass gute Gefühle hier getarnt und geräuschlos wie Partisanen[2] unterwegs waren. Abends legte ich mich auf den Kelim und weinte. Von da an besuchte mich das Weinen einmal wöchentlich, ich öffnete ihm die Tür, und wir blieben die Nacht zusammen. In einer dieser Nächte fand ich heraus, dass ich reich war, ich besaß etwas, was dem sich schämenden Mann fehlte: Ich hatte ein tragisches Schicksal.

Ich musste mich weder sorgen, es zu verlieren, noch um seine Wertsteigerung bemüht sein. Ein tragisches Schicksal war ein stabiler Besitz. Jene, die nur kleine Unglücke kannten, regten sich über allerlei Kleinkram auf.

Es drohten keine Versorgungsengpässe, Waschmaschinen, Autos und Putzmittel standen zur Verfügung, und Mutter gelangte zur Überzeugung, wir seien glücklich. „Was hast du, Griesgram, lach doch mal", ärgerte sie sich über mich.

Seit ich meine weite Haut der Gemeinschaft verloren hatte, hüllte ich mich in enges Selbstmitleid, verkroch mich im

[1] *der Kelim:* ein gewebter Teppich oder Wandbehang

[2] *der Partisan:* ein bewaffneter Kämpfer, der nicht zur regulären Armee eines Landes gehört

Groll gegen das Unvertraute. Ich fühlte mich wie ein Ding, das Mutter in ein fremdes Haus gestellt hatte, wie eine unmündige Braut, hundert Jahre zurückgeworfen, verheiratet an ein Land wie an einen strengen, alten Mann. Ihn lieben und achten sollte ich, mich mit ihm ein Leben lang vertragen. Verraten wurde ich, in allem, was den Menschen ausmacht. Mutter hatte mir nicht hundert Prinzen vorgeführt, mich nicht gefragt: „Wen willst du?" Und: „Magst du überhaupt heiraten?"
Sie sagte entschlossen: „Hier gibt es keine Unterdrückung."
Für mich war mein Land verspielte Muttersprache gewesen, Lachen mit meinen Freundinnen, selbstverständliche Zugehörigkeit, ein warmer Strom, der mich getragen hatte. Ich hatte Kiemen gehabt, und auf einmal wurde ich ans Ufer geworfen, hörte das Wachsen der Lungen, und jeder Atemzug schmerzte. [...] Die Welt war in „Ich" und „Das fremde Land" zerbrochen.
Mein Name gehörte nicht mehr mir. Stotternd sprach man ihn aus, falsch klang er, schwerfällig. Ein stetiger Anlass, mich unpassend zu fühlen. Und meine Sprechweise in der neuen Sprache war verdächtig zerklüftet. Ein Fehler geschah, ein Loch tat sich auf. Die Einheimischen mochten geglättete Verhältnisse, zubetonierte Löcher.
Der Lehrer lockte: „Pass dich an. Stell dir vor, du gehst auf der Straße und alle denken, du seiest von hier."
Doch ich wusste: Mein flaches Mondgesicht würde mich verraten. Und wenn schon. Ich wollte es nicht in die Länge pressen und mich hier als Weizenkorn verwurzeln.
Keine Waschmaschine wusch mein altes Ich so rein, dass ich ein unbeflecktes Leben beginnen könnte. Dankbar sollte ich sein, hier leben zu dürfen. Und stets pünktlich. Wem und wofür sollte ich pünktlich dankbar sein, dass es mir in der besseren Welt so schlecht ging? Zuhause ist dort, wo man motzen darf, und ich hatte kein Zuhause.
In verletzbarem Dauerzustand trug ich das Weinen zuvorderst, es fiel bei jedem Stolpern heraus. Die Tat eines einzigen Menschen verstieß mich aus dem Kosmos. Nichts als abhauen wollte ich aus der gefegten Leere, wo man mich maßregelte, und zurückkehren zu den Gehsteigen meiner Stadt, auf denen Müll herumlag. Zuhause war dort, wo es bekannte Lebensspuren gab. Ihr Gestank wurde in der Fremde zum Duft der Heimat und der Freiheit.

Jutta Rinas

„Migranten brauchen ein Recht auf Fremdheit“

2

Aufgaben: Seite 69

Anlässlich des Erscheinens ihres Buches „Die undankbare Fremde“ veröffentlichte die Hannoversche Allgemeinen Zeitung im Mai 2012 das folgende Interview mit der Schweizer Schriftstellerin tschechoslowakischer Herkunft, Irena Brežná.

Kritisch, provokativ: Irena Brežná ©Gezett

Frau Brežná, allerorten wird diskutiert, wie Migranten besser integriert werden können. Sie fordern in Ihrem neuen Buch „Die undankbare Fremde“ für Einwanderer ein Recht auf Unangepasstheit …

… eher ein Recht auf Fremdheit. Fremdheit ist ein globales Gefühl. Babys fühlen sich fremd, wenn sie auf die Welt kommen. Unbekannte Orte, alles, was neu ist, ist uns zunächst fremd. Trotzdem ist der Begriff negativ besetzt, und gerade Einwanderer stehen oft unter dem Druck, sich stark anzupassen. Wer aber versucht, sich völlig umzumodeln, landet leicht in der Psychiatrie. Wir müssen vielmehr darauf achten, dass nicht alles, was ein Einwanderer mitbringt, als gefährlicher Abfall auf dem Müll landet.

Woran machen Sie diese Fremdheit fest?

In der Schweiz sagt man beispielsweise „Grüezi“, um jemanden willkommen zu heißen. Das ist aber keine Aufforderung zum Kennenlernen, sondern ein Stoppschild mit der Aufschrift „Bitte nicht weiter stören“. Die Heldin meines Buches versteht das nicht, versucht immer wieder, mit Menschen auf der Straße in Kontakt zu kommen: So kennt sie es aus ihrer Heimat. Als das nicht klappt, reagiert sie mit Hohn und Spott auf die Schweiz. Aber das ist nur ein Schutzmechanismus, weil sie sich unverstanden fühlt.

In Deutschland hat der Unwille, sich anzupassen, zu regelrechten Parallelgesellschaften geführt …

Ich möchte natürlich, dass die Fremden an der Gemeinschaft partizipieren. Aber sich zu schnell zu integrieren, ist auch gefährlich. Meine Heldin sagt irgendwann, dass es zu ihrem neuen Heimatgefühl gehört, Ausländerin zu sein. Sie entscheidet sich nicht für eine Seite.

In Ihrem Buch stehen harte Sätze über die Schweiz wie: „Das Land braucht Haustiere, Behinderte und Fremde.“

Der Satz fällt im Gespräch zweier Flüchtlingsmädchen, die die Nähe zu ihren neuen Mitmenschen suchen und scheitern. Ihnen fällt auf, dass die Schweizer sehr nett zu Behinderten und zu Hunden sind, zu Fremden aber vor allem dann, wenn sie nur ja nicht zu selbstbewusst sind. Sie erleben, dass Fremde in der Schweiz geliebt werden, wenn sie Schauergeschichten über die Diktatur erzählen. Wenn sie über die neue Heimat motzen, gilt das nicht.

Ihre Heldin zehrt von manchmal verklärenden Vorstellungen über ihre alte Heimat.
Kinder erfahren häufig keine Gewalt in der Diktatur. Sie sind zu jung, um die Mechanismen einer solchen Staatsform zu verstehen. Wenn sie verpflanzt werden, idealisieren sie ihr Herkunftsland oft. Aber Flüchtlinge idealisieren auch oft ihren Zufluchtsort. Sie denken, sie wechseln nur das Land, die Sitten bleiben die gleichen. Es gibt mehr Geld und geht gerechter zu. Dann merken sie, dass es im Zwischenmenschlichen hapert ...

Zum Beispiel?
Die Fremden werden in der Schweiz wirklich gut behandelt. Aber die Zuwendung findet vor allem auf struktureller Ebene statt. Es gibt Sozialarbeiter, Krankenhäuser, Therapeuten. Aber die Menschen, die sich mit ihnen befassen, treten nicht aus ihrer Rolle heraus. Es bleibt alles offiziell, das ist schwer für meine Heldin, die auch nach privaten Kontakten sucht.

Sie sind selbst 1968 aus der Tschechoslowakei in die Schweiz gekommen ...
Ja, und ich wollte nicht bleiben, aber wegen des Kalten Krieges konnte ich nicht zurück. Mittlerweile – nach mehr als 40 Jahren – bin ich heimisch geworden. Ich denke, die Tatsache, dass ich es wage, mich als mündige Bürgerin so kritisch über die Schweiz zu äußern, ist auch ein Zeichen dafür, dass ich mich hier zu Hause fühle.

3

Aufgabe: Seite 69

Migration [zu lat. „Wanderung“]: Bezeichnung für die Wanderungsprozesse von Individuen oder Gruppen innerhalb einer Gesellschaft oder zwischen Gesellschaften und ihren verschiedenen geografischen, wirtschaftlichen und kulturellen Lebensbereichen. Folgende Typen sind zu unterscheiden: 1) Binnen- sowie Ein- und Auswanderung; 2) freiwillige oder erzwungene Wanderungen; 3) zeitlich begrenzte oder dauerhafte Wanderungen. Von besonderem Interesse für die Entwicklung und Veränderung der Sozialstruktur von Industriegesellschaften sind Wanderungsbewegungen von Arbeitskräften sowie die Migration zwischen Stadt und Land (Landflucht). *Schülerduden Politik und Gesellschaft*

Werner Kramer

Kulturelle Identität im Migrationszeitalter

4

Aufgabe: Seite 69

Ja, wir leben im Migrationszeitalter. Da treffen Immigrationsminderheiten und Mehrheitsbevölkerung aufeinander. Die Immigrationsminderheiten sind eingewandert, etwa als Arbeitsmigranten und -migrantinnen, z. B. aus der Türkei, als Bürgerkriegs- oder Verfolgungsmigranten, z. B. aus Bosnien oder Kosovo. Sie treffen hier auf die ansässige Mehrheitsbevölkerung. Beide haben ihre eigene kulturelle Identität. Was geschieht bei diesem Zusammentreffen? Kann dies gut gehen – oder bleibt nur der harte Zusammenprall?

Erkläre:
- die Immigrationsminderheiten
- die Mehrheitsbevölkerung

Kulturelle Identität wird durch Sozialisation[1] erworben, sie ist nicht durch Gene bestimmt. Sozialisation geschieht in den Milieus, in denen wir aufwachsen: in der Familie, in der Schule, in den gesellschaftlichen Verhältnissen, in den religiösen Gemeinschaften, im Arbeitsleben. Im Zusammenleben in diesen Milieus erleben wir, welches Verhalten gefördert, welches abgelehnt, bestraft wird. So lernen wir Lebensregeln und in ihnen die geltenden Werte.

Diese Lebensregeln werden ein Teil von mir, sie leben in mir und schaffen so das, was wir kulturelle Identität nennen. Regeln geben mir ein grundlegendes Gefühl von Zugehörigkeit, Lebenssicherheit, Identität.

Die Immigrationsminderheiten bringen bei der Einwanderung ihre kulturelle Identität mit: ihre Sprache, die Regeln ihres familiären Zusammenlebens, ihre Religion, ihre Sitten und Gebräuche, ihre Regeln des gesellschaftlichen Zusammenlebens, ihre Werte, insgesamt: ihre Kultur. Damit kommen sie in ein Land, wo für sie alles fremd ist von der Landschaft über die Sprache bis hin zu den gesellschaftlichen Regeln. Das hat zur Folge, dass das vertraute Eigene besonderes Gewicht bekommt: die eigene Sprache, die Religion, die familiären Lebensregeln. Denn dies gibt im fremden Land etwas wie Geborgenheit. Damit hängt zusammen, dass man sich vorwiegend bei seinesgleichen sammelt. So bleibt man abgesehen vom Arbeitsleben nicht selten „unter sich".

Für die Mehrheitsbevölkerung gilt grundsätzlich dasselbe. Auch sie hat ihre kulturelle Identität durch ihre Sprache, ihre Religion, ihre Regeln des Zusammenlebens, ihre Werte. Für die Mehrheitsbevölkerung gilt dies als das Selbstverständliche, das keiner besonderen Begründung bedarf. Denn hier ist es so. So herrscht das Grundgefühl: Die Eingewanderten sollen sich anpassen.

Beide Seiten stehen vor einer komplexen, Zeit beanspruchenden Aufgabe: den anderen und ihrer kulturellen Identität zu begegnen, das Fremde schrittweise kennenzulernen, sich auszutauschen und damit Eigenes zu relativieren. Wichtig ist zu sehen, kulturelle Identität ist kein Monolith, kein feststehender, unveränderlicher Felsblock.

[1] *die Sozialisation:* Prozess, in dessen Verlauf sich der Heranwachsende in die Gesellschaft einordnet, indem er gesellschaftlich bedingte Verhaltensweisen übernimmt

5

Aufgaben: Seite 69

Jean-Louis Scheffen

Geburtsort Luxemburg – Geburtsland Italien

Donato Rotunno, 1966 in Luxemburg zur Welt gekommen und in Limpertsberg aufgewachsen, ist der Sohn italienischer Eltern, die Anfang der 60er-Jahre wie Tausende ihrer Landsleute ins Großherzogtum kamen, weil ihr Heimatland – genauer, ihre Heimatregion, in diesem Fall die Basilicata im Süden Italiens – ihnen keine gesicherte Zukunft bieten konnte.

Von einer Großregion redete in den 60er-Jahren noch niemand. „Die Grenzen waren noch wirklich Grenzen, die Entscheidung, in ein anderes Land zu ziehen, und sei es bloß auf Zeit, war lebensverändernd", betont Rotunno. Die Entwurzelung sei damals ständig zu spüren gewesen.

Im Hause Rotunno wurde Italienisch gesprochen, und der Vater legte Wert darauf, dass seine zwei Söhne die Sprache ihrer Vorfahren richtig lernten, weshalb er sie in den von der italienischen Botschaft veranstalteten Kursen einschrieb. Wie so viele Einwanderer dachte er daran, eines Tages in seine Heimat zurückzukehren, und baute dafür sogar ein Haus in Montemilione. Doch die Familie blieb in Luxemburg. Nur im Sommer, während der Ferien, ging es für ein paar Wochen zurück nach Italien.

Nach der Primärschule hatte Donato die Möglichkeit, die Europaschule zu besuchen und so in einem internationalen Umfeld aufzuwachsen. „Bereits in der Primärschule hatte ich vage gespürt, dass ich anders war als meine luxemburgischen Klassenkameraden", erinnert er sich. „Doch in der Pubertät, mit zwölf bis vierzehn etwa, wurde dieses Gefühl sehr deutlich. Es ist ja auch der Lebensabschnitt, in dem die Suche nach der eigenen Identität in den Mittelpunkt rückt."

Donato Rotunno, luxemburgisch-italienischer Filmregisseur und -produzent

Das anschließende Filmstudium führte Donato Rotunno nach Belgien. Das Land seiner Vorfahren entdeckte er als junger Rucksacktourist, das Interrail-Ticket in der Tasche, und auch heute noch reise er zwei, drei Mal im Jahr nach Italien. „Ich kenne wahrscheinlich mehr Ecken des Landes als die meisten Italiener. Doch genau genommen fühle ich mich zunehmend als Fremder dort – wie ein Italiener, der eigentlich von nirgendwo aus Italien ist, und demnach nicht wirklich dort verwurzelt ist."

Der Eintrag in seinem alten italienischen Pass habe diesen Widerspruch treffend resümiert: „Als Geburtsort war dort Luxemburg verzeichnet, als Geburtsland aber Italien!"

Inzwischen hat Donato Rotunno auch einen luxemburgischen Reisepass. Die Entscheidung traf er erst, nachdem das Gesetz über die doppelte Staatsbürgerschaft 2008 in Kraft getreten war. Die Antragsprozedur zieht sich wie ein roter Faden durch seinen Dokumentarfilm „Pass“. In der Art einer soziologischen Langzeitstudie stellt der Film die Frage, wie Identitätsgefühle sich im Laufe der Zeit ändern können.

Er selbst, so Rotunno, habe das Gefühl, dass er in den letzten Jahren allmählich zu sich selbst gefunden habe: zu einer eigenen Identität, die sich nicht darauf beschränke, Luxemburger, Italiener oder beides zugleich zu sein. Der Beruf, die eigene Familie, der Freundeskreis, auch darin spiegele sich letztlich die Identität eines Menschen, nicht nur in der Zugehörigkeit zu dieser oder jener Nation und der Kultur, für die sie steht.

Fabienne Pirsch

Zwischen neuer Heimat und Rückkehr

6

Aufgaben: Seite 69

Als Paula R. 1973 in Portugal geboren wurde, hatte ihr Vater seinen Entschluss bereits gefasst. Die Geschäfte in der Baubranche liefen nicht so gut, wie er es sich gewünscht hatte. Also wollte er auswandern, dorthin ziehen, wo es reichlich Arbeit und mehr Geld zu verdienen gab: nach Luxemburg. Es sollte nur für kurze Zeit sein, da war sich der Mann sicher. Seine Frau zog mit der Tochter nach, da war Paula gerade sechs Monate alt. Als die zweite Tochter, Susana, 1977 zur Welt kam, lebte das Ehepaar noch immer in Luxemburg – aus der „kurzen Zeit“ sollten 15 Jahre werden.

Dann kam für Paula und Susana, damals 15 und elf Jahre alt, der Schock. Ihre Eltern entschieden, in die Heimatstadt Lissabon zurückzukehren. „Anfangs wurden wir in Portugal nicht von jedem mit offenen Armen empfangen. Wir waren ehemalige ‚Emigranten‘, und das ließ man uns spüren“, erinnert sich Paula. In der Schule verlor sie zwei Jahre, ihre kleine Schwester ein Jahr. Beide hatten nie richtig gelernt, Portugiesisch zu schreiben. Langsam lebten sie sich ein, doch viel Zeit blieb ihnen dafür nicht. Nach fünf Jahren traf sie der zweite Schlag: Ihr Vater hatte mit seiner Baufirma und seinem Lastwagenunternehmen nicht den erhofften Erfolg, und so packte die Familie wieder die Koffer, um nach Luxemburg zurückzukehren.

Jetzt war es die luxemburgische Sprache, die Paula und Susana Probleme bereitete. „Bei mir kamen die Kenntnisse ziemlich schnell zurück, doch Susana hatte alles vergessen, was sie gelernt hatte“, sagt Paula. Doch die gewitzte Susana schlug sich durch, fand sich in der frankophonen Klasse im *Lycée Technique du Centre* (LTC) schnell zurecht und besuchte anschließend die Europaschule. „Danach studierte sie in Nordengland und ist heute Psychologin“, erklärt die große Schwester sichtlich stolz über diesen Erfolg. Auch Paula fand schließlich ihren Weg: Im LTC machte sie eine Ausbildung zur Reisekauffrau und fand gleich nach dem Abschluss eine Stelle. Zwei Jahre nach der Rückkehr nach Luxemburg heiratete sie ihren Freund, der sie nach Luxemburg begleitet hatte. „Ohne ihn wäre ich nicht zurückgekommen. Das war damals meine Bedingung an meine Eltern“, sagt sie und muss über ihre damalige Kühnheit lachen. Ihr Mann hört geduldig zu, auch wenn er von dem luxemburgischen Gespräch nur sehr wenig versteht. Er selbst hat nach seiner Ankunft in Luxemburg erst einmal Italienisch gelernt. „Ich fand eine Stelle bei einem italienischen Unternehmen und arbeite seither nur mit Italienern zusammen“, erklärt er auf Französisch, das er mittlerweile fließend spricht. Dass er kein Luxemburgisch kann – weil er es bisher nie gebraucht hat – bedrückt ihn heute zunehmend. Sein ältester Sohn spricht nämlich mit Mutter Paula vor allem die Sprache, die er in der Schule gebraucht – Luxemburgisch. Da Paula die luxemburgische Nationalität angenommen hat, sind auch ihre beiden Söhne Luxemburger.

Der Freundeskreis des Paares ist multikulturell: viele Luxemburger, Portugiesen, Spanier, Griechen. Über die portugiesische Gemeinschaft in Luxemburg machen sie sich oft ihre Gedanken.

„Ich finde nicht, dass die portugiesische Gemeinschaft sehr gut in die luxemburgische Gesellschaft integriert ist. Viele versuchen es, aber da die Gemeinschaft so groß ist, machen manche überhaupt keine Anstrengungen“, sagt Paula. Ihr Mann ergänzt: „Die meisten Immigranten kommen aus dem Norden Portugals, wir hingegen aus der Stadt. Das sind zwei komplett verschiedene Mentalitäten.“ Paula räumt auch große Unterschiede zwischen der ersten und der zweiten Immigranten-Generation ein. „Alles braucht seine Zeit“, meint sie.

Die Eltern von Paula R. sind mittlerweile in Rente. Doch an der lang ersehnten Rückkehr in die Heimat sind sie heute nicht mehr interessiert. „Sie fahren regelmäßig dorthin, um die Familie zu besuchen. Aber schon nach kurzer Zeit zieht es sie zurück zu ihren Enkelkindern“, erzählt Paula.

Zafer Şenocak, **Doppelmann** *(Seite 59)*

1. Beschreibe in deinen Worten den inneren Konflikt, in dem sich das lyrische Ich befindet.

1 *Irena Brežná,* **Die undankbare Fremde** *(Seite 60)*

1. Untersuche, wie die Mutter und die Tochter die Emigration erleben, und stelle die beiden Sichtweisen einander gegenüber.
2. Arbeite heraus, wie sich die Menschen im Gastland den Immigranten gegenüber verhalten. Wie beurteilst du dieses Verhalten?
3. „Und das grelle Licht der Fremde fraß auch die Sterne auf." (Z. 12 f.) Erläutere diese Textstelle im Kontext. Suche nach weiteren sprachlichen Bildern, mit denen die Ich-Erzählerin ihre Situation als Fremde darstellt.

Schlage nach:
- der Emigrant
- der Immigrant
- der Migrationshintergrund
- die Migrantenliteratur

2 *Jutta Rinas,* **„Migranten brauchen ein Recht auf Fremdheit"** *(Seite 63)*

1. Erkläre, welche Bedeutung Irena Brežná dem Fremdsein beimisst und was sie mit dem „Recht auf Unangepasstheit" (Z. 3 f.) meint.
2. Stelle dar, wie Irena Brežná die Schweizer und ihren Umgang mit den Fremden sieht.
3. Vergleiche, wie Irena Brežná und ihre Protagonistin den Begriff „Zuhause" definieren. Welche Schlussfolgerung lässt sich daraus auf die Schreibmotivation der Autorin ziehen?

3 *Lexikonartikel* **„Migration"** *(Seite 64)*

1. Sammle deine Assoziationen zum Begriff „Migration" und vergleiche sie mit der Begriffsdefinition.

4 *Werner Kramer,* **Kulturelle Identität im Migrationszeitalter** *(Seite 65)*

1. Arbeite heraus, wie „kulturelle Identität" im Text definiert wird und was das für das Zusammenleben der verschiedenen Kulturen bedeutet.

5 *Jean-Louis Scheffen,* **Geburtsort Luxemburg – Geburtsland Italien** *(Seite 66)*

6 *Fabienne Pirsch,* **Zwischen neuer Heimat und Rückkehr** *(Seite 67)*

1. Arbeite heraus, was die Eltern von Donato Rotunno und Paula R. bewogen hat, ihre Heimat zu verlassen, und welche Hoffnungen sie damit verbunden haben.
2. Stelle dar, wie die Entscheidung der Eltern den Lebensweg ihrer Kinder beeinflusst. Beziehe dabei auch die Überschriften in deine Überlegungen mit ein.
3. Untersuche die heutige Situation von Donato Rotunno und Paula R. und ihre Integration in die luxemburgische Gesellschaft.

Sachtexte verstehen und zusammenfassen

Die Struktur eines Sachtextes erkennen und skizzieren

1998 erschien in Frankreich ein Buch, das sofort auf Platz 1 der Bestsellerlisten kletterte und von dem innerhalb der ersten vier Monate 230 000 Exemplare verkauft wurden. Ein Krimi, ein Enthüllungsroman, eine Fantasy-Story? Nein – das Buch, das heute viele französische Schüler deines Alters kennen, ist ein Sachbuch und noch dazu eines, das ursprünglich für ein Kind geschrieben war: „Papa, was ist ein Fremder?" (frz.: Le racisme expliqué à ma fille). Anlässlich einer Demonstration hatte der Schriftsteller Tahar Ben Jelloun, der aus Marokko stammt und seit 1971 in Paris lebt, seiner 10-jährigen Tochter viele Fragen zum Thema Fremdheit und Rassismus beantworten müssen. Daraus entstand das Buch, das sich auch an Jugendliche und Erwachsene wendet.

1. Der Text hat keine Kapiteleinteilung, keine Fettdrucke etc. wie in anderen Sachbüchern. Um dir einen Überblick darüber zu verschaffen, worum es in dem Text geht, musst du deshalb systematisch vorgehen. Überfliege den folgenden Ausschnitt im Hinblick auf äußere Gliederungssignale und überlege, wie du möglichst schnell einen Überblick über die behandelten Themen bekommst, ohne den Text gleich gründlich lesen zu müssen. Schreibe die Themen stichwortartig auf. Vergleicht eure Ergebnisse.

Tahar Ben Jelloun

Papa, was ist ein Fremder?

Was genau ist ein Fremder?

was ist ein Fremder

Der Wortstamm *fremd* bedeutet sowohl von weit her als auch nicht dazugehörig. Ein Fremder kommt also aus der Ferne, aus einem anderen Land, manchmal auch nur aus einer anderen Stadt oder einem anderen Dorf. Und ein Fremder ist kein Angehöriger der Familie, des Klans oder des Stammes. Wenn heute jemand sagt, dass ihm etwas fremd sei, dann meint er damit, dass es sehr anders ist als das, was man jeden Tag sieht, dass es demnach irgendwie ungewöhnlich ist, aus der Reihe fällt. Das Wort *seltsam* kann manchmal etwas Ähnliches ausdrücken.

Bin ich eine Fremde, wenn ich zu meiner Freundin in die Normandie fahre?

Für die Leute aus der Gegend dort ganz bestimmt, denn du kommst von weiter weg, aus Paris, und du bist zudem eine Marokkanerin. Weißt du noch, als wir nach Senegal geflogen sind? Für die Senegalesen waren wir Fremde.

Aber die Senegalesen hatten keine Angst vor mir und ich auch nicht vor ihnen!

Das stimmt, denn deine Mutter und ich hatten dir erklärt, dass du vor Fremden keine Angst zu haben brauchst, ganz egal, ob sie reich oder arm, groß oder klein, weiß oder schwarz sind. Vergiss das nicht! Jeder von uns ist ein Fremder oder ein Ausländer für jemand anderen, denn Menschen aus einer anderen Kultur oder Gegend empfinden uns immer als fremd, als seltsam.

Hör mal, Papa, ich habe immer noch nicht verstanden, warum es so gut wie überall Fremden- und Ausländerfeindlichkeit gibt.

In den sehr alten sogenannten primitiven Gesellschaften verhielten sich die Menschen fast wie Tiere. Eine Katze steckt zuerst ihr Gelände ab. Wenn eine andere Katze oder ein anderes Tier ihr die Nahrung stehlen will oder ihren Jungen zu nahe kommt, verteidigt die Katze ihr Territorium und ihre Jungen mit allen Kräften. Der Mensch ist auch so. Er will sein Haus, seinen Boden, seine Besitztümer haben und kämpft, um sie zu behalten. Das ist normal; auch jedes Tier kämpft und verteidigt sich, wenn es angegriffen wird. Der Fremdenfeind aber glaubt, dass jeder Fremde ihm seinen Besitz wegnehmen will. Er denkt gar nicht darüber nach, ob das stimmt, sondern ist einfach immer argwöhnisch gegenüber Fremden. Dieser Argwohn geht so weit, dass manche Leute einen Fremden angreifen, ohne dass der ihnen irgendetwas getan hat oder etwas wegnehmen wollte.

Und so verhalten sich Menschen auch heute noch überall, in allen Gesellschaften?

Dieses Verhalten ist uralt und auch heute noch ziemlich verbreitet und alltäglich, aber deshalb ist es noch lange nicht richtig! Was uns Menschen von den Tieren unterscheidet, ist doch, dass wir nicht nur von der Natur, sondern auch von der Kultur geprägt sind. Wir reagieren nicht nur unüberlegt und instinktiv, sondern wir können auch nachdenken und dann vernünftig handeln. Dieses überlegte Verhalten lernen wir von unseren Eltern, in der Schule oder durch eigenes Nachdenken, und in diesem vernünftigen Verhalten drücken sich bestimmte Werte aus, wie zum Beispiel die Achtung vor dem anderen. Das ist die Kultur im Gegensatz zur Natur. Weil wir nicht alleine auf der Welt sind, brauchen wir die Kultur. Sie lehrt uns, friedlich mit anderen Völkern zusammenzuleben und dass andere Traditionen und andere Lebensweisen genauso viel wert sind wie unsere eigenen.

Mit Kultur meinst du also Erziehung. Aber vorher hast du doch gesagt, dass auch der Rassismus anerzogen ist …

Ja, zweifellos wird niemand als Rassist geboren, man wird erst dazu gemacht. Es gibt eben leider nicht nur eine gute Erziehung, sondern auch eine schlechte Erziehung. Das hängt ganz von den Vorbildern ab, denen du in deinem Leben begegnest.

☞ S. 22
Lies den Text „Wenn die Haifische Menschen wären …“ von Bertolt Brecht und überlege, welche gedanklichen Überschneidungen es zwischen dem literarischen Text und dem Sachtext gibt und worin diese bestehen.

Dann ist ja jedes wilde Tier besser als der zivilisierte und erzogene Mensch!

Nun ja, das Tier hat keine vorgefassten Gefühle oder Meinungen über andere Tiere. Der Mensch hat im Gegensatz dazu Vorurteile. Er urteilt über andere, ohne sie zu kennen. Er glaubt, im Voraus wissen zu können, wie ein Fremder sich verhalten wird und wie viel er wert ist. Oft täuscht er sich und glaubt falsche Dinge über den anderen, die ihm dann Angst einjagen. Um diese Angst zu bekämpfen, führt der Mensch manchmal sogar Krieg. Denn weißt du, wenn ich sage, dass der Rassist oder der Ausländerfeind Angst vor dem Fremden hat, heißt das noch lange nicht, dass er vor Angst zittert. Im Gegenteil, er fühlt sich von dem Fremden bedroht und greift ihn an. Die Angst macht ihn aggressiv.

Also ist die Angst vor dem Fremden die Ursache für den Krieg?

Manchmal ja. Meist geht es im Krieg jedoch darum, den anderen ihren Besitz wegzunehmen. Einige benutzen den Rassismus oder die Religion, um die Menschen dazu zu bringen, einander zu hassen und zu bekämpfen. Dabei kennen sich diese Menschen gar nicht. Um das zu erreichen, schüren diese Kriegstreiber die Angst vor dem Fremden, die Angst davor, dass er uns unser Haus, unsere Arbeit, unsere Frauen wegnimmt. Und die Unwissenheit der Menschen nährt diese Angst noch: Ich weiß nicht, wer dieser Fremde ist, und er weiß auch nicht, wer ich bin. Nimm zum Beispiel unsere Nachbarn hier in Paris. Sie haben uns lange misstraut, bis wir sie eines Abends zum Kuskusessen[1] eingeladen haben. Da haben sie gemerkt, dass wir leben wie sie. Seitdem sind wir in ihren Augen nicht mehr gefährlich, auch wenn wir aus einem anderen Land, aus Marokko, stammen. Durch unsere Einladung haben wir ihr Misstrauen verjagt. Wir haben miteinander geredet und uns etwas besser kennengelernt. Wir haben zusammen gelacht. Das heißt, wir fühlten uns wohl miteinander, während wir uns vorher im Treppenhaus kaum gegrüßt haben.

[1] *der Couscous:* ein nordafrikanisches Gericht

Also müssen wir uns gegenseitig einladen, um unsere Angst und unser Misstrauen zu verlieren!

Das ist eine gute Idee. Sich kennenlernen, miteinander reden, zusammen lachen, gute, aber auch schlechte Augenblicke miteinander teilen, zeigen, dass wir oft gleiche Sorgen haben, das könnte den Rassismus und die Ausländerfeindlichkeit zurückdrängen. Auch Reisen sind eine gute Gelegenheit, um andere Völker und Kulturen besser kennenzulernen. Schon der französische Schriftsteller und Philosoph Montaigne riet seinen Landsleuten im sechzehnten Jahrhundert zu reisen und die Unterschiede zu beobachten. Für ihn war Reisen das beste Mittel, um unser Denken am anderen zu reiben und zu feilen. Denn wenn wir uns mit anderen befassen, lernen wir auch uns selbst besser kennen.

2. Der Text enthält eine Fülle von Informationen und Argumenten. Lies den Text ein zweites Mal gründlich und notiere am Rand / auf einem Vorbereitungsblatt stichwortartig die Themen, um die es in den jeweiligen Abschnitten geht. Untergliedere die Abschnitte dort, wo es möglich ist.

Als hilfreich erweisen sich dabei grafische Mittel, insbesondere Symbole, mit denen sogenannte „Gelenkstellen", also Gliederungswörter im Text, markiert werden. Im folgenden Speicher findest du für Sachtexte typische „Gelenkstellen":

- „einerseits – andererseits" und andere Formen für eine abwägende Betrachtung zweier Seiten eines Phänomens
- „anders jedoch bei", „aber" und andere Formen der Gegenüberstellung von Verschiedenem
- „im Widerspruch dazu", „dem halten Andersdenkende entgegen" und andere Formen des Widerspruchs
- „das Gegenteil davon" und andere Formen der Gegenüberstellung echter Gegensätze
- „ähnlich verhält es sich mit" und andere Ausdrücke für ungefähre Gleichheit
- „daraus folgt", „also", „wenn – dann" und andere Ausdrücke für Konsequenzen
- „danach", „sodann", „zuvor jedoch", „gleichzeitig", „währenddessen" und andere Ausdrücke für zeitliche Verhältnisse
- „zum einen – zum anderen", „ferner", „außerdem" und andere Formen der Aufzählung
- „sowohl – als auch", „nicht nur – sondern auch" und andere Ausdrücke für gemeinsames Auftreten zweier Merkmale
- „dazu zählen" und andere Ankündigungen von Aufzählungen
- „zusammenfassend kann man sagen" und andere Formen der Zusammenfassung
- „Fazit: ...", „Das Ergebnis ist" und andere Formen der Ergebnisfeststellung
- „dem entspricht", „genauso bei" und andere Formen der Feststellung von Gleichartigkeit
- „verschiedene Arten von", „mehrere Gesichtspunkte" und andere Bezeichnungen für eine Vielzahl von Teilaspekten
- „denn" und andere Ausdrücke für Begründungen

3. Untersuche Tahar Ben Jellouns Text auf solche Gelenkstellen hin. Markiere die Stellen und notiere am Rand deren logische Bedeutung.

4. Erläutere, welche „Textgelenkstellen“ mit den folgenden grafischen Mitteln dargestellt werden können. Mehrfachzuordnungen sind möglich.
Beispiel: Bei „Aufzählungen“ sind geeignete grafische Mittel: Spiegelstriche, Nummerierung.

- Pfeil: →
- zweiseitiger Pfeil: ↔
- Versus-Zeichen: vs.
- Astgabel:
- Cluster:

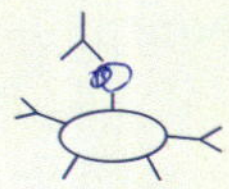

- geschweifte Klammer senkrecht: }
- Welle: ≈
- Ist-Zeichen: =
- Spiegelstriche: –
–
–
- Nummerierung: 1., 2., 3., a, b, c …
- geschweifte Klammer waagrecht: ⏟

5. Vergleicht eure Ergebnisse aus Aufgabe 2 mit der Themenübersicht, die ihr in Aufgabe 1 (☞ S. 70) aufgestellt habt, und ordnet sie den einzelnen Themenschwerpunkten zu. Erstellt daraus eine *Textskizze*, also ein Exzerpt, bei dem der Gedankengang des Textes u.a. mit grafischen Mitteln wiedergegeben wird, sodass eine anschauliche Kurzform entsteht. Lest dazu die einzelnen Abschnitte noch einmal gründlich.

6. Besprecht, an welchen Stellen es euch leicht fällt, mit grafischen Zeichen zu arbeiten, und an welchen nicht. Überlegt, warum das so ist.

METHODE

Die Struktur eines Sachtextes erfassen

Erstes Lesen:

- **Äußere Gliederungsmerkmale** (z.B. Überschriften, Hervorhebungen etc.) als Hinweise auf Inhalt und Aufbau des Textes beachten
- Ziel: erster Überblick über den Text

Zweiter Lesedurchgang:

- **Themen** des Textes am Rand herausschreiben oder im Text markieren
- **Gelenkstellen** beachten
- Ziel: Analyse von Inhalt und Aufbau

Dritter Lesedurchgang:

- **Textskizze** zum Argumentationsverlauf anfertigen
- Ziel: gründliches Verständnis von Inhalt und Aufbau

Die Anfertigung von Textskizzen kann sich auch im Umgang mit Schulbuchtexten z.B. in Geschichte, Geografie, Biologie … als sinnvoll erweisen, da solche Skizzen dazu dienen, sich den Inhalt des Textes einzuprägen.

7. Du hast auf zwei verschiedene Arten den Text gelesen: erst überfliegend, dann nochmals gründlich. Dabei war es dein Ziel, Inhalt und Gedankengang des *gesamten* Textes zu erfassen. Manchmal durchsuchst du aber einen Text nur auf ganz bestimmte Informationen hin, z.B. wenn du für ein Referat recherchierst. Überprüfe, was dir Tahar Ben Jellouns Text zum Thema „Unterschiede zwischen Tier und Mensch" bietet.

8. Erläutere aufgrund deiner Erfahrung: Warum ist auch bei diesem auswählenden (selektiven) Lesen die Abfolge „erst überfliegend, dann gründlich" sinnvoll?

Lesestrategien

- Überfliegendes versus gründliches Lesen:

Das erste dient dem Überblick und der Orientierung, das zweite dem wirklichen Verständnis.

- Lesen des Gesamttextes versus selektives (auswählendes) Lesen:

Das erste dient dem Erfassen der ganzen Argumentation, das zweite sucht nach ganz bestimmten Informationen.

9. Fasse nun den Text „Papa, was ist ein Fremder?" (S. 70–72) zusammen. Nutze dazu deine Textskizze. Halte dich an die Vorgaben für Textzusammenfassungen, die du in Band 8 gelernt hast.

ERINNERT EUCH!

Textzusammenfassungen wollen jemanden über den Inhalt eines Textes informieren.

Was? (Inhalt):
- verkürzter Inhalt
- W-Fragen beantworten
- Zusammenhänge verdeutlichen

Wie? (Aufbau und Darstellungstechnik):
- Basissatz: Autor, Textsorte, Titel, Thema
- verkürzen und zusammenfassen
- Zusammenhänge verdeutlichen (Hypotaxen)
- sachlich: keine Spannung, keine persönlichen Wertungen
- direkte Rede zusammenfassen oder in indirekte Rede verwandeln

Sprache:
- Präsens, Vorzeitiges im Perfekt
- sachlich, standardsprachlich
- indirekte Rede: Konjunktiv I, Ersatzform Konjunktiv II oder *würde*-Umschreibung

Vorwissen abrufen, Erwartungen formulieren, Verständnisfragen klären

1. Nicht jeder Text ist so leicht verständlich wie der von Tahar Ben Jelloun. Da hilft es oft, sich erst einmal klarzumachen, was man schon über ein Thema weiß, um das Neue einordnen zu können.
Im unten stehenden Sachtext geht es um eine Definition des Begriffs „Multikulturalität". Bevor ihr euch mit dem Text befasst, solltet ihr euer Vorwissen zum Thema abrufen.

- Sammelt in einem Cluster, was euch zum Begriff „multikulturell" einfällt.
- Startet eine Umfrage in eurer Klasse, woher eure Mitschüler und ihre Eltern und Großeltern stammen.
- Zerlegt den Begriff „Multikulturalität" in seine Bestandteile und schlagt deren Bedeutung nach.
- Fasst auf der Basis eurer so gewonnenen Erkenntnisse in ein bis zwei Sätzen zusammen, was ihr unter „Multikulturalität" versteht.

2. Notiere Fragen, die du dir im Zusammenhang mit dem Thema „Multikulturalität" stellst.

3. Lies nun den Sachtext ein erstes Mal. Unterstreiche die Textstellen, die du sofort verstehst, und gib sie in deinen eigenen Worten wieder.

Multikulturalität

In einem Interview hat Prof. Dr. Helmut Willems, Professor für Soziologie an der Uni Luxemburg, den Begriff der Multikulturalität wie folgt definiert:

Multikulturalität ist ein Konzept, mit dem soziale Gruppen oder ganze Gesellschaften gekennzeichnet werden, in denen viele Menschen unterschiedlicher Herkunft zusammenleben. Dies bedeutet, dass diese Menschen im Hinblick auf ihre Nationalität, Sprache und Kultur ganz unterschiedlich sind. Diese Unterschiedlichkeit wird im Konzept der Multikulturalität als Grundlage für einen positiven Gesellschaftsentwurf angesehen, an dem alle Gesellschaftsmitglieder gleichberechtigt partizipieren können. Multikulturalität meint also Heterogenität und Pluralität in Bezug auf Sprache, Kultur und Werte und drückt die Hoffnung aus, dass durch die kulturelle Vielfalt ein Mehrwert für alle zu erreichen ist.

Multikulturalität verbindet sich mit der Erwartung, dass man den Anderen in seiner Differenz, also in seiner Verschiedenheit, respektiert. Man geht somit davon aus, dass es eine gemeinsame Wertvorstellung gibt, die Anerkennung des Anderen. Das bedeutet, dass man den Menschen ungeachtet ihrer Herkunft, Kultur oder Religion den gleichen Respekt zeigt und die gleichen Rechte zuspricht, wie man dies bei Angehörigen des eigenen Kulturkreises tut. Dies ist eine Mindestvoraussetzung dafür, dass Multikulturalität im gesellschaftlichen Miteinander funktioniert.

4. Der Text erscheint äußerst schwierig, weil viele Fremdwörter verwendet werden und die Sätze lang und komplex sind. Deshalb solltest du vor einer zweiten Lektüre des Textes schwierige Wörter nachschlagen. Suche dazu in einem Wörterbuch nach den deutschsprachigen Begriffen und/oder Erklärungen der unten stehenden Wörter und notiere diese. Suche weitere Begriffe, die dir unklar sind.

- das Konzept
- die Gesellschaft
- partizipieren
- die Pluralität
- sozial
- der Entwurf
- die Heterogenität
- der Kulturkreis

5. Gehe nun den Text Satz für Satz durch und versuche, die Satzaussage in vereinfachter Form schriftlich festzuhalten. Dazu kannst du komplizierte Satzgefüge auch in Einzelsätze umwandeln.
Beispiel:
Multikulturalität ist ein Konzept, mit dem soziale Gruppen oder ganze Gesellschaften gekennzeichnet werden, in denen viele Menschen unterschiedlicher Herkunft zusammenleben.
→ Wenn in einer Gruppe oder einer Gesellschaft viele Menschen aus unterschiedlichen Ländern zusammenleben, ist dies das Kennzeichen von Multikulturalität.

6. Vergleicht eure Ergebnisse und formuliert eine gemeinsame Lösung an der Tafel.

7. Überlege abschließend, welche deiner eingangs gestellten Fragen (☞ S. 76, Aufgabe 2) durch den Text beantwortet wurden und welche nicht.

Einen Sachtext verstehen

- Vorwissen abrufen
- Fragen an den Text stellen und/oder Erwartungen formulieren
- Unverstandenes sofort klären (Textzusammenhang; Wörterbuch; Zusatzmaterial, z. B. Atlas; andere Personen fragen)
- nach der Durcharbeitung den Text mit eigenen Worten wiedergeben

Eine Sachtextanalyse schreiben

Sachtexte vergleichend untersuchen

Eirik Newth
Globalisierung

Der Vorratsschrank in meiner Küche sagt viel über unsere Welt aus. In ihm stehen Reis aus Indien, Kaffee aus Brasilien, Kakaopulver aus Afrika, Kichererbsen aus dem Nahen Osten, Knäckebrot aus Schweden, Maismehl aus den USA, Haferflocken aus Norwegen, Zucker aus Dänemark, Nudeln aus Italien und Olivenöl aus Spanien. Gehe ich ins Wohnzimmer, ist die Vielfalt nicht geringer. Dort gibt es ein Fernsehgerät von einer niederländischen Firma, eine japanische Stereoanlage und einen amerikanischen Computer. [...]
Ich kann aber auch nach draußen gehen und der Welt auf den Straßen meiner norwegischen Heimatstadt begegnen. Die liegt so weit nördlich, dass wir einen langen eiskalten Winter haben, aber trotzdem leben Menschen aller Hautfarben hier. [...]
Für mich ist diese Situation völlig normal, aber gelegentlich denke ich daran, wie es vor fünfzig Jahren war. Damals gab es kaum jemanden in Norwegen, der je einen dunkelhäutigen Menschen zu Gesicht bekommen hat. Fernsehen gab es nicht und Kaffee und Tee gehörten zu den exotischsten Waren, die in wenigen Läden angeboten wurden. Zwischen dieser und meiner Zeit hat es eine der wichtigsten Entwicklungen unserer Geschichte gegeben: die Globalisierung.
Das Wort *Globalisierung* kommt von *Globus*, was wiederum *Erdball* bedeutet. Von Globalisierung spricht man bei Ereignissen, die alle Menschen auf dem Erdball betreffen und die Länder und Menschen miteinander verbinden. Es gibt viele Arten von Globalisierung. Politiker reden häufig von einer Globalisierung des Handels. Und der ist die Ursache für meinen interessanten Küchenschrank.
Anfang des 20. Jahrhunderts war es schwierig, Waren in ein anderes Land zu exportieren. Viele Produkte waren im Ausland viel zu teuer, weil sie mit hohen Zöllen belegt wurden. Es war üblich, Fleisch, Gemüse und Obst aus dem Ausland zu verbieten, weil diese Waren mit den Produkten der heimischen Bauern konkurrierten. Heute gibt es jedoch „Freihandelsabkommen", die von den meisten Ländern unterzeichnet wurden. Sie erleichtern den An- und Verkauf von Waren und versorgen uns mit einem riesigen Angebot aus aller Welt.
Auch die Wirtschaft wird globaler. Riesige Geldsummen werden heute über Landesgrenzen hinweg verschoben. Computer haben es möglich gemacht, dass innerhalb von Sekunden Millionenbeträge von Taiwan nach Deutschland überwiesen werden können. Es ist nicht ungewöhnlich, dass Menschen in einem Betrieb arbeiten, dessen Zentrale sich im Ausland befindet. Das heißt, es ist gar nicht mehr so wichtig, wo eine Firma ihre Zentrale hat. Zum Beispiel haben

japanische Autofirmen viele Fabriken in Europa und den USA und amerikanische Computerfirmen lassen das Innenleben ihrer Computer in Asien herstellen. Diese Seite der Globalisierung wird allerdings nicht so gern gesehen. Wenn es so einfach ist, irgendwo auf der Welt Arbeitsplätze zu schaffen, können sie leicht in Länder verlagert werden, wo die Löhne niedrig sind. Es ist verständlich, dass das den gut bezahlten Arbeitern in Europa nicht gefällt. Aber die Globalisierung führt dazu, dass die großen Konzerne sehr viel Macht haben. Sie haben hunderttausende Angestellte auf der ganzen Welt und verbuchen Einnahmen wie ein kleiner Staat. Indem solche Firmen drohen, Arbeitsplätze und Geld in andere Länder zu verlagern, beeinflussen sie die Politik eines Landes.

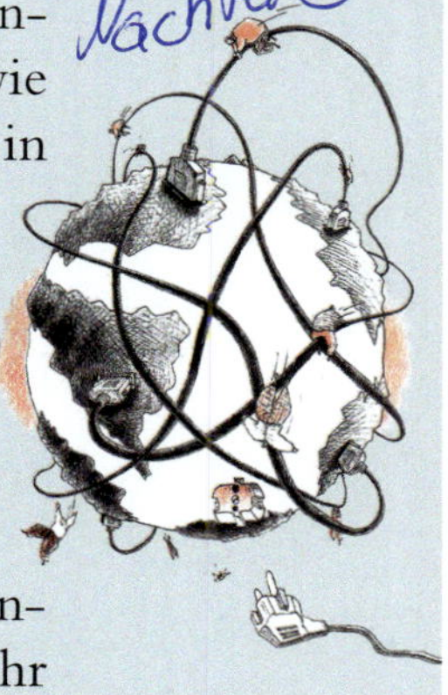

Andreas Eschbach

Globalisierung

Im Grunde ist auch das, was wir Globalisierung nennen, Teil eines seit Jahrhunderten vor sich gehenden Bewusstseinswandels. Wir werden mehr und mehr vertraut mit der Vielgestaltigkeit der Welt, gewöhnen uns daran, dass es Menschen gibt, die anders aussehen als wir, anders sprechen als wir, andere Gewohnheiten und andere Traditionen haben – und die trotzdem *irgendwie* so sind wie wir auch. Das Wesen dieses Bewusstseinswandels ist, dass wir lernen zu sehen, was unter der bunten, fremdartigen Oberfläche ist, dass nämlich jeder Mensch weiß, was Freude ist, dass er Angst kennt und Schmerz und Sorge, dass jeder sich nach Anerkennung sehnt und nach Liebe und dass das bei allen Menschen das Gleiche ist.

Wir sind heute allerdings noch weit davon entfernt, dass alle Menschen „gleich" wären. Rassismus, Diskriminierung und Ausländerfeindlichkeit werden noch lange Zeit Begriffe in unserem Wortschatz bleiben. Doch leben wir heute immerhin in weit höherem Maße „global vernetzt" als je zuvor. Kaum jemand, der nicht Freunde, Bekannte oder Kollegen in anderen Ländern oder Kontinenten hat oder gar familiäre Verbindungen dorthin. Mit Englisch hat sich eine weltweit funktionierende Verständigungssprache durchgesetzt. Gar nicht zu reden davon, wie alltäglich Lebensmittel, Musikstücke oder Nachrichten aus aller Welt geworden sind. Das geht auch denen nicht anders, die sich selbst als *Globalisierungsgegner* bezeichnen. Allein die Tatsache, dass auch sie sich global vernetzen und international abgestimmt handeln, zeigt, dass sie nicht gegen *Globalisierung* in dem oben genannten Sinn sind. Tatsächlich definieren Organisationen wie ATTAC diesen Begriff anders, nämlich als Entwicklung dahingehend, dass multinationale Konzerne die ganze Welt buchstäblich *in Besitz nehmen* und die Menschen gleich mit. Ihr Protest richtet sich also gegen Missstände und Ungerechtigkeiten, die sich in dem Prozess der zunehmenden weltweiten Vernetzung ergeben, und deren gibt es nicht wenige.

1. Die beiden Sachbuchausschnitte zum Thema „Globalisierung" belegen: Zwei Texte können das gleiche Thema haben und doch recht unterschiedlich sein. Notiere nach einer ersten Lektüre deine Eindrücke zu folgenden Fragen: Welcher Text erschien dir schwieriger, welcher leichter? Warum? Enthalten die Texte annähernd das Gleiche oder sehr Unterschiedliches? Was fällt dir an der Art auf, wie die Autoren ihre Texte aufgebaut haben?

2. Untersuche den Aufbau des Textes von Eirik Newth genauer. Schreibe dazu die folgenden Begriffe neben die passenden Abschnitte des Textes. Manche Begriffe kannst du mehrfach verwenden. Auf diese Weise erhältst du einen Überblick über die Reihenfolge der Gedanken (Aufbau).
Bezug zur alltäglichen Lebenswelt • Beispiele • Vergleich früher/heute • Vorteile • Nachteile • Folgen • geschichtlicher Rückblick • Erklärung • Begriffsdefinition

3. Befasse dich nun mit dem Aufbau des Textes von Andreas Eschbach. Gehe dabei in gleicher Weise wie in Aufgabe 2 vor. Welche der dort aufgelisteten Begriffe lassen sich auch auf den Eschbach-Text übertragen? Wo musst du neue Begriffe einsetzen?

4. Untersuche die beiden Texte unter folgenden Gesichtspunkten auf Sprache und Stil: Sprechhaltung (Ich-Form oder ...), Wortschatz, Satzbau, Anschaulichkeit. Was ist bei Eschbach deutlich anders als bei Newth? Wie beeinflussen Sprache und Stil den Inhalt der Texte?

Gleiches Thema – unterschiedliche Sachtexte:

Inhalt:
- Sie können unterschiedliche Aspekte eines Themas behandeln.
- Sie können verschiedene Erklärungen für ein Phänomen geben.

Aufbau:
- Sie können ihre Gedanken in unterschiedlicher Reihenfolge anordnen.
- Sie können die Aspekte eines Themas unterschiedlich ausführlich behandeln.

Sprache:
- Sie können mehr fachsprachlich oder mehr allgemeinsprachlich geschrieben sein.
- Sie können überwiegend aus Satzreihen (Parataxe) oder Satzgefügen (Hypotaxe) bestehen.

Stil:
- Der Stil kann mehr persönlich (z. B. Ich-Form, Ansprache an den Leser) oder mehr wissenschaftlich-neutral sein.
- Der Stil kann eher konkret (viele Beispiele) oder eher abstrakt (wenig Beispiele) sein.

Das alles kann man untersuchen, denn die Entscheidungen des Autors in diesen Punkten sagen etwas über seine Absichten aus.

Einen Sachtext schreiben

1. Auf der Grundlage der Texte von Eirik Newth (☞ S. 78) und Andreas Eschbach (☞ S. 79) sollst du einen Sachtext zum Thema „Globalisierung" verfassen. Dein Text soll folgende Aspekte enthalten: • eine Begriffsdefinition • Beispiele, die verdeutlichen, wie die Globalisierung sich in unserem Lebens- und Berufsalltag bemerkbar macht • die negativen Seiten der Globalisierung • die Proteste, die sich dagegen erheben. Mache beim Formulieren deines Textes deutlich, wessen Aussage du gerade übernimmst. Beginne so:

Eirik Newth stellt fest, dass es in den vergangenen fünfzig Jahren … Dieses Wort leitet sich ab von … Deshalb meint man mit dem Begriff „Globalisierung" … Als Beispiele aus unserem Lebensalltag nennt Newth …, während Andreas Eschbach darauf verweist, dass …

2. Im Rahmen eines Austauschprojektes sollst du die Schüler eurer deutschen Partnerschule über die Bevölkerungsstruktur Luxemburgs und die Entwicklung der Bevölkerung in den vergangenen beiden Jahrzehnten informieren. Als Grundlage dient die folgende Zahlentabelle des Statec aus dem Jahr 2013. Halte in einem Sachtext die wichtigsten Informationen und Schlussfolgerungen fest.

Bevölkerung Volkszählungen Bevölkerung insgesamt (Zahlen x 1000)	**1991 384.4**	**2001 439.5**	**2011 512.4**	**2013[1] 537.0**
darunter: Frauen	196.1	223.0	257.4	268.6
Luxemburger	271.4	277.2	291.9	298.2
Ausländer	113.0	162.3	220.5	238.8
davon: Portugiesen	39.1	58.7	82.4	88.2
Franzosen	13.0	20.0	31.5	35.2
Italiener	19.5	19.0	18.1	18.3
Belgier	10.1	14.8	16.9	17.6
Deutsche	8.8	10.1	12.0	12.4
Briten	3.2	4.3	5.5	5.7
Niederländer	3.5	3.7	3.9	3.9
Sonstige Länder der EU	6.6	9.2	21.5	24.8
Sonstige	9.2	22.5	28.7	32.7
Ausländer in %	29.4%	36.9%	43.0%	44.5%

[1] Schätzung 1. Januar

Lichterloh

Heinrich Hoffmann

Paulinchen war allein zu Haus

Paulinchen war allein zu Haus,
die Eltern waren beide aus.
Als sie nun durch das Zimmer sprang
mit leichtem Mut und Sing und Sang,
da sah sie plötzlich vor sich stehn
ein Feuerzeug, nett anzusehn.
„Ei“, sprach sie, „ei, wie schön und fein!
Das muss ein trefflich[1] Spielzeug sein.
Ich zünde mir ein Hölzchen an,
wie's oft die Mutter hat getan.“

Und Minz und Maunz, die Katzen,
erheben ihre Tatzen.
Sie drohen mit den Pfoten:
„Der Vater hat's verboten!
Miau! Mio! Miau! Mio!
Lass stehn! Sonst brennst du lichterloh!“

Paulinchen hört die Katzen nicht!
Das Hölzchen brennt gar hell und licht,
das flackert lustig, knistert laut,
grad wie ihr's auf dem Bilde schaut.
Paulinchen aber freut sich sehr
und sprang im Zimmer hin und her.

[1] *trefflich:* ausgezeichnet

Doch Minz und Maunz, die Katzen,
erheben ihre Tatzen.
Sie drohen mit den Pfoten:
„Die Mutter hat's verboten!
Miau! Mio! Miau! Mio!
Wirf's weg! Sonst brennst du lichterloh!“

Doch weh! Die Flamme fasst das Kleid,
die Schürze brennt; es leuchtet weit.
Es brennt die Hand, es brennt das Haar,
es brennt das ganze Kind sogar.

Und Minz und Maunz, die schreien
gar jämmerlich zu zweien:
„Herbei! Herbei! Wer hilft geschwind?
Im Feuer steht das ganze Kind!
Miau! Mio! Miau! Mio!
Zu Hilf! Das Kind brennt lichterloh!“

Verbrannt ist alles ganz und gar,
das arme Kind mit Haut und Haar;
ein Häuflein Asche bleibt allein
und beide Schuh', so hübsch und fein.

Und Minz und Maunz, die kleinen,
die sitzen da und weinen:
„Miau! Mio! Miau! Mio!
Wo sind die armen Eltern? Wo?“
Und ihre Tränen fließen
wie's Bächlein auf den Wiesen.

1

Aufgaben: Seite 90

Marie Luise Kaschnitz

Popp und Mingel

Noch immer fragen sie mich alle, wie das gekommen sei, neulich, am Tag vor Allerseelen, und warum ich das getan hätte. Sie sagen, es sei doch nicht das erste Mal gewesen, dass ich ein paar Stunden allein in der Wohnung war, ich müsste das doch gewöhnt sein und es sei zwar ein dunkler Tag gewesen, aber doch kein besonders unfreundlicher und ich hätte doch auch etwas zu essen vorgefunden, Bratkartoffeln und sogar ein Stück Wurst.

Von dem Stück Wurst spricht meine Mutter immer wieder, wenn die Rede auf diesen Unglückstag kommt, was jetzt noch ziemlich oft geschieht, und sie betont dann jedes Mal, was für eine feine Wurst das gewesen sei, Kalbsleberwurst, sagt sie, zu einer Mark fünfzig das Viertelpfund, und in einer Tüte auf dem Küchenbüfett seien auch noch zwei Äpfel und eine Banane und ein paar Pfeffernüsse[1] gewesen und ich hätte doch immer von allem nehmen dürfen, niemand hätte mir deswegen jemals einen Vorwurf gemacht. Außerdem begreifen sie nicht, warum ich, wenn ich etwa Angst gehabt hätte so allein, nicht einfach wieder fortgegangen wäre; auf den Hof oder zu den Kindern im Parterre und sogar ins Kino hätte ich gehen dürfen, im Alhambra an der Ecke sei ein jugendfreier Film gelaufen, Taschengeld hätte ich ja genug und sie hätten auch nichts dagegen gehabt.

Ja, natürlich, alles das hätte ich tun können und ich hätte mich auch ins Bett legen können und schlafen, bis die Eltern von der Arbeit nach Hause kamen. Denn ich war ja an dem Nachmittag sehr müde, ich erinnere mich ganz deutlich, dass ich auf der Treppe ein paar Mal gegähnt und mir dabei mit der Hand ganz rasch hintereinander auf den Mund geschlagen habe, wobei man eine Reihe von komischen Tönen hervorbringen kann. Das Treppenhaus war ziemlich dunkel, wie immer um diese Jahreszeit, nur die Nixe in der Buntglasscheibe hat noch ein bisschen geleuchtet, so etwas hat man jetzt nicht mehr, aber unseres ist ein altes Haus. Es war auch ganz still, keiner, der hinauf- oder hinunterging, nur hinter der Tür rechts im zweiten Stock hat der Hund geknurrt. Du Scheißhündchen, habe ich gesagt, du Dreckshündchen, ganz leise, weil ich weiß, dass ihn das am meisten ärgert, und dann habe ich recht laut Wauwauwau gerufen und bin schnell weiter die Treppe hinaufgerannt, weil das ein furchtbar hässlicher, riesengroßer Hund ist, der sich unter Umständen aufrichten und die Türklinke herunterdrücken kann. An dem Tag ist er aber nicht aufgesprungen und hat auch nicht gebellt und gleich aufgehört zu knurren und ich weiß noch, dass mir das nicht gefallen hat. Also habe ich wieder gegähnt und bin langsamer gegangen und habe dabei meine Jacke aufgeknöpft und den Hausschlüssel herausgezogen, den meine Mutter mir morgens an einem Wäscheband um den Hals hängt, obwohl ich ihn natürlich genauso gut in die Hosentasche stecken könnte. Während ich aufgeschlossen habe und in den Flur getreten bin, habe ich gemerkt, dass es schlecht gerochen hat, und ich habe mir

[1] *die Pfeffernüsse:* ein Gebäck

schon gedacht, dass wahrscheinlich wieder einmal niemand Zeit gehabt hat, die Betten zu machen vor dem Weggehen, und so war es auch, und das Frühstücksgeschirr hat noch auf dem Tisch gestanden, sogar die Butter und das Brot. Also habe ich zuerst die Butter in den Kühlschrank getan und dann bin ich ins Schlafzimmer gegangen und habe die Leintücher ein bisschen zurechtgezogen und die Steppdecke darüber gelegt, weil ich weiß, dass mein Vater sich jedes Mal ärgert, wenn er nach Hause kommt und es so unordentlich aussieht. Es hat auch schon ein paar Mal Streit gegeben deswegen und mein Vater, der sehr nervös ist, hat geschrien, aber meine Mutter hat nur gelacht und gesagt, ich kann ja auch zu Hause bleiben und du wirst schon sehen, wie das ist, wenn sie uns die Musiktruhe und den Kühlschrank wieder wegholen, und wer hat durchaus den Wagen haben wollen, ich oder du? Und dann ist sie ganz freundlich geworden und hat meinen Vater gestreichelt und mich auch und hat gesagt, dass wir, wenn der Wagen erst da ist, alle drei zusammen in den Wald fahren werden und dort picknicken und „Verwechselt das Bäumchen" spielen und mit dem Fußball ihretwegen auch. Aber dazu ist es nie gekommen, weil sie, als sie den Wagen endlich gehabt haben, immer Freunde mitgenommen haben, Erwachsene, die keinen Schritt zu Fuß gehen wollten, und die Waldwege waren für die Autos gesperrt. Ich war aber darüber nicht sehr traurig, weil mir im Auto oft schlecht geworden ist. Ich habe mir nur immer gewünscht, dass meine Mutter wieder einmal krank wird, wie damals, als sie den schlimmen Fuß hatte und ich ihr die Arnikaumschläge gemacht und den Kaffee ans Bett gebracht habe, und ich habe mir oft überlegt, wie ich es hinbringen könnte, dass sie sich einmal richtig den Magen verdirbt. Aber sie hat sich nie den Magen verdorben und immer ganz rosig ausgesehen und sie hat auch oft gesagt, dass es ihr Spaß macht, ins Büro zu gehen, weil sie da unter Menschen wäre und weil sie es langweilig fände, den ganzen Tag zu Hause zu sein. Sie ist auch gar nicht sehr müde am Abend und immer bereit, noch mit meinem Vater in ein Kino zu gehen. Nur die Gesellschaftsspiele mag sie nicht und das Vorlesen, sagt sie, strengt sie an, weil sie den ganzen Tag Gedrucktes und Geschriebenes vor Augen hat, und ich solle nur meine Bücher allein lesen, ich wäre ja jetzt schon ein großer Junge. Ich bin auch schon groß und natürlich kann ich meine Bücher allein lesen und ich

habe auch immer viel Schularbeiten zu machen, nur an dem gewissen Nachmittag, da hatte ich keine, weil zwei Lehrer fehlten. Aber dafür hatte ich die Betten zuzudecken und als ich mit den Betten fertig war, hätte ich eigentlich mein Essen aufwärmen sollen und sicher war ich auch hungrig, sonst hätte ich nicht so viel gegähnt. Aber ich habe plötzlich keine Lust mehr gehabt und nur ein paar Kartoffeln kalt in den Mund gesteckt und dann habe ich gleich anfangen wollen zu spielen.

Alle Erwachsenen haben später wissen wollen, was ich am liebsten spiele, und es wäre ihnen recht gewesen, wenn ich gesagt hätte, mit der Feuerwehrleiter oder mit dem Puppenzimmer, in dem ein winziger Adventskranz mit richtigen kleinen Kerzen hängt, kurz mit irgendetwas, das mit Feuer zu tun hat oder mit Licht. Ich habe aber gesagt, mit meinen kleinen Autos, die ihre Garage unter dem Schrank haben, und der Parkwächter ist ein kleiner Soldat in einer braunen Uniform, den ich einmal in einer Trümmergrube gefunden habe, und jedes Mal, wenn mein Vater ihn sieht, sagt er, schmeiß doch den verdammten SA-Mann[2] weg. Aber ich behalte ihn, weil ich ihn gut brauchen kann und weil ich überhaupt nicht weiß, was ein verdammter SA-Mann eigentlich ist.

Natürlich habe ich an dem Nachmittag gar nicht mit meinen Autos spielen wollen, sondern mit meiner Familie, aber von der wissen meine Eltern nichts und sie brauchen auch nichts von ihr zu erfahren, und die Lehrer auch nicht und erst recht nicht der Arzt, den meine Eltern vor mir den Onkel Doktor nennen, obwohl sie ihn vorher nie gesehen haben und ihm gegenüber immer sehr verlegen sind. So, so, mit deinen Autos hast du gespielt, hat der sogenannte Onkel Doktor gesagt und hat dabei ein merkwürdiges Gesicht gemacht und ich habe genickt und ihn frech angesehen und mir gedacht, was er wohl zu meiner Familie sagen würde, nämlich dazu, dass mein Vater ein alter Fußball

[2] *die SA:* Sturmabteilung, eine bewaffnete Kampftruppe der Nationalsozialisten

namens Popp und meine Mutter eine komische Puppe ohne Beine namens Mingel ist und dass sie außer mir noch zwei andere Kinder haben, von denen das eine eine alte Schachfigur und das andere ein eingeschrumpfter Luftballon ist.

Diese ganze Familie halte ich in einer Schachtel in meinem Spielschrank versteckt, und wenn ich von der Schule nach Hause komme, hole ich sie heraus und setze sie auf ihre Plätze und dann gehe ich noch einmal auf den Korridor und tue so, als ob ich gerade eben erst heimkäme, und sobald ich das Zimmer betrete, bricht meine Familie in lautes, fröhliches Gelächter aus. Da ist ja auch unser Jüngster, sagt Popp, der im Lehnsessel liegt und ein freundliches Vollmondgesicht macht, und Mingel sagt, komm zu mir, mein Söhnchen, und streckt ihre Arme aus, aus denen das Sägemehl quillt. Wie war es heute auf der Prärie, fragt mein Bruder Harry, das Schachpferd aus Elefantenzahn. Und ich sage, zünftig, und fange an zu erzählen, wie viele wilde Mustangs ich mit dem Lasso gefangen habe, und mache es so spannend, dass meine Schwester Luzia, der Luftballon, vor Aufregung zu wackeln beginnt. Jetzt musst du aber etwas von dem guten Bärenschinken essen, sagt Mingel, und weil sie keine Beine hat, muss ich sie auf den Herd tragen, wo sie gleich anfängt im Topf zu rühren. Inzwischen gehe ich mit meinem Bruder auf den Balkon und zeige ihm die Mondrakete, die gerade über die Häuser fliegt, und wir machen eine Wette, ob sie heute endlich hinkommen oder wieder vorher ausglühen wird. Dann schreiben wir unsere Namen auf kleine Zettel, das heißt, dass wir uns freiwillig melden mit der nächsten Rakete auf den Mond zu fliegen. Diese Zettel verstecken wir unter einem Blumentopf, weil Popp und Mingel immer so besorgt um uns sind und so etwas gar nicht erlauben würden. Den ganzen Tag sitzen sie zu Hause und warten auf uns, und wenn wir vom Balkon hereinkommen, fragen sie gleich, ob es nicht neblig draußen sei und ob wir uns auch nicht erkältet hätten. Ach, woher denn, sagen wir mit ganz rauer Stimme, erkältet, und setzen uns an den Tisch und ich necke meine Schwester und sage, dass sie immer dünner wird und an Farbe verliert. Lass sie in Ruhe, sagt Popp, und dann überlegen wir uns, was wir jetzt machen wollen, und ich hole das Wettrennspiel aus dem Schrank.

Bei diesem Wettrennspiel will Mingel immer das weiße Pferd haben, aber sie hat nie Glück mit den Würfeln und ich muss es manchmal durch etwas Mogeln so einrichten, dass sie auch einmal gewinnt. Popp ist es egal, ob er gewinnt oder nicht, er ist immer rund und guter Laune und sobald das Spiel zu Ende ist, rollt er in seinem Sessel herum und sagt, Mingel, wenn wir unsere Kinder nicht hätten. Und dann fängt Mingel ein bisschen an zu weinen, weil sie so rührselig ist, und Luzia muss sie trösten und mit ihr über die Weihnachtsplätzchen sprechen. So war das alle Tage, wenn ich von der Schule nach Hause gekommen bin, und man wird ja verstehen, dass ich da nicht auf den Hof wollte oder zu den Kindern im Parterre, die so frech sind und sich fortwährend streiten und zu jedem

Ding Scheiße und Bockmist sagen, ganz egal, was es ist. Und natürlich wollte ich auch nicht zu den Jungens, die immer zu meinem Fenster heraufpfeifen und höhnische Gesichter machen, weil ich nicht in ihre Bande eintrete und weil sie glauben, dass ich zu fein oder zu feige dazu bin. Ich bin aber gar nicht zu feige, ich habe nur bisher keine Lust gehabt und die Zeit ist mir auch immer ganz schnell vergangen, mitten in der schönsten Unterhaltung habe ich meine Mutter oder meinen Vater die Eingangstür aufmachen hören und habe nur noch in aller Eile meine Familie wegpacken und meine Schulbücher aufschlagen können. Aber an dem Nachmittag vor Allerseelen habe ich keine Bücher aufschlagen und meine Familie nicht in aller Eile verstecken müssen, weil sie nämlich schon vorher nicht da war, die ganze Familie, einfach nicht da.

Zuerst, als ich mich vor meinen Spielschrank hingehockt habe, um die Schachtel herauszuholen und sie nicht gleich gefunden habe, habe ich gedacht, dann ist sie eben im unteren Fach oder im Kleiderschrank oder sonst wo, es musste ja immer so schnell gehen und es kommt vor, dass man gar nicht genau aufpasst, was man tut. Es hat also eine große Sucherei angefangen, in den Schränken und unter den Schränken und schließlich auch auf den Schränken, wo ich gar nicht hinreichen konnte, und ich musste mich mit meinen schmutzigen Schuhen auf den guten Seidenstuhl stellen, was meine Mutter nachher sehr aufgebracht hat. Schließlich bin ich wieder an den Spielschrank zurück und da habe ich plötzlich die Pappschachtel gesehen, aber an einer ganz ungewohnten Stelle und als ich sie aufgemacht habe, waren alte Dominosteine darin. Da ist mir ein furchtbarer Verdacht gekommen und ich bin in die Küche gerannt und habe den Mülleimer aufgemacht, der ganz neu ist und bei dem man nur auf eine Art von Gaspedal zu treten braucht, damit der Deckel aufspringt. In dem Mülleimer war aber nichts, nur ein paar Kartoffelschalen und viel zerknülltes Seidenpapier, das habe ich herausgerissen und auf den Gasherd geworfen und man hat mich nachher gefragt, warum, aber ich habe keine Auskunft gegeben.

Ich habe an dem Nachmittag immer noch weiter gesucht; wenn die Sachen nicht im Mülleimer waren, mussten sie doch noch irgendwo sein, irgendwo, das hieß alle noch übrigen Schubladen aufziehen und alle Fächer durchwühlen, auch im Wäscheschrank und im Büfett und sich immer mehr aufregen, viel mehr, als man sich eigentlich über einen alten Fußball, eine kaputte Puppe, eine Schachfigur und einen alten Luftballon aufregen kann. Ja, das habe ich gleich gefühlt, dass es verrückt war, wie ich mich anstellte, und es ist mir auch einen Augenblick lang der Gedanke gekommen, ein paar andere Gegenstände Popp und Mingel und Harry und Luzia zu nennen und also gewissermaßen eine neue Familie zu gründen. Aber ich habe doch gleich gewusst, dass ich das nicht mehr tun würde, weil ich wahrscheinlich längst zu alt dafür war. Ich habe gewusst, dass ich fortan immer so allein sein würde wie jetzt, als ich endlich mit dem Suchen aufhörte und in der Küche am Fenster stand; und weil ich gar nicht dazu gekommen war, Licht anzumachen, war es in der Wohnung schon dunkel und so entsetzlich öde und still. Ich habe auch schon geahnt, dass ich das nicht aushalten und wieder fortgehen würde, ins Kino an der Ecke, Taschengeld hatte ich ja genug, und wahrscheinlich würde ich auch jetzt nicht mehr nein sagen, wenn sie kämen und mich aufforderten in die Bande einzutreten, obwohl die Jungen, die in der Bande sind, ganz stupide Sachen machen, Autoreifen aufstechen und Schaufenster kaputt schmeißen, mehr fällt ihnen nicht ein. Aber es konnte ja sein, dass man mit der Zeit auch daran Geschmack fand, und auf jeden Fall war man dann nicht mehr so allein.

Über das alles habe ich nachgedacht und bin da am Fenster stehen geblieben, neben dem Gasherd, und dabei ist mir eingefallen, dass ich das Gas anzünden könnte, alle vier Flammen, aber nicht um mir endlich mein Essen warm zu machen, nur so, zum Spaß. Ich habe also alle vier Deckel abgenommen und die Hähne ganz weit aufgemacht und angezündet und die Flammen waren so hoch und lebendig und hell und warm und ich habe mich gefreut und gedacht, dass man mit den Flammen vielleicht auch reden kann. Es ist nur eben leider noch das viele Seidenpapier aus dem Mülleimer auf dem Herd gelegen und das muss Feuer gefangen und die Gardine angesteckt haben, jedenfalls hat die plötzlich in Flammen gestanden bis oben hinauf und ich bin sehr erschrocken und habe geschrien. Mein Vater hat in demselben Augenblick die Wohnungstür aufgeschlossen und das war noch ein Glück, nur dass dann eben hinterher die ganze Fragerei gekommen ist und die Sache mit dem Lehrer und die mit dem Doktor, so als ob ich nicht ganz normal wäre oder als ob ich einen Zorn auf meine Eltern gehabt hätte. Und dabei hat meine Mutter doch gar nicht wissen können, was sie da weggeworfen oder verschenkt hat, und überhaupt habe ich nichts gegen meine Eltern, sie sind, wie sie sind, und ich mag sie gern. Nur dass es eben gewisse Sachen gibt, die man ihnen nicht erzählen kann, nur aufschreiben und dann wieder zerreißen, wenn man allein zu Hause ist, und es wird schon dunkel und unten pfeifen die Jungen von der Bande und noch ein paar Minuten, dann macht man das Fenster auf und ruft, ich komme, und dann geht man die Treppe hinunter, die Hände recht forsch in den Hosentaschen, vorbei an der Nixe, die hat einem früher sehr gefallen, aber jetzt weiß man mit einem Male, dass man kein Kind mehr ist.

Heinrich Hoffmann, **Paulinchen war allein zu Haus** *(Seite 82)*

1. „Paulinchen hört die Katzen nicht!" - vielleicht hat Paulinchen die Katzen doch gehört: Formuliere ihre Gedanken, bevor sie das Streichholz anzündet.
2. Führe eine Recherche durch, bei der du dich über den Autor Heinrich Hoffmann und sein berühmtestes Werk „Struwwelpeter" informierst.
3. Frühere Generationen konnten das Buch auswendig. Erläutere, durch welche Mittel der Autor erreicht, dass sich der Text so gut einprägt.

1 *Marie Luise Kaschnitz,* **Popp und Mingel** *(Seite 84)*

1. Stelle fest, was du im Text über die Lebensverhältnisse des Ich-Erzählers vor dem Geschehen erfährst.
2. Gib an, welche Unterschiede zwischen der realen und der fiktiven Familie des Ich-Erzählers existieren. Erläutere anschließend, weshalb der Junge sich in seiner Fantasiefamilie so wohl fühlt.
3. Stelle dar, wie die Erwachsenen auf das Geschehen reagieren.
4. Untersuche, welche Auswirkungen der Vorfall auf den Ich-Erzähler hat. Berücksichtige dabei den Schluss des Textes.
5. Suche Textstellen, aus denen hervorgeht, dass es sich um einen älteren Text handelt.
6. Vergleiche die Situation von Paulinchen und dem Ich-Erzähler. Arbeite Gemeinsamkeiten und Unterschiede heraus.

Über Sprache nachdenken

1. In den folgenden Sätzen ist das Wort *brennen* nicht wörtlich zu nehmen, sondern ist ein sprachliches Bild. Formuliere den Satz ohne den bildlichen Ausdruck und erkläre, warum im Gegensatz dazu *brennen* sehr anschaulich wirkt.

Beispiel: *Er fühlte sich nach der Klassenarbeit ausgebrannt.*
Ohne bildlichen Ausdruck: *Er fühlte sich nach der Klassenarbeit völlig erschöpft.*
Bildlicher Ausdruck: Er veranschaulicht, dass der Zustand des Schülers so ist, als wären alle seine Energien durch ein Feuer vernichtet.

Mit dieser Bemerkung hat er sich die Zunge verbrannt. • Der Hausaufsatz brennt ihr auf/unter den Nägeln. • Das ist eine brandheiße Information! • Dem Einbrecher brennt der Boden unter den Füßen. • Ich brenne darauf, den neuesten Film meines Lieblingsschauspielers zu sehen. • Na, wo brennt's denn? • Sein brennender Ehrgeiz trieb ihn an. • Das Bild hatte sich ihr ins Gedächtnis gebrannt. • Du glaubst doch nicht, dass wir dir das abnehmen? Da hast du dich gebrannt!

2. Sammelt bildhafte Wendungen mit *Feuer.*

Handlungsorientierte Erschließung eines Dramas

Das Personenverzeichnis

Am Anfang jedes gedruckten Theaterstücks steht das Personenverzeichnis.

Max Frisch
Biedermann und die Brandstifter

Personen:
Herr Biedermann
Babette, seine Frau
Anna, ein Dienstmädchen
Schmitz, ein Ringer
Eisenring, ein Kellner
Ein Polizist
Ein Dr. phil.
Witwe Knechtling
Der Chor, bestehend aus den Mannen der Feuerwehr

Szene: Eine Stube, ein Dachboden

William Shakespeare
Romeo und Julia

Escalus, *Prinz von Verona*
Graf Paris, *Verwandter des Prinzen*
Montague, Capulet } *Häupter zweier verfeindeter Häuser*
Romeo, *Montagues Sohn*
Mercutio, *Verwandter des Prinzen und Romeos Freund*
Benvolio, *Montagues Neffe und Romeos Freund*
Tybalt, *Neffe der Gräfin Capulet*
Bruder Lorenzo, *ein Franziskaner* […]
Balthasar, *Romeos Diener* […]
Ein Apotheker
Gräfin Montague
Gräfin Capulet
Julia, *Capulets Tochter*
Julias Amme
Bürger von Verona
[…] Wachen, Gefolge

Die Szene ist den größten Teil des Stücks hindurch in *Verona*, zu Anfang des fünften Aufzugs in *Mantua*.

1. Erläutere, nach welchen Gesichtspunkten diese Personenverzeichnisse geordnet sind.

2. Anhand mancher Personenverzeichnisse lassen sich Vermutungen über den im Stück gestalteten Konflikt anstellen. Versuche das bei diesen beiden Verzeichnissen.

3. Den Begriff *Szene* hast du schon kennengelernt: Eine Szene oder ein Auftritt ist ein Teil eines Aktes. Hier bedeutet der Begriff etwas anderes.
Erläutere die zweite Bedeutung des Begriffs „Szene".

Die Szenen- oder Bühnenanweisung

Die Bühne ist finster, dann leuchtet ein Streichholz auf: Man sieht das Gesicht von Herrn Biedermann, der sich eine Zigarre anzündet und jetzt, da es heller wird, sich seinerseits umsieht. Ringsum stehen Feuerwehrmänner in Helmen.

BIEDERMANN: Nicht einmal eine Zigarre kann man heutzutage anzünden, ohne an Feuersbrunst zu denken! ... Das ist ja widerlich.

Biedermann verbirgt die rauchende Zigarre und verzieht sich, worauf die Feuerwehr vortritt in der Art des antiken Chors.
Eine Turmuhr schlägt: ein Viertel.

So beginnt das Stück „Biedermann und die Brandstifter".

1. Zeige, für wen diese Szenenanweisung, also der kursivgedruckte Text, geschrieben ist.
2. Stelle zusammen, welche Anweisungen der Textabschnitt enthält, und überlege, was außerdem beschrieben werden könnte. Formuliere einen Merkkasten.

In einer Szenenanweisung gibt der Autor Auskunft über ...

3. Spielt diesen kurzen Szenenausschnitt nach und führt die Anweisungen aus.
4. Beschreibt die Wirkung des kurzen Szenenausschnitts.

Die Szenenübersicht

Das Schauspiel „Biedermann und die Brandstifter" von Max Frisch gliedert sich nicht in Akte, sondern in sechs Szenen; aus vier Szenen sind im Folgenden Ausschnitte abgedruckt.

METHODE M

Eine Szenenübersicht erstellen

Die Szenenübersicht ist eine Übersicht über Ort, Zeit und Personen. Während der Lektüre des Dramas wird eine Tabelle wie auf der folgenden Seite zu sehen ausgefüllt. Die letzte Spalte fasst in einem Stichpunkt die Handlung zusammen. Die Szenenübersicht erleichtert die Orientierung über das Schauspiel.
Aus der Szenenübersicht kannst du das Handlungsgerüst erkennen.

1. Vervollständige diese Szenenübersicht am Ende dieses Kapitels.

Szene	Ort	Zeit	Personen	Handlung
1	Stube in Biedermanns Haus	Abend des ersten Tages	Biedermann, Anna, Schmitz	Schmitz erhält Obdach auf dem Dachboden
2	… ?	… ?	… ?	… ?
…	?	?	?	?

Eine Besonderheit des Stückes „Biedermann und die Brandstifter" sind Zwischenszenen, in denen ein Chor auftritt oder in denen eine Figur sich direkt ans Publikum wendet.

Erarbeitung einer Figur

Im Vorspiel tritt Gottlieb Biedermann, die Hauptfigur des Theaterstücks, zum ersten Mal auf. In der folgenden ersten Szene lernen die Zuschauer und Leser ihn besser kennen.

erster Text-ausschnitt

Gottlieb Biedermann sitzt in seiner Stube und liest die Zeitung, eine Zigarre rauchend, und Anna, das Dienstmädchen mit weißem Schürzchen, bringt eine Flasche Wein.

ANNA: Herr Biedermann?
Keine Antwort
Herr Biedermann –
Er legt die Zeitung zusammen.

BIEDERMANN: Aufhängen sollte man sie. Hab ich's nicht immer gesagt? Schon wieder ein Hausierer[1], der sich im Dachboden einnistet, ein harmloser Hausierer …
Er nimmt die Flasche.
Aufhängen sollte man sie!
Er nimmt den Korkenzieher.

ANNA: Herr Biedermann –
BIEDERMANN: Was denn?
ANNA: Er ist noch immer da.
BIEDERMANN: Wer?
ANNA: Der Hausierer, der Sie sprechen möchte.
BIEDERMANN: Ich bin nicht zu Haus!
Biedermann zieht den Korken.
BIEDERMANN: Er soll morgen ins Geschäft kommen.
ANNA: Ich hab's ihm gesagt, Herr Biedermann, schon dreimal, aber das interessiert ihn nicht.
BIEDERMANN: Wieso nicht?

[1] *der Hausierer:* jemand, der von Haus zu Haus geht und Waren zum Kauf anbietet

ANNA: Er will kein Haarwasser.

BIEDERMANN: Sondern?

ANNA: Menschlichkeit ...

Biedermann riecht am Korken.

BIEDERMANN: Sagen Sie ihm, ich werde ihn eigenhändig vor die Tür werfen, wenn er nicht sofort verschwindet.

Er füllt sorgsam sein Burgunderglas.

Menschlichkeit! ...

Er kostet den Wein.

[...] – Ich bin kein Unmensch, Anna, das wissen Sie ganz genau! Aber es kommt mir keiner ins Haus. [...] Man weiß, wohin das führen kann heutzutage ...

Anna will gehen und sieht, dass der Fremde eben eingetreten ist: ein Athlet, sein Kostüm erinnert halb an Strafanstalt und halb an Zirkus, Tätowierung am Arm, Lederbinde um die Handgelenke. Anna schleicht hinaus. Der Fremde wartet, bis Biedermann seinen Wein gekostet hat und sich umdreht.

SCHMITZ: Guten Abend.

Biedermann verliert die Zigarre vor Verblüffung.

Ihre Zigarre, Herr Biedermann –

Er hebt die Zigarre auf und gibt sie Biedermann.

BIEDERMANN: Sagen Sie mal –

SCHMITZ: Guten Abend!

BIEDERMANN: Was soll das heißen? [...] Wieso – ich muss schon sagen ... ohne zu klopfen ...

SCHMITZ: Mein Name ist Schmitz.

BIEDERMANN: Ohne zu klopfen.

SCHMITZ: Schmitz Josef.

Schweigen.

Guten Abend!

BIEDERMANN: Und was wünschen Sie?

SCHMITZ: Herr Biedermann brauchen keine Angst haben: Ich bin kein Hausierer!

BIEDERMANN: Sondern?

SCHMITZ: Ringer von Beruf.

BIEDERMANN: Ringer? [...]

SCHMITZ: Das heißt: gewesen.

BIEDERMANN: Und jetzt?

SCHMITZ: Arbeitslos.

Pause

Herr Biedermann brauchen keine Angst haben, ich suche keine Arbeit. Im Gegenteil. [...] Bin nur gekommen, weil's draußen so regnet.

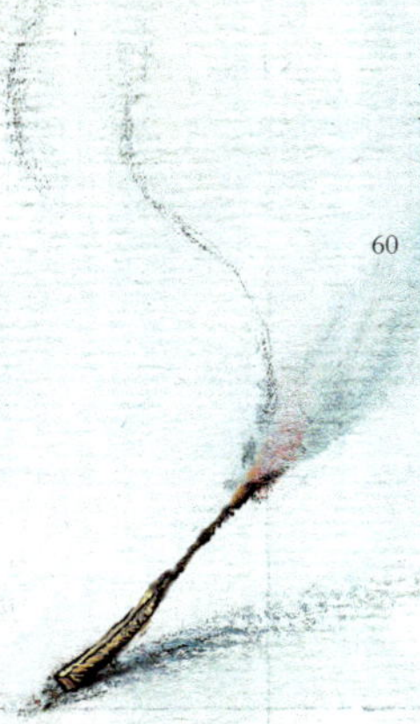

Pause

Hier ist's wärmer.

Pause

Hoffentlich stör ich nicht.

Pause

BIEDERMANN: Rauchen Sie?

Er bietet Zigarren an.

SCHMITZ: Das ist schrecklich, Herr Biedermann, wenn einer so gewachsen ist wie ich. Alle Leute haben Angst vor mir ... Danke!

Biedermann gibt ihm Feuer.

Danke.

Sie stehen und rauchen.

BIEDERMANN: Kurz und gut, was wünschen Sie?

SCHMITZ: Mein Name ist Schmitz. [...] ...

Er hält die Zigarre unter die Nase und kostet den Duft.

Ich bin obdachlos.

BIEDERMANN: Wollen Sie – ein Stück Brot?

SCHMITZ: Wenn Sie nichts andres haben ...

BIEDERMANN: Oder ein Glas Wein?

SCHMITZ: [...] Aber nur, wenn ich nicht störe, Herr Biedermann, nur wenn ich nicht störe!

Biedermann geht zur Tür.

BIEDERMANN: Anna! [...]

Anna ist eingetreten.

Anna, bringen Sie ein zweites Glas.

ANNA: Sehr wohl.

BIEDERMANN: Und etwas Brot – ja.

ANNA: Sehr wohl.

SCHMITZ: Und wenn's dem Fräulein nichts ausmacht: etwas Butter. Etwas Käse oder kaltes Fleisch oder so. Nur keine Umstände. Ein paar Gurken, eine Tomate oder so, etwas Senf – was Sie grad haben, Fräulein.

ANNA: Sehr wohl.

SCHMITZ: Nur keine Umstände!

Anna geht hinaus.

BIEDERMANN: Sie kennen mich, haben Sie dem Mädchen gesagt.

SCHMITZ: Freilich, Herr Biedermann, freilich.

BIEDERMANN: Woher?

SCHMITZ: Nur von Ihrer besten Seite, Herr Biedermann, nur von Ihrer besten Seite. Gestern Abend am Stammtisch, ich weiß, Herr Biedermann haben mich gar nicht bemerkt in der Ecke, die ganze Wirtschaft hat sich gefreut,

Herr Biedermann, jedes Mal, wenn Sie mit der Faust auf den Tisch geschlagen haben.

BIEDERMANN: Was habe ich denn gesagt?

SCHMITZ: Das Einzigrichtige.

Er raucht seine Zigarre, dann

Aufhängen sollte man sie. Alle. Je rascher, umso besser. Aufhängen. Diese Brandstifter nämlich …

Biedermann bietet einen Sessel an.

BIEDERMANN: Bitte.

Schmitz setzt sich.

SCHMITZ: Männer wie Sie, Herr Biedermann, das ist's, was wir brauchen!

BIEDERMANN: Jaja, gewiss, aber –

SCHMITZ: Kein Aber, Herr Biedermann, kein Aber! [...] Sie haben noch ein Gewissen, das spürte die ganze Wirtschaft, ein regelrechtes Gewissen.

BIEDERMANN: Jaja, natürlich –

Während Biedermann und Schmitz auf Anna warten, erzählt Schmitz von seiner Vergangenheit. Er war in einem Zirkus angestellt, der abbrannte. Auch der Zirkusdirektor starb.

BIEDERMANN: Das heißt, er ist tot?

SCHMITZ: Verbrannt mit seinem ganzen Plunder ...

Eine Standuhr schlägt neun.

BIEDERMANN: Versteh nicht, was das Mädchen so lang macht!

SCHMITZ: Ich hab Zeit.

Es gibt sich, dass sie einander plötzlich in die Augen blicken.

Sie haben auch kein freies Bett im Haus, Herr Biedermann, das Mädchen sagte es schon –

BIEDERMANN: Warum lachen Sie?

SCHMITZ: Leider kein freies Bett! Das sagen nämlich alle, kaum dass ein Obdachloser – [...] – aber Ihnen, Herr Biedermann, glaub ich aufs Wort … [...] Sie sind der erste Mensch in dieser Stadt, der unsereinen nicht einfach wie einen Brandstifter behandelt – [...]

Anna bringt ein Tablettchen.

ANNA: Kaltes Fleisch haben wir keins.

SCHMITZ: Das genügt, Fräulein, das genügt – nur den Senf haben Sie noch vergessen.

ANNA: Entschuldigung!

Anna geht hinaus.

BIEDERMANN: Essen Sie!

Biedermann füllt die Gläser. [...] Sie trinken, und Schmitz beginnt zu futtern. [...] Anna bringt den Senf.

SCHMITZ: Danke, Fräulein, danke! [...] Senf ist nämlich meine Leibspeise –

[…]

Während Schmitz isst und trinkt, meldet Anna einen zweiten Besucher, den Biedermann nicht empfangen will, seinen ehemaligen Angestellten Knechtling. Knechtling, der „eine kranke Frau und drei Kinder" hat, ist von Biedermann entlassen worden. Eine Erfindung, die Knechtling gemacht hat, nutzt Biedermann in seiner Fabrik und verdient gut an ihr. Er verweigert Knechtling eine finanzielle Beteiligung und will ihn auch nicht wieder einstellen.

BIEDERMANN: Sagen Sie Herrn Knechtling: Ich habe Besuch. […]
Er setzt sich und schaut zu, wie der Gast genießt.
SCHMITZ: Wer hätte gedacht, ja, wer hätte gedacht, dass es das noch gibt! Heutzutage.
BIEDERMANN: Senf?
SCHMITZ: Menschlichkeit.
Er schraubt die Tube wieder zu.
Ich meine nur so: Dass Sie mich nicht einfach am Kragen packen, Herr Biedermann, um unsereinen einfach auf die Straße zu werfen – hinaus in den Regen! – sehen Sie, das ist's, Herr Biedermann, was wir brauchen: Menschlichkeit.
Er nimmt die Flasche und gießt sich ein.
Vergelt's Gott.
Er trinkt und genießt es sichtlich.
BIEDERMANN: Sie müssen jetzt nicht denken, Herr Schmitz, dass ich ein Unmensch sei –
SCHMITZ: Herr Biedermann!
BIEDERMANN: Frau Knechtling nämlich behauptet das!
SCHMITZ: Wenn Sie ein Unmensch wären, Herr Biedermann, dann würden Sie mir heute Nacht kein Obdach geben, das ist mal klar.
BIEDERMANN: Nicht wahr?
SCHMITZ: Und wenn's auch nur auf dem Dachboden ist.
[…]

Rollenbiografie

Wer eine Figur in einem Theaterstück spielt, übernimmt eine Rolle. Um diese Rolle gut zu spielen, muss man sich die Figur deutlich vorstellen können und ihr eine Geschichte bzw. einen biografischen Hintergrund geben. Dazu muss man sie besser kennenlernen.

METHODE M

Eine Rollenbiografie erstellen

Um sich in eine literarische Figur – hier geht es um Gottlieb Biedermann – hineinzudenken, kann man folgende Methode anwenden:

- Überlege Fragen, die du an Gottlieb Biedermann stellen könntest, z. B. Wie alt sind Sie? • Verdienen Sie gut? • Wie kleiden Sie sich? • Haben Sie feste Gewohnheiten? • Welche? • Warum haben Sie ein Dienstmädchen? • Sind Sie ein freundlicher Mensch? • Was bedeutet Ihnen Menschlichkeit? • ...?
- Diese Fragen könnt ihr in Gruppen erarbeiten. Ein Schüler/eine Schülerin stellt sich als Gottlieb Biedermann zur Verfügung und antwortet.
- Nach der Befragung gliederst du die Ergebnisse aus deiner Befragung und deine Überlegungen nach folgendem Muster:
  • Allgemeines • Äußeres (u. a. Größe, Körperbau, Kleidung, Bewegung, Stimme) • Herkunft • Beruf • Gewohnheiten • Charakter • Selbstbild und Verhältnis zu anderen Personen

1. Formuliere entsprechend diesen gegliederten Stichworten eine Rollenbiografie des Gottlieb Biedermann.

In einer **Rollenbiografie** stellt sich eine Figur selbst vor. Die Rollenbiografie steht deshalb in der Ich-Form.

2. Diskutiert über die unterschiedlichen Rollenbiografien, die ihr erarbeitet habt. Prüft, was sich mit dem Text des Dramas belegen lässt und was nicht.

Erschließung innerer Vorgänge

1. Biedermann reagiert in der abgedruckten Szene (☞ S. 93–97) überraschend: Er bietet Schmitz Zigarren, ein Abendessen und eine Unterkunft an. Es fällt auf, dass er mit seinen Antworten häufig zögert.
Formuliere, was Biedermann möglicherweise in diesen Momenten denkt.
Das könnte beispielsweise folgendermaßen aussehen:

Dramentext (Z. 60–71)	**Biedermanns Gedanken**
SCHMITZ: Arbeitslos.	*Er wird mich doch nicht um eine Stelle bitten.*
Pause	
Herr Biedermann brauchen keine Angst haben, ich suche keine Arbeit. Im Gegenteil. […] Bin nur gekommen, weil's draußen so regnet.	*Angst? Ich könnte ihn hinauswerfen lassen! Wenigstens will er nichts von mir.*
Pause	
Hier ist's wärmer.	*Da hat er Recht. Ein Hundewetter! Aber hier hat er trotzdem nichts verloren.*
Pause	
Hoffentlich stör ich nicht. –	*Unverschämt ist er ja nicht. Wenigstens ist er höflich. Ich könnte ihm eine Zigarre anbieten.*
Pause	
BIEDERMANN: Rauchen Sie?	
Er bietet Zigarren an.	*Vielleicht geht er dann.*

Die Freeze-Methode

Die Gedanken einer Figur können auch während des Spielens mit der Freeze-Methode erarbeitet werden.

- Lest die Szene oder spielt sie (mit dem Text in der Hand).
- Wer Biedermanns Verhalten nicht versteht, darf „Stopp" rufen oder „Freeze".
- Biedermann verharrt in seiner augenblicklichen Haltung.
- Biedermann erklärt, was er gerade denkt, fühlt oder vorhat; anschließend geht das Spiel weiter.

Eine andere Möglichkeit:

- Nicht Biedermann erklärt seine Gedanken und Gefühle, sondern wer „Stopp" gerufen hat, stellt sich zu Biedermann und erklärt dessen Gedanken und Gefühle.

Ein sogenannter **Nebentext**

- enthält Gedanken, Gefühle und Absichten der Figuren,
- steht nicht wörtlich im Drama, sondern sozusagen „zwischen den Zeilen",
- wird vom Leser erschlossen, um sich die Szene besser vorstellen zu können,
- dient dem Schauspieler als Orientierungshilfe für die Darstellung der Figur.

2. Nachdem du dich so ausführlich mit Biedermann beschäftigt hast, solltest du nun erklären können, wie Schmitz ihn davon überzeugen kann, ihm Obdach zu gewähren.

3. Erkläre auch, welche Bedeutung der Begriff „Menschlichkeit" für Biedermann hat.

Szenische Erarbeitung

Gottlieb Biedermann lässt Schmitz auf dem Dachboden wohnen, dieser hat dort heimlich einen weiteren Obdachlosen einquartiert. Als Biedermann das entdeckt – und er entdeckt noch mehr – wird die Szene spannend.

zweiter Text-ausschnitt

Dachboden

Schmitz, immer im Kostüm des Ringers, und der Andere, der seinen Frack ausgezogen hat und nur die weiße Weste trägt, sind dabei, Fässer über den Estrich zu rollen, Fässer aus Blech, wie sie zum Transport von Benzin üblich sind, alles so leise als möglich; beide haben ihre Schuhe ausgezogen.

DER ANDERE: Leise! Leise!
SCHMITZ: Und wenn er auf die Idee kommt und die Polizei ruft?
DER ANDERE: Vorwärts!
SCHMITZ: Was dann?
DER ANDERE: Langsam! Langsam ... Halt.
Sie haben das Fass zu den anderen gerollt, die schon im Dämmerdunkel stehen: Der Andere nimmt Putzfäden, um sich die Finger zu wischen.
DER ANDERE: Wieso soll er die Polizei rufen?
SCHMITZ: Wieso nicht?
DER ANDERE: Weil er selber strafbar ist. [...]
Es klopft an der verriegelten Tür.
BIEDERMANN: Aufmachen! Aufmachen!
Es poltert und rüttelt. [...]
Aufmachen! sagte ich. Sofort!
Es poltert mehr und mehr. Der Andere zieht seinen Frack an. Ohne Hast, aber flink. Er zieht die Krawatte zurecht und wischt sich den Staub ab, dann öffnet er die Tür: – eintritt Biedermann im Morgenrock, wobei er den neuen Gesellen, da dieser hinter der aufgehenden Tür steht, nicht bemerkt.
BIEDERMANN: Herr Schmitz!
SCHMITZ: Guten Morgen, Herr Biedermann, guten Morgen, hoffentlich hat Sie das blöde Gepolter nicht geweckt –
BIEDERMANN: Herr Schmitz!
SCHMITZ: Soll nie wieder vorkommen.
BIEDERMANN: Sie verlassen mein Haus.
Pause
Ich sage: Sie verlassen mein Haus!

SCHMITZ: Wann?

BIEDERMANN: Sofort.

SCHMITZ: Wieso?

BIEDERMANN: Oder meine Frau (ich kann und ich werde es nicht hindern!) ruft die Polizei. […]

Pause

Worauf warten Sie?

Schmitz, stumm, nimmt seine Schuhe.

Ich will keine Diskussion!

SCHMITZ: Ich sag ja gar nichts.

BIEDERMANN: Wenn Sie meinen, Herr Schmitz, ich lasse mir alles gefallen, bloß weil Sie ein Ringer sind – ein solches Gepolter die ganze Nacht –

Er zeigt mit gestrecktem Arm zur Tür.

Hinaus! Hinaus! sag ich. Hinaus!

Schmitz spricht zum Andern hinüber.

SCHMITZ: So war er noch nie …

Biedermann dreht sich um und ist sprachlos.

DER ANDERE: Mein Name ist Eisenring.

BIEDERMANN: Meine Herren –?

EISENRING: Wilhelm Maria Eisenring.

BIEDERMANN: Wieso, meine Herrn, wieso sind Sie plötzlich zwei?

Schmitz und Eisenring blicken einander an.

Ohne zu fragen!

EISENRING: Siehst du.

BIEDERMANN: Was soll das heißen?

EISENRING: Ich hab's dir ja gesagt. Das macht man nicht, Sepp, du hast kein Benehmen. Ohne zu fragen. Was ist das für eine Art: – plötzlich sind wir zwei.

BIEDERMANN: Ich bin außer mir.

EISENRING: Siehst du!

Er wendet sich an Biedermann.

Ich hab es ihm gesagt!

Er wendet sich an Schmitz.

Hab ich es dir nicht gesagt?

Schmitz schämt sich.

BIEDERMANN: Was stellen Sie sich eigentlich vor, meine Herren? Schließlich und endlich, meine Herren, bin ich der Hauseigentümer. Ich frage: Was stellen Sie sich eigentlich vor?

Pause

EISENRING: Antworte, wenn der Herr dich fragt!

Pause

SCHMITZ: Der Willi ist doch mein Freund …

BIEDERMANN: Und?

SCHMITZ: Da hab ich gedacht …

BIEDERMANN: Was?

SCHMITZ: Da hab ich gedacht …

Pause

EISENRING: Nichts hast du gedacht!

Er wendet sich an Biedermann.

Ich versteh Sie vollkommen, Herr Biedermann. Alles, was recht ist, aber schließlich und endlich –

Er schreit Schmitz an.

Meinst du eigentlich, ein Hauseigentümer braucht sich alles gefallen zu lassen?

Er wendet sich an Biedermann.

Der Sepp hat Sie überhaupt nicht gefragt?

BIEDERMANN: Kein Wort!

EISENRING: Sepp –

BIEDERMANN: Kein Wort!

EISENRING: – und dann wunderst du dich, wenn man dich auf die Straße wirft?

Er schüttelt den Kopf und lacht wie über einen Dummkopf.

BIEDERMANN: Es ist nicht zum Lachen, meine Herren. Es ist mir bitterernst, meine Herren. […] Meine Frau hat die halbe Nacht nicht geschlafen. Wegen dieser Polterei. Und überhaupt: – Was machen Sie da eigentlich?

Er sieht sich um.

Was, zum Teufel, sollen diese Fässer hier?

Schmitz und Eisenring sehen dahin, wo keine Fässer sind.

Hier! Bitte! Was ist das?

Er klopft auf ein Fass.

Was ist das?

SCHMITZ: Fässer ...

BIEDERMANN: Wo kommen die her?

SCHMITZ: Weißt du's, Willi? wo sie herkommen […]

Eisenring und Schmitz suchen die Anschrift.

BIEDERMANN: Ich bin sprachlos. Was stellen Sie sich eigentlich vor? Mein ganzer Dachboden voll Fässer – gestapelt, geradezu gestapelt! […]

Schmitz zeigt eine Etikette.

SCHMITZ: Hier, Herr Biedermann, hier ist die Etikette!

BIEDERMANN: Ich bin sprachlos –

SCHMITZ: Hier steht's, wo sie herkommen. Hier.

BIEDERMANN: – einfach sprachlos.

Er betrachtet die Etikette.

BIEDERMANN: Benzin!? […] Ist das wahr, meine Herren, ist das wahr?

EISENRING: Was?

BIEDERMANN: Was auf dieser Etikette steht.

Er zeigt ihnen die Etikette.

Wofür halten Sie mich eigentlich? Das ist mir noch nicht vorgekommen. Glauben Sie eigentlich, ich kann nicht lesen?

Sie betrachten die Etikette.

Bitte! –

Er lacht, wie man über eine Unverschämtheit lacht.

Benzin!

Er spricht wie ein Untersuchungsrichter.

Was ist in diesen Fässern?

EISENRING: Benzin. […]

BIEDERMANN: Sind Sie eigentlich wahnsinnig? Mein ganzer Dachboden voll Benzin –

SCHMITZ: Drum, Herr Biedermann, rauchen wir auch nicht.

Körperhaltungen

1. Gestik, Mimik und Haltung zeigen dem Zuschauer, in welcher Verfassung die Figuren sind, nach welchen Motiven sie handeln und wie sie sich ihren Dialogpartnern gegenüber verhalten. Überlegungen zur Haltung der Figuren können zu einem Standbild führen. Standbilder hast du schon kennengelernt.
Entwerft in Arbeitsgruppen Standbilder zu wichtigen Dialogstellen, z. B. zu den Momenten, in denen Biedermann „sprachlos“ ist.

2. An einigen Stellen schreiben die Bühnenanweisungen deutlich das Verhalten der Figuren vor, z. B.:

Der Andere zieht seinen Frack an. Ohne Hast, aber flink.

Schmitz schämt sich.

Biedermann zeigt mit gestrecktem Arm zur Tür.

Schmitz und Eisenring schnuppern und blicken einander an.

Wähle eine Figur und sage laut, was sie in dieser Situation gerade denkt. Erprobe die passende Gestik, Mimik und Körperhaltung. Die Mitschüler korrigieren und kommentieren die Versuche.

Sprechhaltungen

Auch die Art und Weise, wie der Text betont wird, gibt Auskunft über Absichten, Motive und Gefühle der Figuren. Es gibt verschiedene Möglichkeiten, einen Satz zu betonen. Betont zu sprechen ist einfacher, wenn man dabei Gesten ausführt.

1. Probiere Variationen des Satzes „Und wenn er auf die Idee kommt und die Polizei ruft?" (☞ S. 100, Z. 2).

2. Erarbeite auch Variationen des anschließenden Dialogs.

3. Erkläre, wie sich die Bedeutung der Sätze verändert, wenn sie unterschiedlich betont werden.

Inszenierung

Teilt euch zur Vorbereitung der Aufführung in Gruppen auf.

1. Entwerft ein Bühnenbild mit Requisiten.

2. Legt fest, wo die Personen sich auf der Bühne befinden und wohin sie gehen.

3. Ergänzt die Angaben über die Personen:
- Die Personen tragen charakteristische Kleidung.
- Jede Person hat bestimmte Gewohnheiten oder Haltungen.

Für die eigentliche Inszenierung gliedert ihr die Szene in Abschnitte und teilt euch in Arbeitsgruppen. Jede Gruppe erarbeitet in einem Abschnitt für eine der Personen detaillierte Anweisungen in Bezug auf: Haltung, Gesten, Bewegungen, Betonung.
Für diese Anweisungen müsst ihr den Nebentext (☞ S. 99) beachten.

4. Erkläre den Satz: „Durch die Inszenierung wird die Szene interpretiert."

Kreativer Umgang mit dem Dramentext

Eine Szene entwerfen

Stube
Eintritt Biedermann, gefolgt von Babette, er zieht seinen Mantel aus und wirft die Mappe hin, die Zigarre im Mund.

BIEDERMANN: Tu, was ich dir sage.
BABETTE: Eine Gans?
BIEDERMANN: Eine Gans.
Er zieht die Krawatte aus, die Zigarre im Mund.

BIEDERMANN: […] Wenn ich sie anzeige, die beiden Gesellen, dann weiß ich, dass ich sie zu meinen Feinden mache. […] Ein Streichholz genügt und unser Haus steht in Flammen. […] Wenn ich hinaufgehe und sie einlade – sofern sie meine Einladung annehmen …

BABETTE: Dann?

BIEDERMANN: Sind wir eben Freunde. […]

1. Trotz seiner Versicherung kann Babette Biedermann den Hoffnungen ihres Ehemannes keinen Glauben schenken; sie streitet mit ihm über ein angemessenes Verhalten gegenüber Schmitz und Eisenring. Entwirf dieses Gespräch.

Mit einer Figur ins Gespräch kommen

Das Gansessen mit Schmitz und Eisenring findet tatsächlich statt. Biedermann geht in den Keller und holt Wein herauf. Dann wendet er sich ans Publikum.

vierter Textausschnitt

Biedermann tritt an die Rampe, Flaschen im Arm.

BIEDERMANN: Sie können über mich denken, meine Herren, wie Sie wollen. Aber antworten Sie mir auf eine Frage: –

Man hört Grölen und Lachen.

Ich sag mir: Solange sie grölen und saufen, tun sie nichts anderes … Die besten Flaschen aus meinem Keller, hätte es mir einer vor einer Woche gesagt – Hand aufs Herz: Seit wann (genau) wissen Sie, meine Herren, dass es Brandstifter sind? Es kommt eben nicht so, meine Herren, wie Sie meinen – sondern langsam und plötzlich … Verdacht! Das hatte ich sofort, meine Herren, Verdacht hat man immer – aber Hand aufs Herz, meine Herrn: Was hätten Sie denn getan, Herrgottnochmal, an meiner Stelle? Und wann?

Er horcht, und es ist still.

Ich muss hinauf!

Er entfernt sich geschwind.

1. Finde eine Antwort auf Biedermanns Frage ins Publikum „Was hätten Sie denn getan … an meiner Stelle?“.

Kreuzverhör

Die Klasse kann Biedermann ins Kreuzverhör nehmen: Jemand stellt sich als Biedermann zur Verfügung und wird von der Gruppe befragt.
Achtet darauf, dass die Fragen sich nicht wiederholen und dass dem Darsteller des Biedermann Gelegenheit geben wird, seine Handlungen zu begründen.

2. Max Frisch verfasste sein 1958 uraufgeführtes Drama als „Lehrstück ohne Lehre“. Diskutiert, um welche „Lehre“ es hier gehen könnte.

Berlin – Aspekte einer Metropole

Wusstest du schon, dass …

… Berlin mit einer Fläche von 891 Quadratkilometern neun Mal größer als Paris ist?

… die Stadtgrenze Berlins ca. 234 Kilometer lang ist?

… die Länge der Buslinien in der deutschen Hauptstadt mehr als 1 626 Kilometer beträgt? Weitere 286 Kilometer Strecke werden von der Straßenbahn befahren, dazu kommt das S-Bahn-Netz mit 332 Kilometern Länge und das Liniennetz der U-Bahn mit rund 145 Kilometern.

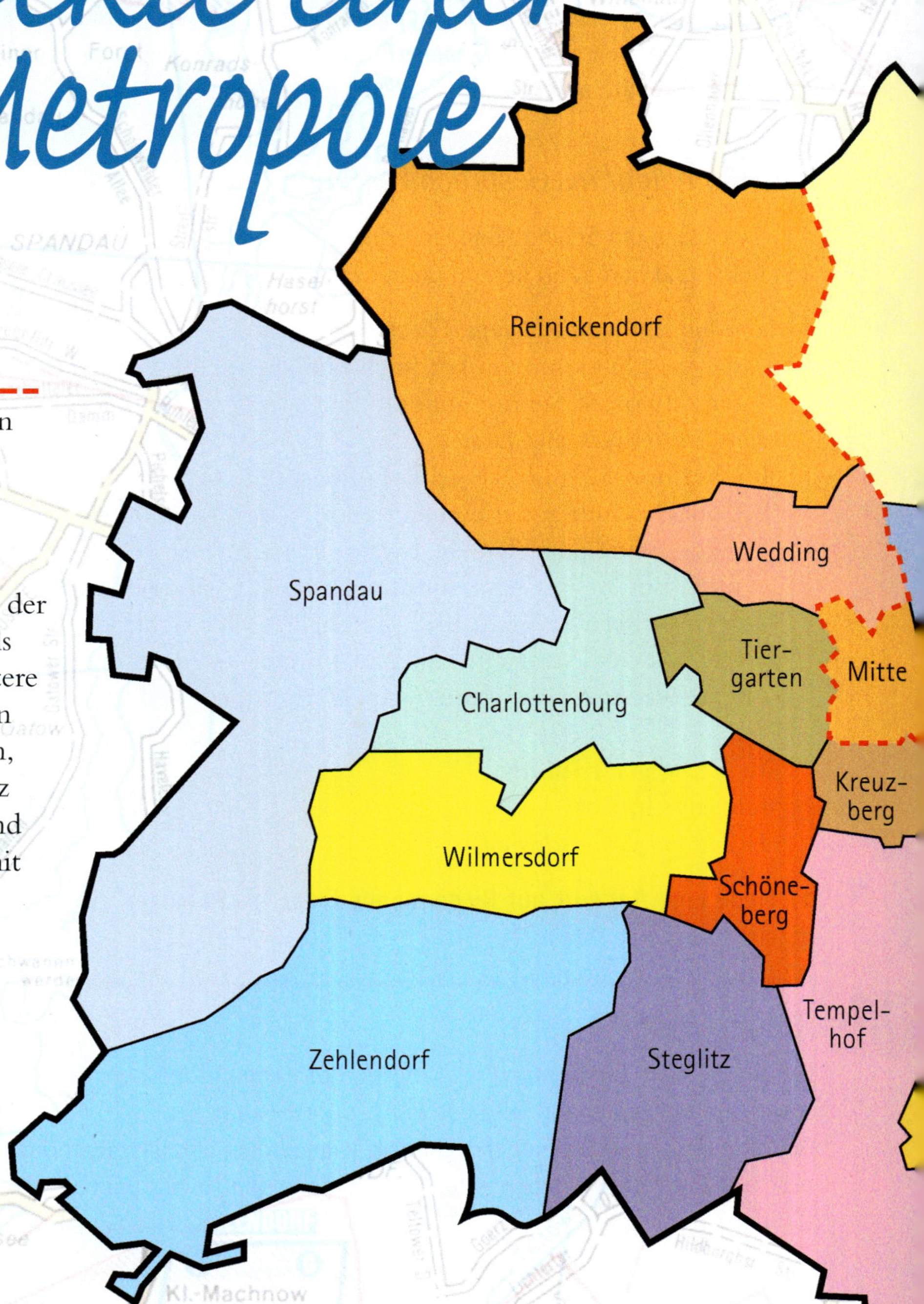

– – – – – Fußball auch die mit Abstand beliebteste Sportart der 539 000 Vereinssportler der Stadt ist? In der Beliebtheitsskala folgen danach Tennis und Turnen.

– – – – – die erste Ampelanlage Europas 1924 auf dem Potsdamer Platz in Betrieb genommen wurde? Ein Nachbau des Ampelturms ist heute noch dort zu bewundern.

– – – – – die East Side Gallery die längste Open-Air-Galerie der Welt und mit 1 316 m zugleich das längste erhaltene Stück der Berliner Mauer ist? Der Abschnitt wurde von 118 Künstlern aus 21 Ländern mit 101 Werken bemalt.

– – – – – es im Stadtgebiet Berlins mehr als 180 Kilometer schiffbare Wasserstraßen gibt?

– – – – – Berlin rund 1 700 Brücken hat und damit sogar problemlos Venedig schlägt?

– – – – – Berlin die grünste Metropole Deutschlands ist? Mehr als 30 Prozent des Gebietes sind Parks und Wälder oder Flüsse, Seen und Wasserstraßen. Innerhalb der Stadt gibt es 840 Kleingartenkolonien mit fast 80 000 Parzellen.

– – – – – Berlin mit rund 175 Museen und Sammlungen die einzige europäische Stadt mit „mehr Museen als Regentagen" ist?

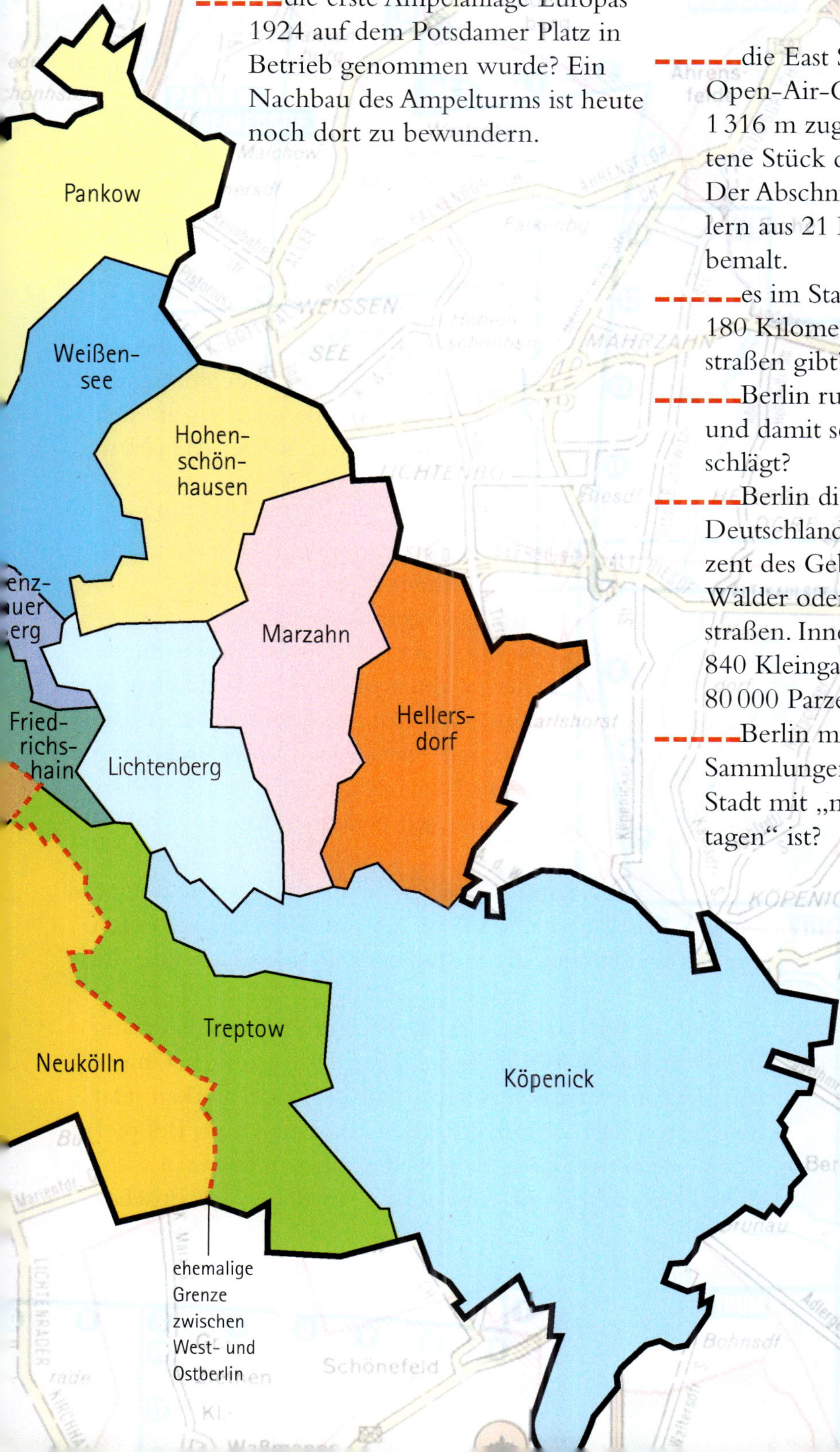

1

Aufgaben: Seite 117

Jan Garcia, Jana Gioia Baurmann

„Die Geister der Stadt“

In der Serie „Ich bin ein Berliner“, die der „Tagesspiegel“ im Juni 2013 zum 50. Jahrestag des historischen Besuchs von John F. Kennedy in Berlin veröffentlichte, erklärt Julian Henneberg, was es mit der berühmten Kennedy-Rede auf sich hat – aber auch, wie er Berlin heute empfindet.

Julian Henneberg, 31, Doktorand der Nordamerika-Studien aus Schöneberg

„Mit Kennedy und dem Satz ‚Ich bin ein Berliner‘ verbinde ich auch meine eigene Identität: Ich bin West-Berliner, geboren in Charlottenburg, die Geschichte Berlins ist auch ein bisschen meine Geschichte. Und ich habe mal direkt gegenüber dem Schöneberger Rathaus gewohnt, aber das ist schon eine Weile her.

Zurzeit schreibe ich an meiner Dissertation[1]. Ich habe Nordamerikastudien studiert, da habe ich mich noch mal ganz bewusst mit der amerikanischen Geschichte auseinandergesetzt, mit den Hintergründen zum Kalten Krieg, Mauerbau und so.

Kennedy wird ja oft als Äquivalent[2] zum Römischen Reich gesehen. Dort hat man früher gesagt: ‚Ich bin ein römischer Bürger‘ und damit war man Teil einer großen Gemeinschaft von freiheitlich und loyal gesinnten Menschen. ‚Ich bin ein Berliner‘ geht in diese Richtung.

Meine Eltern und ich lebten relativ nah am Mauerstreifen. Wenn wir meine Großeltern in Westdeutschland besuchen wollten, mussten wir durch den Osten, das weiß ich noch. Aus der Zeit sind viele Erinnerungen geblieben, die Checkpoints zum Beispiel. Oder das Bild, wie man im Auto sitzt und durch den grauen, nach Braunkohle riechenden Osten gefahren ist, um woanders hinzukommen. Als die Mauer gefallen ist, saßen wir gerade im Auto, wir haben das im Radio gehört.

Dass die Stadt sich verändert hat, kann ich so gar nicht sagen – ich war zu klein, um sie zu erkunden, das kam ja erst später. Ich war dann viel im Osten unterwegs, der war ja viel spannender, die vielen leerstehenden Gebäude, die Kunstszene.

Die Veränderung der Stadt ist für mich wie die Geister, die ich rief. Jahrelang haben sich viele beschwert, dass Berlin nicht hauptstädtisch genug sei, nicht kosmopolitisch genug. Jetzt findet das alles statt und die Leute merken jetzt auch, dass das negative Seiten hat: der ganze Easyjet-Tourismus zum Beispiel. Das ist eine Doppelmoral, denn man kann nicht beides haben. Wenn man mehr wie andere europäische Großstädte wird, wird es kapitalistischer, touristischer. Das gehört dazu.“

[1] *die Dissertation:* eine für die Erlangung des Doktorgrades angefertigte wissenschaftliche Arbeit
[2] *das Äquivalent:* die Entsprechung

Ulrike Sterblich

Danach: Prenzlauer Berg

Ulrike Sterblich, Jahrgang 1970, ist zu Zeiten des geteilten Deutschlands in West-Berlin aufgewachsen. In ihrem Buch „Die halbe Stadt, die es nicht mehr gibt – Eine Kindheit in Berlin (West)" erzählt sie von ihrer Kindheit und Jugend in den achtziger Jahren des 20. Jahrhunderts auf jener „Insel im Osten", die West-Berlin damals inmitten der ehemaligen DDR darstellte. Sie beschreibt auch ihr Lebensgefühl als Zwanzigjährige kurz nach dem Mauerfall.

2

Aufgaben: Seite 117

Plötzlich war es dann ja möglich, den Osten einfach so zu betreten. Man musste sich kein Visum besorgen in einem der tristen „Büros für Besuchs- und Reiseangelegenheiten" (BFBR) und sich auch nicht mehr durch ganz merkwürdig kulissenhafte Räume an hinter Glasscheiben sitzenden Kontrolleuren in grauen Uniformen vorbeischieben, die mit mindestens so viel willkürlicher Macht ausgestattet waren wie ein Berliner Busfahrer. Nachdem man also ohne diese zweifelhaften Kicks einfach so nach drüben konnte, kam natürlich schnell die Frage auf, wo man vielleicht mal ausgehen könnte, abends in Ost-Berlin. Das war, bevor die vielen Wessis[1] aufkreuzten und da was aufmachten, diese ganzen Bars und diese Clubs.

Ulrike Sterblich

Es hieß, man solle nach Prenzlauer Berg fahren, da gäbe es auf jeden Fall ein paar Läden, in denen die Jugend tanzt und trinkt, so um den Senefelderplatz herum. Ich notierte mir die beiden Namen und stellte dabei fest, dass Ost-Berlin ganz normal mit drin war in meinem zerfledderten[2] Falk-Plan. Das war mir jahrelang überhaupt nicht aufgefallen. Entsprechend unzerfleddert war der rechte Teil vom Stadtplan. Der Senefelderplatz ließ sich einfach über das Straßenverzeichnis finden, so wie die Plätze im Westen auch. Der einzige Unterschied war, dass die Häuserblocks auf der Westseite rosafarben und im Osten grau eingezeichnet waren.

Als Holger und Mariola[3] mich abholten, setzte ich mich mit dem Falk-Plan auf den Beifahrersitz neben Holger. Mariola stieg hinten ein, obwohl es ihr Auto war und sie sonst immer fuhr. Sie wirkte etwas lustlos.

Wir wollten auf jeden Fall durchs Brandenburger Tor in den Osten fahren, aber das war noch gar nicht möglich. Wir fuhren also doch nicht auf jeden Fall durchs Brandenburger Tor, sondern daran vorbei und dann durch den offenen Grenzübergang Invalidenstraße. Danach verfuhren wir uns sofort. Zwar hatte

[1] *der Wessi:* Bezeichnung für einen Westdeutschen im Gegensatz zum „Ossi", dem Ostdeutschen

[2] *zerfleddert:* unansehnlich und eingerissen

[3] Mariola ist Polin.

ich den Stadtplan auf den Knien, aber das nützte uns wenig, weil Holger mit dem Phänomen Straßenbahn nicht zurechtkam. Er konnte nie so fahren und so abbiegen, wie ich es ihm sagte, weil immer irgendwo Schienen waren und die Verkehrsführung auch sonst so sonderbar war, dass er irgendwann nur noch fluchte. Wenn ich sagte: „Jetzt rechts!“, schrie er: „Ja, *wie* denn bitte!“, und dann mussten wir Ewigkeiten auf derselben großen Straße weiter geradeaus fahren, weil in deren Mitte eine Straßenbahntrasse entlangführte und kilometerweit keine Wendemöglichkeit vorgesehen war. Die schlechte Straßenbeleuchtung tat ein Übriges, deswegen hatten wir überhaupt erst die Seitenstraße verpasst, in die wir eigentlich einbiegen wollten.

Mariola bekam noch miesere Laune. Sie hatte sowieso schon keine große Lust auf den Osten gehabt, wo es ihrer Meinung nach einfach nur genauso aussah wie in Polen, also, was sollte sie da.

„Man *soll* sich hier verfahren“, sagte sie. „Das ist Strategie.“

Ich hielt diese Einschätzung bestenfalls für eine Mischung aus Wahrheit und Propaganda. Allerdings sah es wirklich trist aus, dieses graue, kaputte Ost-Berlin im Graupelregen. Schließlich bogen wir doch noch irgendwo ab und entdeckten nach einigen Runden um ein paar Häuserblocks eine kleine Gaststätte. Holger stellte das Auto direkt vor der Kneipe ab, Parkplätze gab es reichlich. Drinnen im Lokal war es schummrig und gut gefüllt. Manche Leute saßen, manche standen. Wir blieben stehen, orderten ein billiges Bier und erfragten vom Mann hinterm Tresen Hinweise darüber, wo wir sonst noch hingehen könnten, hier in der Gegend, worauf er uns ein fußläufig erreichbares Tanzlokal empfahl. Daraus, wie lang der Weg dorthin tatsächlich war, konnten wir später schließen, dass man im Osten offenbar Strecken als fußläufig bezeichnete, für die wir ganz klar das Auto genommen hätten, zumal bei nasskalter Witterung.

Das Tanzlokal war nur mäßig besucht, und wir fühlten uns deplatziert, weil wir gleich als Westler auffielen. Im Osten als Westler aufzufallen war meiner Meinung nach viel unangenehmer als andersherum. Es war nicht zu leugnen, da musste man Mariola recht geben, dass es im Osten einfach schlechter war als im Westen. Das Bier schmeckte so mittel, die Cola gar nicht, die Musik war nicht der neueste heiße Scheiß aus London, der Sound war schlecht, und um das ostige Interieur super zu finden, würde man erst einmal diesen dreifach gebrochenen Retro-Trash-Geschmack ausbilden müssen. Unser Trip in den Osten hatte einen Beigeschmack von Elendstourismus. Außerdem war es für uns als West-Berliner kaum zu ertragen, plötzlich „Wessis“ genannt zu werden, wo doch unser Leben lang andere die Wessis gewesen waren.

„Wessis“ waren in unserem Sprachgebrauch Leute aus Wessiland, und Berlin, auch West-Berlin, lag mitten im Osten Deutschlands. Geografisch, landschaftlich und architektonisch.

Die Neuzugänge aus dem Wessiland dominierten das Gelände, und in meiner von Skepsis zerfressenen Wahrnehmung taten sie dabei so, als würden sie hier alles neu erfinden. Sie übernahmen auch die Stadtmagazine und die Lokalpresse und schrieben nur noch über ihre eigenen neuen Spielplätze im Osten der Stadt. West-Berlin fühlte sich wie das erstgeborene Kind, dem ein frisches, entzückend brüllendes Geschwisterchen die Show stiehlt, indem es einfach in die Windeln kackt.

Ich brauchte überhaupt kein neues Berlin, mein altes Berlin funktionierte noch sehr gut.

Nur ganz langsam gewöhnte ich mich überhaupt an den Gedanken, den Osten in meine alltäglichen Bewegungen durch die Stadt mit einzubeziehen. Um von Kreuzberg nach Wedding zu kommen, zum Beispiel, fuhr ich noch lange auf den vertrauten Wegen um Mitte herum, bis mich bei irgendeiner Gelegenheit eine – natürlich westdeutsche – Kommilitonin[4] darauf aufmerksam machte, dass ich einen Umweg nahm. An den einst bizarren Geisterbahnhöfen der U-Bahn-Linien 6 und 8 hielten jetzt die Züge. Man konnte dort einfach zum Spaß aus- und wieder einsteigen, sogar an der Station mit dem fast schon karikaturistisch-sozialistischen Namen „Stadion der Weltjugend“. [...]

[4] *die Kommilitonin:* die Mitstudentin

Das Stadion der Weltjugend wird 1950 anlässlich des ersten „Deutschlandtreffens der Jugend“ im Ost-Berliner Bezirk Mitte errichtet, wo es das im Zweiten Weltkrieg zerstörte Polizeistadion ersetzt und zunächst Walter-Ulbricht-Stadion heißt. Für die 10. Weltfestspiele der DDR wird es 1973 abermals umgebaut und bekommt nun den Namen „Stadion der Weltjugend“. Auch der angrenzende U-Bahnhof wird umbenannt, was allerdings nur für die West-Berliner Bevölkerung sichtbar ist, da der obere Zugang zur U-Bahn-Station verschlossen und kaum sichtbar ist, während von unten die West-Berliner Passagiere den Bahnhof ohne Halt durchfahren. 1992 wird das Stadion der Weltjugend abgerissen.

3

Aufgaben: Seite 117

Jochen Kuttler

Das Gestern lebt!

„Einreise in die DDR", Visa der Amerikaner, Visa der Russen und noch eine Genehmigung von West-Berlin. Und fertig ist das Besuchersouvenir. „Die Stempel sind alle echt. Bis auf einen", sagt Philipp. „Die Einreisevordrucke haben wir allerdings nachmachen lassen." Der Student, der sich an prominenter Stelle am Potsdamer Platz ein paar Euro dazu verdient, gehört zum großen Geschichtstheater Berlin. An allen Ecken und Enden der neuen alten deutschen Hauptstadt findet man Souvenirhändler, die einem wahlweise Mützen und Ohrenwärmer der früheren DDR-Polizei, vermeintlich echte Mauersplitter oder gerne auch ein funkelnagelneues DDR-Autokennzeichen andrehen wollen. „Gekauft wird alles, es muss nur so aussehen, als ob es aus jener Zeit stammen könnte", sagt ein rundlicher Herr mit tief ins Gesicht gezogener Mütze und auffallend osteuropäischem Akzent. Ob die Mauersplitter echt sind? „Das hoffe ich zumindest", grinst er. Von der DDR und der Mauer weiß der Mann herzlich wenig. Und wenn er mehr wüsste, koste das Geld, schickt er allzu Neugierigen postwendend hinterher.

Berlin heute, das ist eine ebenso blühende wie pulsierende wie schwierige Stadt. Rings um Spree und Havel trifft der Glanz der hohen Politik auf die Schaulust der Touristen. Christian ist 30 Jahre alt. Er wirbt am Brandenburger Tor für Stadtrundfahrten. Fragen zur Geschichte der Mauer werden ihm so gut wie nie gestellt. „Höchstens, wo das Teil denn nun war." Er selbst hat die Grenze als kleines Kind noch erlebt. „Ich hatte damals allerdings nur Fußball im Kopf", lacht der Weddinger entschuldigend und widmet sich einem japanischen Paar, das wild gestikulierend versucht, sich in holprigem Englisch verständlich zu machen.

Bei Marcus und Raphael auf dem Pariser Platz geht es da schon gemächlicher zu. Das Duo verdingt sich als Postkartenkulisse, Raphael als amerikanischer und Marcus als russischer Soldat. „Den Touristen gefällt's", sagt Raphael, der Informatik studiert, und lächelt brav in die Kamera. „Manchen allerdings auch weniger", ergänzt Uniformkollege Marcus. Es komme schon vor, dass sich Passanten beschwerten. „Müsst ihr denn unbedingt die Besatzer wieder ins Land holen? Wir sind froh, dass wir sie los sind", heißt es dann. Der lockere Umgang mit der Geschichte ist vielen Einheimischen ein Dorn im Auge. „Die sollten sich was schämen, allesamt", raunt eine Passantin mit unüberhörbarem Berliner Akzent. „Man muss sich mal vor Augen halten, dass

200 Menschen an der Mauer ihr Leben gelassen haben. Und da machen die einen Rummelplatz draus."

Das gilt auch für den früheren Grenzübergang der Alliierten. Der ehemalige Checkpoint Charlie hat etwas von Disneyland. Hier ist nichts echt. Das Wachhäuschen nicht und die Uniformierten schon gar nicht. Auch hier posieren verkleidete Soldaten für die Touristen. Gegen Bares wohlgemerkt. Pro Aufnahme wird ein Euro fällig. Die Idee dazu hatte Tom Luszeit. Der Schauspieler suchte 2003 einen Weg, sich sein Studium zu finanzieren. Inzwischen ist daraus ein lukratives Geschäft geworden.

„Das ist doch nur Spaß", beschwichtigt Sarah die Kritik, die in Berlin immer wieder am bunten Theatertreiben entlang des ehemaligen Grenzstreifens laut wird, und lächelt in die Kamera ihres Freundes. Dass ein paar Meter weiter eine Stahlsäule an Peter Fechter, den ersten Mauertoten, erinnert, weiß die 20-jährige Touristin nicht. Und es interessiert sie auch nicht weiter. „Das ist doch alles ewig her." Sie stört vielmehr, dass Mauer, Todesstreifen und Befestigungsanlagen in Berlin fast komplett aus dem Stadtbild getilgt wurden. „Wie soll man sich den ‚Schrecken' denn vorstellen, wenn man nichts davon sieht", sagt sie fast herausfordernd. Da stimmt ihr auch Christian zu, der am Brandenburger Tor noch immer versucht, seine Stadtrundfahrttickets an den Mann bzw. die Frau zu bringen. „Irgendwie hat man hier in Berlin damals nicht kapiert, dass die Mauer einmal zum Touristenmagnet werden könnte. Man hätte einfach ein-, zweihundert Meter so lassen sollen, wie sie waren."

„Das wollte allerdings seinerzeit kaum jemand", versichert Jörg Zintgraf. Er ist Geschäftsführer der „StattReisen Berlin GmbH", die dem „Zoo-Effekt", dem bloßen Betrachten historischer Stätten, thematische Führungen durch die Stadt entgegensetzt, vorzugsweise zu Fuß oder auch mit dem Fahrrad. „Anfang der 1990er Jahre wollten alle nur das Gefühl der Teilung loswerden und die meisten Berliner hat es wohl genervt, ständig mit dieser Mauer konfrontiert zu werden", erklärt der gelernte Historiker. „Selbst als man sich auf den Kompromiss einigte, die Mauer mittels Pflastersteinen, die sich durch ganz Berlin ziehen, nachzuzeichnen, rief das bei vielen Berlinern nur Befremden hervor. Die Sicht auf die Vergangenheit ist so grundverschieden wie die Menschen selbst", gibt Jörg Zintgraf zu bedenken. „Wie man mit der Geschichte umgehen will, ob man überhaupt etwas von ihr wissen will, muss jeder für sich entscheiden. Ein Patentrezept jedenfalls gibt es nicht."

3

Aufgaben: Seite 117

Sybil Volks

Willkommen, bienvenue, welcome

Der Roman „Torstraße 1“ von Sybil Volks erzählt ein Jahrhundert deutscher Geschichte. Hier, in diesem Haus, ist Elsa vor 80 Jahren zur Welt gekommen, als das Kaufhaus Jonass glanzvoll eröffnete. Zur selben Stunde wurde Bernhard geboren, dessen Vater das Haus mit gebaut hatte. Die beiden Kinder und ihre Familien werden hineingezogen in die wechselvolle Geschichte der Stadt und des Hauses. Für die letzte Party ihres Lebens steht Elsa nun vor dem Soho House in der Torstraße 1.

Sybil Volks, geboren 1965, wurde 2008 mit einem Preis für das beste Krimidebüt ausgezeichnet

Elsa geht einen Schritt auf das Tor zu, den Eingang zur Torstraße 1. Hoch ragt das helle Gebäude in den Berliner Himmel, mit einer Reling um das geschwungene Obergeschoss und geschwungenen Seitenflügeln. Wie immer, wenn sie sich in den achtzig Jahren ihres Lebens dem Haus genähert hat, gerät Elsas Herz aus dem Takt. Mal ist es Neugier gewesen, mal Trauer, Zorn oder Sehnsucht. Jetzt sind es Freude und Furcht. Freude auf diesen Abend, einen warmen, windigen Abend im Juni, an dem die Torstraße 1 nach Jahrzehnten der Besatzung und vielen Jahren Leerstand zu neuem Leben erwacht. Und Furcht, dass man sie heute zur Eröffnung nicht hineinlässt.
Sie hat die Kreuzung gemieden in den letzten Monaten, um sich überraschen zu lassen von diesem Augenblick. Wie würde es aussehen, wenn nach Jahren die Plane abgenommen war, die alle acht Stockwerke verhüllt hatte? Es war immer ein eindrucksvolles Haus, selbst in der Zeit, als die Mauern bröckelten und die Fenster erblindeten. Nun liegt es wie ein Schiff an der Kreuzung, zwischen Torstraße und Prenzlauer Allee, bereit zum Ablegen.
Zur Eröffnung drängen sich die Menschen auf dem Platz vor dem Haus. Während Elsa sich Schritt für Schritt auf den Eingang zubewegt, hält sie Ausschau nach einem grauen Haarschopf in der Menge, einem ganz bestimmten, sehr eigenen Kopf. Ob Bernhard irgendwo unter all den Fremden ist? Ob er überhaupt kommen wird? Dann könnten sie hier und heute miteinander anstoßen – auf ihren und seinen Geburtstag und den Geburtstag dieses Hauses, das zur selben Stunde, als sie beide überstürzt zur Welt kamen, als Kaufhaus eröffnet wurde. Darauf, dass sie alle drei diese irrsinnigen acht Jahrzehnte überlebt hatten. Ein Wunder, denkt Elsa, dass niemand von uns in Trümmer gegangen ist.

Sie fühlt nach dem Zettel in der Tasche, den sie für alle Fälle eingesteckt hat. Als Eintrittskarte sozusagen. Auf dem vergilbten Papier steht blau gedruckt: „Passierschein: Genosse/Genossin … ist berechtigt, … Paket aus unserem Hause zu nehmen. Datum … Unterschrift … Stempel." Da hat sie sich selbst als Genossin Elsa Jonass eingetragen, mit dem Datum von heute und dem Stempel ihres vor Jahren geschlossenen Fotostudios. Den Passierschein hat sie Bernhard abgeluchst[1], als dieses Haus noch sein Arbeitsplatz war, während man zwischen sie und das Haus ihrer Kindheit eine Mauer gebaut hatte. Und als diese Mauer weg war, hat Bernhard um das Haus lange einen großen Bogen gemacht. Aber jetzt ist es wieder offen, offen für sie beide, und diese Party hier, auch wenn es die Gastgeber nicht wissen, ist die Geburtstagsparty für ihn und sie und ihr Haus. Bernhard muss einfach kommen!

[1] *abluchsen:* durch Überredung von jemandem erhalten

„Nicht einschlafen", sagt hinter ihr eine Stimme. Elsa macht einen großen Schritt, verliert fast das Gleichgewicht. Die neuen Schuhe haben Absätze, wie sie seit Jahrzehnten keine mehr getragen hat. Für die letzte Party des Lebens kann man noch einmal Schlange stehen, auch wenn die Füße schmerzen. Den Stock hat sie zu Hause gelassen. Auch ihre alte Kamera hat sie wieder aus der Tasche genommen und stattdessen Bleistift und Papier eingesteckt. Sie kann ja, nach jahrelanger Übung, jetzt wieder mit ein paar Strichen festhalten, was sie erinnern möchte. Als die Digitalkameras kamen, hat sie wie früher zu zeichnen begonnen. Sie muss kein Geld mehr verdienen mit der Knipserei.

Neben ihr steht eine junge Frau. Sie trägt Hosen und darüber eine Art Kleid. „Haben Sie vielleicht noch eine Einladung übrig?", fragt Elsa. „Für die Einweihungsfeier?"

Einen Moment schaut die Frau sie fragend an. Ein Auge ist halb verdeckt, der Pony verläuft schräg über die Stirn. „Ach, Sie meinen die Club Opening Night?", sagt sie, und Elsa nickt. „Nein, ich hab leider nur eine Karte."

Richtig, das Kaufhaus ist jetzt ein Club. Aber man muss es „Klabb" aussprechen wie die junge Frau. Auch das Haus hat, wie Elsa selbst, oft den Namen gewechselt. Kaufhaus Jonass, Reichsjugendführung, Haus der Einheit, jetzt eben Soho House Berlin. Die Namen kamen und gingen mit den wechselnden Besitzern und Machthabern. Selbst die Straße, in der dieses Haus stand, hieß immer wieder anders, Torstraße, Lothringer Straße, Wilhelm-Pieck-Straße und nun wieder Torstraße.

„Soho House Berlin" ist auf die breite Häuserfront projiziert, in bunten Lichtern; die Buchstaben flackern, biegen und verzerren sich, tanzen und stürzen wie in einem Anfall von Schwindel von der Mauer. Dann kommen sie an einer anderen Stelle wieder über die Hauswand gekrochen. Elsa gefällt das, es passt zu dem Haus. Man denkt, die Vorstellung ist zu Ende, will die Arena verlassen – und eine Leuchtrakete zischt in den Himmel, das ganze Theater geht von vorne los. Na, das ganze hoffentlich nicht, denkt Elsa.

Vor diesem verschlossenen Tor hatte ihre Mutter eines Tages gestanden, mit ihr, der fast Vierjährigen, auf dem Arm. Sie war zur Arbeit im Kaufhaus geeilt und hielt plötzlich im Laufschritt inne. Viele Menschen drängten sich auf dem Platz vor dem Kaufhaus Jonass, doch niemand näherte sich dem quer über das Tor geklebten Plakat. Männer in Stiefeln und Uniformen standen unter dem Plakat und schrien. Gelächter schallte aus der Menge. Sie wollte weg von den brüllenden Männern und strampelte mit den Beinen, doch ihre Mutter rührte sich nicht und presste sie an sich, dass ihr die Luft wegblieb. Sie zog ihre Mutter an den Haaren und schlug ihr mit der kleinen Faust ins Gesicht. Da drehte sich die Mutter um, weg von dem Tor, weg von dem Plakat, weg von den Gestiefelten, und begann zu rennen. Tränen liefen ihr übers Gesicht. Und Elsa hatte damals gedacht, dass ihre Mutter weinte, weil sie sie geschlagen hatte. Den ganzen Tag hatte sie es gedacht und noch jahrelang.

„Stehen Sie auf der Liste?“

„Auf der Liste?“, Elsa schaut auf verschränkte Arme und ein Gesicht, das ihr zu verstehen gibt: bis hierher und nicht weiter.

„Auf der Gästeliste. Einlass nur für Clubmitglieder und geladene Gäste.“ Der Blick des Türstehers wandert über ihre weißen Haare, das faltige Gesicht und ihren Mantel, der in etwa so alt sein dürfte wie er selbst.

Elsa umklammert den Passierschein in ihrer Hand. Wenn sie jetzt ein Zauberwort wüsste, das Passwort, das ihr Einlass verschafft. „Ich bin …“

„Die Lady ist meine Grandma.“ Eine Stimme in ihrem Rücken, amerikanischer Akzent. „Also seien Sie besser nett zu ihr.“ Elsa wird am Arm gefasst und am Türsteher vorbeigeführt, der sie beide durchlässt und den jungen Amerikaner respektvoll grüßt. Der junge Mann hilft Elsa aus dem Mantel, reicht ihn der Garderobiere, nimmt den Chip entgegen und drückt ihn ihr in die Hand. Er hat graue Augen, ein spöttisches und zugleich herzliches Lächeln, das ihr irgendwie bekannt vorkommt, wie aus ferner, längst vergangener Zeit. Aber woher sollte sie diesen jungen Ami schon kennen.

„Ich bin … hier geboren, das wollte ich sagen.“ Doch der junge Mann ist verschwunden. Elsa spricht in die Luft. „Hier in diesem Haus. Heute vor achtzig Jahren, auf den Tag genau!“

Wusstest du schon, dass ... *(Seite 106)*

1. Informiere dich über die deutsche Hauptstadt und ergänze die Informationen über Berlin um weitere interessante Aspekte.

1 *Jan Garcia, Jana Gioia Baurmann,* „Die Geister der Stadt" *(Seite 108)*

1. Informiere dich über den zeitgeschichtlichen Hintergrund des Besuchs von John F. Kennedy am 26. Juni 1963 in West-Berlin. Erkläre, ausgehend vom Text, wie der Satz „Ich bin ein Berliner" zu verstehen ist.

2. Arbeite heraus, was du über das Aufwachsen in West-Berlin und das Leben im geteilten Deutschland in den 1980er Jahren erfährst.

3. Skizziere, in welchem Zwiespalt sich die Berliner heute befinden.

2 *Ulrike Sterblich,* Danach: Prenzlauer Berg *(Seite 109)*

1. Untersuche, wie sich der erste Besuch der West-Berliner Freunde im Osten der Stadt nach dem Fall der Mauer gestaltet. Woran wird deutlich, dass zwei Welten aufeinandertreffen, die bis dahin wenig gemeinsam hatten?

2. Beschreibe, wie die Ich-Erzählerin die Veränderungen im wiedervereinigten Berlin erlebt, und erkläre, warum sie nicht als „Wessi" bezeichnet werden möchte.

3 *Jochen Kuttler,* Das Gestern lebt! *(Seite 112)*

1. Stelle dar, auf welche Weise an der jüngeren Vergangenheit der Stadt Berlin verdient wird.

2. Arbeite die unterschiedlichen Haltungen heraus, die hier im Umgang mit der Geschichte deutlich werden, und erkläre, worauf sie zurückzuführen sind.

3. Diskutiert darüber, ob es jedem selbst überlassen sein soll, wie er mit Geschichte umgeht und ob er überhaupt etwas darüber wissen will. Wie wichtig ist ein gemeinsames Geschichtsbewusstsein für eine Gesellschaft?

4 *Sybil Volks,* Willkommen, bienvenue, welcome *(Seite 114)*

1. Übertrage in ein Schema, welche Informationen du in diesem Romanauszug über die Geschichte des Hauses in der Torstraße 1 erhältst. Bringe sie in Zusammenhang mit den einzelnen Phasen der jüngeren Geschichte Berlins.

2. Beschreibe Elsa, ihre Ängste, Erwartungen und Erinnerungen.

3. Auf der Party trifft Elsa Bernhard tatsächlich wieder. Erzähle diese Begegnung in einem eigenen Text. Knüpfe dabei an die Informationen aus dem Text an.

Erörtern

Auf nach Berlin? – schriftlich erörtern

In der Klasse 9b steht die Entscheidung an, wohin die diesjährige Klassenfahrt gehen soll. Eine lebhafte Diskussion entbrennt.

SEBASTIAN: Berlin ist toll! Ich war im vergangenen Sommer da. Allein schon das Kinoprogramm ist unglaublich. Man kann zwischen ein paar Dutzend Filmen wählen und sich obendrein meist auch noch aussuchen, zu welcher Zeit man hingehen will.

ANNA: Meine Freundin hat mir erzählt, dass es dort jede Menge hipper Läden gibt, in denen man richtig schön shoppen kann.

TOM: Also, ich würde gerne mal den Reichstag besuchen und auch das Brandenburger Tor, das man immer im Fernsehen sieht.

MANDY: Vielleicht können wir ja da auch einen Star sehen. Oder bei Filmaufnahmen oder einer Live-Sendung dabei sein. In Berlin soll angeblich immer gerade an irgendeiner Ecke ein Film gedreht werden.

DANIELA: Na ja, aber ist die Stadt nicht zu groß und unübersichtlich? Überfüllte Verkehrsmittel, weite Wege zwischen den einzelnen Sehenswürdigkeiten, viele Touristen … Mich schüchtert das alles ein.

MAX: Ach, komm! Berlin muss man einfach einmal gesehen haben. Denk nur an die Mauer und die Teilung der Stadt. Oder an die Luftbrücke nach dem Zweiten Weltkrieg. Und dann die großen Namen: Albert Einstein, Bertolt Brecht, Max Liebermann, Wilhelm von Humboldt, Robert Koch, der Hauptmann von Köpenick … Das gehört doch zur Allgemeinbildung.

SOPHIE: A propos Allgemeinbildung: Berlin hat doch viele aufregende Museen und Galerien. Und auch Theater und Musicalbühnen.

Erörtern

- bedeutet, über ein Thema mündlich oder schriftlich nachzudenken.
- verlangt, seinen Standpunkt darzulegen und zu begründen.
- kann lineares Vorgehen bedeuten, wenn man *nur* das Für oder *nur* das Wider einer Sache aufzeigt.
- kann dialektisches Vorgehen bedeuten, wenn man *sowohl* das Für *als auch* das Wider einer Sache betrachtet.
- erfordert eine gründliche Auseinandersetzung mit dem Thema und der eigenen Argumentation. Folgende Schritte sollten dabei eingehalten werden: Stoffsammlung, Stoffordnung, Schreibplanung, Textproduktion, Überarbeitung.

Ideen für Argumente finden – eine Stoffsammlung anlegen

1. Stellt anhand der Schüleraussagen auf der linken Seite eine Ideensammlung mit Gründen zusammen, die für eine Klassenfahrt nach Berlin sprechen. Ergänzt die Sammlung anhand eigener Ideen. Informiert euch dazu in den Texten dieses Kapitels und im Internet über die deutsche Hauptstadt und ihr Angebot für Jugendliche auf Klassenreise.

METHODE

Stoffsammlung durch Clustern

In einem Cluster notiert man alle Wörter, die einem spontan einfallen, um einen Kernbegriff herum, der in der Mitte steht. Anschließend werden Wörter, die zusammengehören, mit Strichen verbunden.

ERINNERT EUCH!

2. Sammelt eure Ideen in einem Cluster. Notiert dazu in der Mitte „Klassenreise nach Berlin".

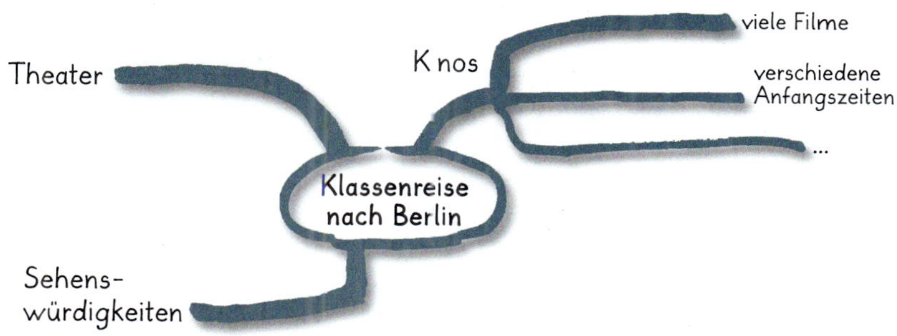

3. Wenn ihr eure Ideensammlung noch erweitern wollt, solltet ihr zusätzliche W-Fragen (Wer?, Was?, Wen?, Warum?, Wo?, Wie?, Wann?) stellen, z. B. Wo kann man als Klasse in Berlin günstig übernachten? Formuliert einige W-Fragen und ergänzt eure Liste, wenn die Antworten neue Ideen ergeben.

4. Begründe, warum man bei der Stoffsammlung alles aufschreiben sollte, was einem zum Thema einfällt, und warum es nicht wichtig ist, dass jede Idee später in ein gutes Argument umgewandelt werden kann.

Stoffsammlung
Darunter versteht man die Sammlung von eigenen Ideen und von Argumenten (Begründungen) aus Texten aller Art.
Methoden:
Brainstorming zu W-Fragen, Recherche in Informationsquellen
Form:
Aufschreiben in einem Cluster; auf einem Schmierpapier; noch ungeordnet, anfangs keine zu starke Auswahl treffen; darf sprachlich uneinheitlich sein

Ideen auf dem Weg zu Argumenten – den Stoff ordnen

1 Unterhaltung
2 Politik Berlins
3 Bildung / Kultur

1. Die 9b hat ihre Stoffsammlung zum Thema „Warum sollte die Klassenfahrt der 9b nach Berlin gehen?" in einer Liste an der Tafel gesammelt. Ergänzt die Liste um eure eigenen Ideen.

- 1 abwechslungsreiches Kinoprogramm
- 1 viele Shopping-Angebote
- 3 zahlreiche Sehenswürdigkeiten
- 2 Reichstagsgebäude
- 2 Bundeskanzleramt
- Berliner Mauer
- Checkpoint Charlie
- 1 Theater und Musicals
- 3 Museen
- eine einst geteilte Stadt
- 2 das politische Zentrum Deutschlands
- Luftbrücke nach dem Zweiten Weltkrieg
- 3 Stadt mit wechselvoller Geschichte
- 1 jede Menge Ausgehmöglichkeiten und Szenekneipen
- ...

2. Nach dem Sammeln von Ideen hat man in der Regel eine lange Liste von Begriffen in zufälliger Reihenfolge. Manchmal erweisen sich nicht alle Stichworte als brauchbar. Tauscht eure fertigen Stoffsammlungen untereinander aus. Überlege gemeinsam mit deinem Nachbarn, welche Stichworte man streichen sollte, weil sie nicht unmittelbar zum Thema passen. Begründe deine Entscheidungen.

3. In der Ideensammlung aus Aufgabe 1 ist ein Oberbegriff enthalten, der zu den in der folgenden Tabelle stehenden Unterpunkten passt. Notiere ihn und vervollständige anschließend die Tabelle, indem du die Stoffsammlung nach Oberbegriffen und zugehörigen Stichwörtern sortierst. Bilde, wenn nötig, fehlende Oberbegriffe.

Oberbegriff	zugehörige Stichwörter
– ? DDR	– Luftbrücke nach dem Zweiten Weltkrieg – eine einst geteilte Stadt – Berliner Mauer – Checkpoint Charlie – Blockade Westberlins von Juni 1948 bis Mai 1949
– ...	– ...

4. Erkläre, warum man die Ideen der Stoffsammlung nach Oberbegriffen ordnen sollte, und begründe, warum man bei diesem Arbeitsschritt auch neue Unterpunkte einfügen darf, die nicht in der ursprünglichen Stoffsammlung stehen.

5. Entscheide, welche der Ideen eher ungeeignet ist/sind, deine Lehrer von einer Klassenfahrt nach Berlin zu überzeugen. Begründe deine Wahl.

Stoffordnung
- unbrauchbare Argumente streichen
- brauchbare Argumente unter Oberbegriffen bündeln

Schreibplanung – eine Gliederung erstellen

1. Wähle aus der eben erstellten Stoffsammlung die drei Argumente aus, die dir am stichhaltigsten erscheinen, um sie in einer schriftlichen Argumentation zum Thema „Warum sollte die Klassenfahrt der 9b nach Berlin gehen?" anzuführen. Ordne die Argumente so an, dass das schwächste am Anfang und das stärkste am Schluss steht. Begründe deine Wahl und die Anordnung der Argumente im Gespräch in der Gruppe.

2. Erkläre, warum es beim schriftlichen Argumentieren geschickt ist, das stärkste Argument erst am Ende zu bringen.

3. Hier siehst du ein allgemeines Schema, eine Gliederung darzustellen.

A Einleitung
B Hauptteil
  I. erstes Argument
    1. erstes Beispiel
    2. zweites Beispiel
    3. ...
  II. zweites Argument
    1. erstes Beispiel
    2. ...
  III. drittes Argument
    1. erstes Beispiel
    2. ...
C Schluss

Ergänze die folgende noch unvollständige Gliederung zur Themenfrage „Warum sollte die Klassenfahrt der 9b nach Berlin gehen?" anhand der Stoffordnung, die du im vorigen Abschnitt (☞ S. 120f.) erarbeitet hast. Du darfst das zweite Argument an eine andere Stelle schieben oder gegen ein eigenes austauschen, wenn du es für erforderlich hältst. Du kannst entweder durchgängig in Stichworten oder durchgängig in vollständigen Sätzen formulieren.

A Einleitung
B Hauptteil: Eine Klassenfahrt nach Berlin ist sinnvoll
- I. erstes Argument
  1. erstes Beispiel
  2. ...
- II. Vertiefung der Geschichtskenntnisse
  1. Besuch einer Gedenkstätte
     z. B. das Holocaustmahnmal
  2. Berlin unmittelbar nach dem Zweiten Weltkrieg
     z. B. Rosinenbomber
  3. Berlin, einst eine zweigeteilte Stadt
     z. B. die Berliner Mauer, der Checkpoint Charlie
- III. drittes Argument
  1. erstes Beispiel
  2. ...

C Schluss

4. Schau dir die Überschrift des Hauptteils an und überlege, wie sie mit der ursprünglichen Themenfrage zusammenhängt.

Die **Schreibplanung** wird durch die Stoffordnung vorbereitet und mündet in den Entwurf einer **Gliederung**. Diese
- stellt die These an den Anfang,
- zeigt dann die Reihenfolge der Argumente,
- reiht vom schwächsten zum stärksten Argument (steigernde Erörterung),
- stellt eine Art Inhaltsverzeichnis des Aufsatzes dar und muss daher mit dem Text übereinstimmen (muss also bei späteren Einfällen nochmals überarbeitet werden),
- muss formal einheitlich sein,
- muss sprachlich einheitlich sein.

Die Argumentation entfalten – den Hauptteil schreiben

Anna hat zum Thema „Warum sollte die Klassenfahrt der 9b nach Berlin gehen?" folgendes Argument verfasst:

Neben dem umfangreichen Kinoprogramm sprechen auch die regelmäßigen Theateraufführungen für eine Klassenfahrt nach Berlin. Hier kann man zwischen einer Vielzahl unterschiedlicher Theaterhäuser und großen und kleinen Bühnen wählen, sodass man sich auch mal ganz spontan für einen Theaterbesuch entscheiden kann. Gerade für Jugendliche ist es nämlich wichtig, dass der Theaterbesuch nicht mit großem Aufwand verbunden ist. Als meine Schwester im vergangenen Jahr auf Klassenfahrt in Hamburg war, hat ihre Klasse dort eine Aufführung von „Biedermann und die Brandstifter" besucht, ein Stück, das sie zuvor im Unterricht durchgenommen hatten. Meine Schwester und ihre Klassenkameraden waren von dem Erlebnis sehr beeindruckt. Ich stelle es mir interessant vor, eine Aufführung der „Dreigroschenoper" zu besuchen, jetzt, wo wir Bertolt Brecht im Unterricht kennengelernt haben.

1. Annas Argument enthält Begründungen und Beispiele. Bestimme diese Teile.

2. Durch die geschickte Gestaltung des Arguments hat Anna eine überzeugende „Argumentationskette" gebildet. Kläre, wie sie folgende Ziele erreicht hat:
- Überleitung vom vorhergehenden Argument
- Bezug zum Thema
- Verknüpfung von Begründung und Beispiel

3. Der Aufbau des folgenden Arguments weist noch Fehler auf. Bestimme, welcher Teil des Arguments fehlt, und erstelle anschließend eine neue, verbesserte Fassung. Dazu kannst du auch einen Teil streichen und durch etwas Überzeugenderes ersetzen.

Denn wenn man den Reichstag in Berlin besucht, lernt man einiges über die deutsche Geschichte. Man kann als Schulklasse beispielsweise eine Führung bekommen, bei der wichtige Zusammenhänge verständlich erklärt werden. Unsere Parallelklasse fand diese Führung sehr interessant.

4. Um die Elemente in einer Argumentation zu verbinden, gibt es eine Fülle sprachlicher Mittel, die der Verknüpfung von Sätzen oder Teilsätzen dienen und so die Verständlichkeit erhöhen. Ordne die nachfolgenden Ausdrücke den jeweiligen Verknüpfungszwecken zu und vervollständige so die Tabelle:

~~weil~~ • zudem • eng verbunden damit ist • von noch größerer Bedeutung ist • hingegen • denn • ein weiterer Gesichtspunkt ist • deswegen • es lässt sich anführen • dies zeigt • sondern • nämlich • das zeigt sich daran, dass • ~~zunächst~~ • zuerst • außerdem • ~~während~~ • wohingegen • aber • jedoch • dagegen • demgegenüber • vielmehr • weiterhin • darüber hinaus • darum • des Weiteren • da • sodann • es muss erwähnt werden • es sollte nicht vergessen werden • auch • dazu kommt noch • schließlich • noch ~~wichtiger~~ ist, dass • am wichtigsten erscheint • deshalb • zu guter Letzt • ~~daher~~ • ~~zum Beispiel~~

Art der Verknüpfung	
Begründung	weil, ...
Reihung	zunächst, ...
Gegensatz	während, ...
Beispiel	zum Beispiel, ...
Folgerung	daher, ...
Steigerung	noch wichtiger ist, dass ...

5. Lena hat im Internet das folgende Angebot für eine Stadtführung entdeckt. Sie will ihre Mitschüler davon überzeugen, die „Wir sind Berlin"-Führung zu buchen. Wie muss sie ihr Argument vorbringen? Formuliere eine überzeugende, sinnvoll verknüpfte Argumentationskette aus Behauptung, Begründung und Beispiel. Nutze dafür die Informationen aus dem unten stehenden Text.

Berlin für Jugendliche

Über Berlin für Jugendliche:

Stadtführungen für Jugendliche von Jugendlichen – das ist das Motto von „Wir sind Berlin". Bei diesen Touren führen Schülerinnen und Schüler, Studenten und junge Erwachsene durch ihr Berlin. Abgedeckt werden neben klassischen Themen wie die Berliner Mauer auch das Berliner Alltagsleben in den unterschiedlichen Kiezen in Kreuzberg, Neukölln oder dem Prenzlauer Berg. Die Touren werden jeweils auf Deutsch und Englisch, teilweise auch Französisch und Türkisch angeboten. Tipp der Top 10 Redaktion. Besonders für Schulklassen ist der Einblick in das Leben der Jugendlichen in Berlin spannend. Lehrern wird begleitendes Unterrichtsmaterial angeboten.

Eine **Argumentation** überzeugt besonders,

- wenn jedes Argument die „3 Bs" enthält:
  Behauptung: *Die 9b hält eine Klassenfahrt nach Berlin für sinnvoll, …*
  Begründung: *… weil man in Berlin seine Geschichtskenntnisse vertiefen kann.*
  Beispiel: *So können die Schüler z. B. das Holocaustmahnmal besichtigen.*
- wenn sie sachlich und nicht rein persönlich, emotional und subjektiv ist.
- wenn die Argumente logisch miteinander verknüpft werden.

Zum Thema hinführen und es abschließen – Einleitung und Schluss formulieren

Die Schüler haben für ihre steigernde Erörterung verschiedene Einleitungen verfasst.

1. Ordne die Texte a) bis e) den folgenden Einleitungen zu und beurteile sie. Auch eine Mehrfachzuordnung kann möglich sein.

- aktueller Anlass e
- verwandtes Thema
- allgemeine Informationen zum Thema c
- Zitat oder Sprichwort (a)
- geschichtlicher Rückblick b
- Definition d
- persönliches Erlebnis oder persönlicher Bezug zum Thema e
- allgemeine Bedeutung des Themas (c)

a) Auf der Internetseite Berlin.de wirbt die Stadt damit, dass in Berlin „ständig Neues entsteht". Damit soll gezeigt werden, dass es sich immer wieder lohnt, die Hauptstadt zu besuchen, und dass es einem bei einem Besuch nie langweilig wird. Im Folgenden soll dargelegt werden, warum sich Berlin auch für eine Klassenfahrt der 9b besonders anbietet.

b) Berlin blickt auf eine aufregende Geschichte zurück. In der Zeit, als Deutschland geteilt war, verlief durch die Stadt eine Mauer! Diese Stadt interessiert daher Tausende von Touristen. Auch die Klasse 9b möchte ihre Klassenfahrt dorthin unternehmen.

c) Mit über 3,5 Millionen Einwohnern ist Berlin die bevölkerungsreichste Stadt Deutschlands und eine der größten Metropolen Europas. Als Hauptstadt Deutschlands zieht sie Tausende von Besuchern aus aller Welt an. Warum ist es sinnvoll, dass auch die 9b eine Klassenfahrt dorthin unternimmt?

d) Gemäß einer internationalen Begriffsbestimmung gelten alle Städte mit mehr als 100.000 Einwohnern als Großstadt. Berlin ist jedoch nicht bloß eine deutsche „Großstadt", sondern eine europäische Metropole. Wir, die Klasse 9b, möchten einige Gründe nennen, warum eine Klassenfahrt dorthin von großem Nutzen für uns sein könnte.

e) Unsere Parallelklasse 9a hat vor kurzem eine mehrtägige Klassenfahrt nach Berlin unternommen. Die Schüler waren von dieser Fahrt so begeistert, dass sie seither von nichts anderem mehr sprechen. Die Klasse 9b bittet deshalb die Schulleitung, ebenfalls eine Klassenfahrt in die deutsche Hauptstadt unternehmen zu dürfen.

2. Begründe, warum der letzte Satz der Einleitung auf die Themafrage Bezug nehmen muss, und kläre, wie dieser Bezug in den eben aufgeführten Beispielen sprachlich umgesetzt wird.

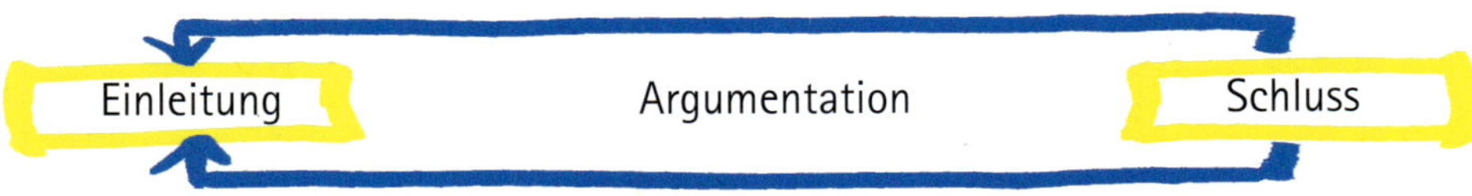

3. Auch der Schluss einer Erörterung kann auf verschiedene Arten gestaltet werden. Ordne zu, welche der folgenden Möglichkeiten in den aufgelisteten Beispielen a) bis c) gewählt wurde:

- eigene Meinung zum Thema
- Wunsch oder Hoffnung a
- Forderung
- Folgerung aus dem Hauptteil (c)
- Ausblick in die Zukunft c
- Aufgreifen des Einleitungsgedankens
- Hinweis auf ein verwandtes Thema b

a) Das Beispiel unserer Parallelklasse zeigt, dass eine Klassenfahrt nach Berlin nicht nur das Wissen erweitert, sondern für alle zu einem unvergesslichen Erlebnis wird. Auch für unsere Klasse wäre es ein Höhepunkt des Schuljahrs, wenn wir die Gelegenheit bekämen, die deutsche Hauptstadt zu erkunden.

b) Damit eine Klassenfahrt in eine Großstadt nicht zu Problemen führt, muss sich die Klasse an ein paar Regeln halten. Dazu gehört es, dass man in der Gruppe aufeinander Rücksicht nimmt und sich in der Öffentlichkeit ordentlich benimmt. Unsere Klasse hat schon bei früheren Fahrten bewiesen, dass man ihr in dieser Hinsicht vertrauen kann.

c) Wenn uns die Klassenfahrt nach Berlin genehmigt wird, werden wir uns entsprechend darauf vorbereiten. So wäre es zum Beispiel möglich, einige Referate zu halten, die uns auf wichtige Sehenswürdigkeiten vorbereiten und uns über die Geschichte der Stadt informieren. Die zuständigen Lehrkräfte würden uns dabei sicherlich unterstützen.

Die **Einleitung**
- soll das Interesse des Lesers wecken,
- führt zum Thema hin,
- mündet daher in die Themafrage,
- darf noch kein Argument vorwegnehmen.

Der **Schluss**
- markiert das Ende,
- enthält daher kein neues Argument mehr,
- rundet die Ausführungen ab, z. B. indem er auf die Einleitung zurückgreift.

Einleitung und Schluss bilden einen Rahmen um die eigentliche Erörterung und sind daher eher kurz zu halten.

4. Schreibe nun auf der Grundlage deiner Vorbereitungen eine Erörterung zum Thema „Warum sollte die Klassenfahrt der 9b nach Berlin gehen?". Berücksichtige dabei die Ratschläge zum Aufbau und zum Ausformulieren einer linearen Erörterung (☞ S. 118 ff.).

Ich liebe Dich

Bertolt Brecht[1]

Morgens und abends zu lesen

Der, den ich liebe
Hat mir gesagt
Daß er mich braucht.

Darum
Gebe ich auf mich acht
Sehe auf meinen Weg und
Fürchte von jedem Regentropfen
Daß er mich erschlagen könnte.

[1] siehe Anmerkung auf Seite 132

1

Silbermond

Das Beste

Aufgaben: Seite 133

Ich habe einen Schatz gefunden,
und er trägt deinen Namen.
So wunderschön und wertvoll,
mit keinem Geld der Welt zu bezahlen.

Du schläfst neben mir ein,
ich könnt' dich die ganze Nacht betrachten.
Seh'n, wie du schläfst,
hör'n, wie du atmest,
bis wir am Morgen erwachen.

Du hast es wieder mal geschafft,
mir den Atem zu rauben.
Wenn du neben mir liegst,
dann kann ich es kaum glauben,
dass jemand wie ich
so was Schönes wie dich verdient hat.

Refrain:
Du bist das Beste, was mir je passiert ist,
es tut so gut, wie du mich liebst.
Vergess' den Rest der Welt,
wenn du bei mir bist.

Du bist das Beste, was mir je passiert ist,
es tut so gut, wie du mich liebst.
Ich sag's dir viel zu selten,
es ist schön, dass es dich gibt.

Dein Lachen macht süchtig,
fast, als wär' es nicht von dieser Erde.
Auch wenn deine Nähe Gift wär',
ich würd' bei dir sein,
solange bis ich sterbe.

Silbermond: deutsche Pop-Rock-Band aus Bautzen in Sachsen

Dein Verlassen würde Welten zerstören,
doch daran will ich nicht denken.
Viel zu schön ist es mit dir,
wenn wir uns gegenseitig Liebe schenken.

Betank mich mit Kraft,
nimm mir die Zweifel von den Augen.
Erzähl' mir tausend Lügen,
ich würd' sie dir alle glauben,
doch ein Zweifel bleibt,
dass ich jemand wie dich verdient hab'.

Refrain

Wenn sich mein Leben überschlägt,
bist du die Ruhe und die Zuflucht.
Weil alles, was du mir gibst,
einfach so unendlich gut tut.
Wenn ich rastlos bin,
bist du die Reise ohne Ende.
Deshalb leg' ich meine kleine große Welt
in deine schützenden Hände.

Refrain

Tanja Zimmermann

Sommerschnee

2

Aufgaben: Seite 133

Mir ist alles so egal, ich fühle mich gut. Der Regen macht mir nichts aus, meine Stiefel sind durchweicht, die Bahn kommt nicht. Neben mir hält ein Mercedes: „Engelchen, ich fahre dich nach Hause."

Ich hab keine Angst, setze mich einfach neben eine alte Frau, fühle mich sicher, mir kann nichts passieren! In der Bahn stehe ich eingequetscht zwischen nass stinkenden Persianermänteln und grauen Anzugmännern. Die Bahn bremst, eine dicke Frau fällt gegen mich, drückt mich an die Fensterscheibe. Die Leute fluchen, beschimpfen den Fahrer. Ich lache. Beim Aussteigen drängt jeder den anderen, ich lasse mich treiben, bin glücklich, denke nur an dich! An der Ampel merke ich, dass ich zu laut singe. Eine Mutter mit Kinderwagen lacht mich an, eine aufgetakelte Blondine mustert mich von oben bis unten. Ich weiß, ich bin klitschnass, meine weiße Hose ist nach fünf Tagen eher dunkelgrau, doch ich weiß, dass sie dir gefällt. Meine Haare hängen nass und strähnig auf meiner Schulter. Du hast gesagt, du hast dich schon am ersten Tag in mich verliebt, und da hatte ich auch nasse Haare. Ich laufe schnell über die Straße, leiste mir eine Packung Filterzigaretten, kaufe welche, die mir zu leicht sind, die du am liebsten magst. Ein grelles Quietschen. Ein wütender Autofahrer brüllt, ob ich Tomaten auf den Augen hätte. Ich lache und beruhige ihn mit einem „kommt nicht noch mal vor".

An einem Schaufenster bleibe ich trotzdem stehen, zupfe an meinen Haaren herum, ziehe die Hose über meine Stiefel, will dir ja gefallen. Ich will dir ja sogar sehr gefallen! Auf der Apothekenuhr ist es fünf. Ich laufe quer über die nasse Wiese. Schliddere mehr, als dass ich laufe. Aber ich will dich nicht warten lassen, ich kann das auch nicht. Ich werde dann von Minute zu Minute nervöser, also laufe ich. Bevor ich schelle, atme ich erst ein paarmal tief durch, dann klingel ich, fünfmal hast du gesagt. Und meine Freude, dich zu sehen, ist endgültig Sieger über meine Angst.

Erst dann bemerke ich den kleinen zusammengefalteten Zettel an der Wand. Ja, es tut dir leid, wirklich leid, dass du Vera wiedergetroffen hast! Ich soll es mir gutgehen lassen. Richtig gutgehen lassen soll ich es mir! Die brennende Zigarette hinterlässt Wunden auf meiner Hand. Das Rattern der vorbeifahrenden Laster, das Kindergeschrei, Hundegebell und das laut aufgedrehte Radio von gegenüber verschwimmen zu einem nervtötenden, Angst einjagenden Einheitsgeräusch, meine Augen nehmen nur noch die gröbsten Umrisse wahr. Wie eine alte Frau gehe ich den endlos langen Weg zur Haltestelle, meine Füße sind nass und kalt in den durchweichten Stiefeln. Ein glatzköpfiger Mann pfeift hinter mir her, bietet mir sein Zimmer und sich an. Verschüchtert stehe ich in der Ecke neben dem Fahrplan, mein Gesicht spiegelt sich in der Scheibe. Wann kommt endlich diese elende Straßenbahn?

3

Heinrich Heine

IV (Herbstzyklus)

Aufgaben: Seite 133

Ein Jüngling liebt ein Mädchen,
Die hat einen andern erwählt;
Der andre liebt eine andre,
Und hat sich mit dieser vermählt.

Das Mädchen heiratet aus Ärger
Den ersten besten Mann,
Der ihr in den Weg gelaufen;
Der Jüngling ist übel dran.

Es ist eine alte Geschichte,
Doch bleibt sie immer neu;
Und wem sie just passieret,
Dem bricht das Herz entzwei.

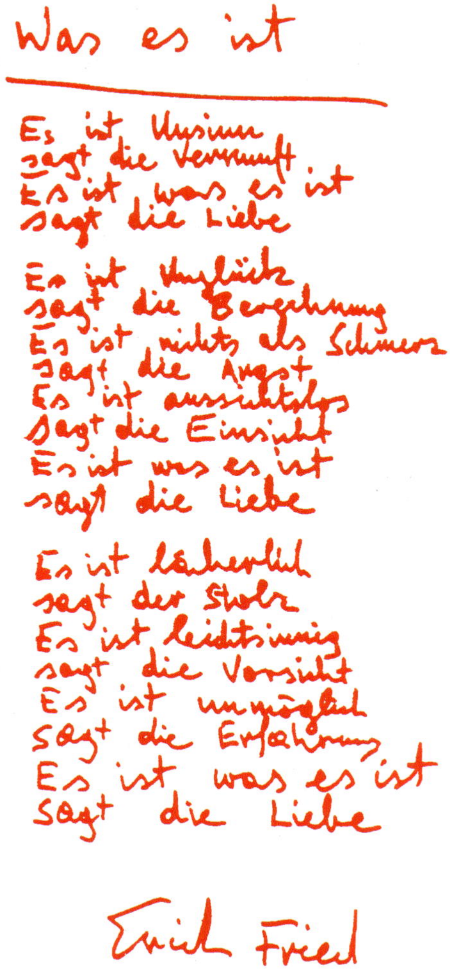

Was es ist

Es ist Unsinn
sagt die Vernunft
Es ist was es ist
sagt die Liebe

Es ist Unglück
sagt die Berechnung
Es ist nichts als Schmerz
sagt die Angst
Es ist aussichtslos
sagt die Einsicht
Es ist was es ist
sagt die Liebe

Es ist lächerlich
sagt der Stolz
Es ist leichtsinnig
sagt die Vorsicht
Es ist unmöglich
sagt die Erfahrung
Es ist was es ist
sagt die Liebe

Erich Fried

4

Bertolt Brecht[1]

Wenn Herr K. einen Menschen liebte

Aufgaben: Seite 133

„Was tun Sie“, wurde Herr K. gefragt, „wenn Sie einen Menschen lieben?“ „Ich mache einen Entwurf von ihm“, sagte Herr K., „und sorge, daß er ihm ähnlich wird.“ „Wer? Der Entwurf?“ „Nein“, sagte Herr K., „der Mensch.“

[1] Texte von Bertolt Brecht dürfen aus urheberrechtlichen Gründen nur in alter Rechtschreibung abgedruckt werden.

Bertolt Brecht, **Morgens und abends zu lesen** *(Seite 129)*

Halte fest, welche Wirkung die Aussage des Geliebten auf das lyrische Ich hat.

1 *Silbermond,* **Das Beste** *(Seite 130)*

1. Arbeite am Text heraus, wie das lyrische Ich sich selbst in Beziehung zum Geliebten darstellt.
2. Analysiere die Bilder, die in diesem Liedtext verwendet werden.
3. Diskutiert, wie und warum in Liedern hauptsächlich die Liebe besungen wird.

2 *Tanja Zimmermann,* **Sommerschnee** *(Seite 131)*

1. Beschreibe die Stimmung und die Gefühle der Ich-Erzählerin zu Beginn und am Ende des Textes.
2. Stelle dar, was den Umschwung bewirkt.
3. Erläutere den Titel.
4. Notiere in Form eines inneren Monologs, was der Ich-Erzählerin durch den Kopf geht, nachdem sie endlich in der Bahn sitzt.

3 *Heinrich Heine,* **IV (Herbstzyklus): Ein Jüngling liebt ein Mädchen** *(Seite 132)*

1. Erkläre, welche Auffassung von Liebe in diesem Gedicht dargestellt wird.
2. Das Gedicht entstammt einer Sammlung mit dem Titel „Herbstzyklus". Erläutere, inwiefern dieser Titel dem Inhalt des Gedichtes gerecht wird.
3. Überlege, ob Heines Gedicht zeitlos ist und inwiefern dies als Trost gelten kann.

4 *Bertolt Brecht,* **Wenn Herr K. einen Menschen liebte** *(Seite 132)*

1. Erläutere, was Herr K. mit dem Begriff „Entwurf" meint.
2. Diskutiert, welche Gefahren in dieser Haltung liegen.

Über Sprache nachdenken

1. Es gibt unterschiedliche Arten von Liebe. Kläre mithilfe eines Nachschlagewerkes, was unter folgenden Formen zu verstehen ist: *die Affenliebe, die platonische Liebe, die Hassliebe, die Nächstenliebe, die Eigenliebe.*

2. Die Liebe taucht auch in vielen Redensarten auf: *die Liebe geht durch den Magen, Liebe macht blind, wo die Liebe hinfällt, von Luft und Liebe leben, alte Liebe rostet nicht, Liebe und Verstand gehen selten Hand in Hand.*
Beschreibe, welche Vorstellung von Liebe jeweils vermittelt wird.

3. Überlege, welche Bedeutung das Wort *liebe* in den folgenden Ausdrücken hat: *ach du liebe Zeit, seine liebe Not haben.*

4. Untersuche, welche verschiedenen Bedeutungen die Kapitelüberschrift „Alles Liebe" hat.

Analyse von Gedichten

Gedichte untersuchen – auch im Vergleich

Reiner Kunze
Die liebe *(1984)*

Die liebe
ist eine wilde rose in uns
Sie schlägt ihre wurzeln
in den augen,
wenn sie dem blick des geliebten begegnen
Sie schlägt ihre wurzeln
in den wangen,
wenn sie den hauch des geliebten spüren
Sie schlägt ihre wurzeln
in der haut des armes,
wenn ihn die hand des geliebten berührt
Sie schlägt ihre wurzeln,
wächst wuchert
und eines abends
oder eines morgens
fühlen wir nur:
sie verlangt
raum in uns

Die liebe
ist eine wilde rose in uns,
unerforschbar vom verstand
und ihm nicht untertan
Aber der verstand
ist ein messer in uns

Der verstand
ist ein messer in uns,
zu schneiden der rose
durch hundert zweige
einen himmel

Marc Chagall, Flowers and Lovers (1927)

1. Erkläre, was damit gemeint ist, dass die Liebe eine wilde Rose ist, die ihre Wurzeln in uns schlägt: Überlege zunächst, welche Assoziationen dir zu einer wilden Rose und zum Begriff „Wurzeln schlagen" einfallen. Versuche anschließend zu deuten, was damit über die Liebe ausgesagt wird.

2. Untersuche, auf welche Körperteile der Autor eingeht, und erläutere, warum diese von Bedeutung für die Liebe sind.

3. Suche weitere Metaphern aus dem Gedicht heraus. Notiere deine Assoziationen und deute die Metaphern.

4. Überlege, in welchen Zwiespalt der liebende Mensch gerät.

5. Beschreibe, zu welcher Schlussfolgerung der Autor gelangt, und beurteile diese.

> Die Metapher ist ein bildhafter Ausdruck für etwas, wobei eine Bedeutungsübertragung von einem semantischen Bereich zu einem anderen stattfindet. Die Metapher ist ein verkürzter Vergleich, da das Vergleichswort *wie* wegfällt. Beispiel: *Du bist meine Sonne.*

6. Untersuche den Satzbau und die Einteilung der Verse im Gedicht von Reiner Kunze. Erkläre, welche Verbindung zwischen der Form und dem Inhalt besteht.

7. Lies das Gedicht laut vor und setze beim Vorlesen eine kleine Pause am Ende jeder Zeile. Beschreibe die Wirkung dieser kleinen Pause.

> Beim **Zeilenstil** fallen Satz- und Versende zusammen. Wenn die Zeilen mit einem **Zeilensprung (Enjambement)** enden, bei dem der Satz über die Zeile hinausreicht, spricht man von **Hakenstil.**

8. „Sie schlägt ihre wurzeln in den augen ... Sie schlägt ihre wurzeln in den wangen ... Sie schlägt ihre wurzeln in der haut des armes ..." (V. 3/4, V. 6/7, V. 9/10): Stelle dar, wie diese Wiederholungen auf den Leser wirken. Überlege, inwiefern die Reihenfolge der Körperteile von Bedeutung ist.

> Die Wiederholung von Wörtern oder Wortgruppen bei Vers- oder Satzanfängen wird **Anapher** genannt. Durch die **Anapher** werden Inhalte hervorgehoben, sodass sie sich besser beim Leser einprägen.

Hugo von Hofmannsthal
Die Beiden[1]

[1] In diesem Gedichttitel wird „Beiden" entgegen der Rechtschreibregel großgeschrieben.

Sie trug den Becher in der Hand
– Ihr Kinn und Mund glich seinem Rand –
So leicht und sicher war ihr Gang,
Kein Tropfen aus dem Becher sprang.
So leicht und fest war seine Hand:
Er ritt auf einem jungen Pferde,
Und mit nachlässiger Gebärde
Erzwang er, dass es zitternd stand.
Jedoch, wenn er aus ihrer Hand
Den leichten Becher nehmen sollte,
So war es beiden allzu schwer:
Denn beide bebten sie so sehr,
Dass keine Hand die andre fand
Und dunkler Wein am Boden rollte.

9. Untersuche das Gedicht „Die Beiden" unter inhaltlichen und formalen Gesichtspunkten. Führe dabei die im folgenden Methodenkasten angeführten Arbeitsschritte aus.

10. Verfasse ein Parallelgedicht zu „Die Beiden", in dem du eine ähnliche Situation in der heutigen Zeit beschreibst.

METHODE M

Ein Gedicht untersuchen (S. 257 Stilmittel im Wissensspeicher)

- Beschreibung des **Inhalts**, z. B.:
  - Gedankengang in den einzelnen Strophen
  - auffällige Motive und Bilder (Metaphern, Personifikationen ...)
- Untersuchung auffallender Merkmale von Form und Sprache:
  - Lautebene: z. B. Gleichklänge, Alliterationen
  - Wortebene: z. B. Wiederholungen, Gegenüberstellungen, Steigerungen, Anaphern
  - Satzebene: z. B. Ellipsen
  - Versebene: z. B. Reimschema, Zeilen- oder Hakenstil, Versmaß
  - Strophenebene: z. B. Länge, Anzahl
- Interpretation, d. h. die **Aussage** des Textes erschließen und untersuchen, wie die äußere Form zum Inhalt des Gedichtes passt
- Darstellung der **Wirkung** des Gedichts

Gedichte vergleichen

Ulla Hahn

Bildlich gesprochen *(1981)*

Wär ich ein Baum ich wüchse
Dir in die hohle Hand
Und wärst du das Meer ich baute
dir weiße Burgen aus Sand.
Wärst du eine Blume ich grübe
Dich mit allen Wurzeln aus
Wär ich ein Feuer ich legte
In sanfte Asche dein Haus.
Wär ich eine Nixe ich saugte
Dich auf den Grund hinab
Und wärst du ein Stern ich knallte
dich vom Himmel ab.

Conrad Ferdinand Meyer

Zwei Segel *(1882)*

Zwei Segel erhellend
Die tiefblaue Bucht!
Zwei Segel sich schwellend
Zu ruhiger Flucht!

Wie eins in den Winden
Sich wölbt und bewegt,
Wird auch das Empfinden
Des andern erregt.

Begehrt eins zu hasten,
Das andre geht schnell,
Verlangt eins zu rasten,
Ruht auch sein Gesell.

1. Lies beide Gedichte laut vor und halte fest, welchen Eindruck sie bei dir hinterlassen.

2. Beschreibe den äußeren Aufbau der beiden Gedichte (Strophen, Reim, Versmaß).

3. Kläre den Inhalt der einzelnen Strophen der beiden Gedichte und überlege, welche Verbindung zwischen Form und Inhalt hergestellt werden kann.

4. Stelle dar, welche Vorstellung von der Liebe Ulla Hahn in ihrem Gedicht entwickelt. Entschlüssele dazu die einzelnen Bilder und überlege, was diese über das Verhältnis des Liebenden zum Geliebten und über die Folgen der Liebe aussagen.

5. Diskutiert, ob die Liebe, wie Ulla Hahn sie sieht, positiv oder negativ für den Menschen ist.

6. Überlege, wofür die zwei Segel symbolisch stehen, und gib an, wodurch diese Deutung im Gedicht bewirkt wird.

7. Arbeite am Text heraus, wie sich C.F. Meyer eine Liebesbeziehung vorstellt.

8. Untersuche die sprachliche Besonderheit der Formulierung „zu ruhiger Flucht" (V. 4) und erkläre, wie diese zu verstehen ist.

9. Die Sätze der ersten Strophe sind unvollständig. Formuliere sie zu vollständigen Sätzen um und vergleiche ihre Wirkung mit der ursprünglichen Fassung. Kläre, welche Wirkung Conrad Ferdinand Meyer erzielt.

Ellipsen (Singular: die Ellipse) sind unvollständige Sätze, in denen der Dichter bewusst ein Satzglied auslässt. Als stilistisches Merkmal treten sie häufig in Gedichten auf.

10. Vergleiche die unterschiedlichen Auffassungen von Liebe in den beiden Gedichten. Berücksichtige, welche Bedeutung die Entstehungszeit dabei haben könnte.

Gedichte aus verschiedenen Zeiten

- können ein und dasselbe Thema haben.
- Sie behandeln es aber sehr unterschiedlich im Hinblick auf:
  - die Sicht der Welt,
  - das Lebensgefühl des lyrischen Ichs,
  - die Sprache,
  - die äußere Form.

Gedichte interpretieren und zusätzliche Informationen einbeziehen

1. Fülle (auf einer Kopie) die Lücken im folgenden Gedicht. Diskutiere mit einem Partner für jeden einzelnen Fall, wie die Wortwahl die Aussage verändert, und entscheide dich jeweils für eines der drei angebotenen Nomen. Begründe deine Entscheidung.

Johann Wolfgang Goethe

Willkommen und Abschied (spätere Fassung)

Es schlug mein ___ , geschwind, zu Pferde!	Herz • Puls • Stündlein
Es war getan fast eh gedacht.	
Der ___ wiegte schon die Erde,	Abend • Himmel • Morgen
Und an den Bergen hing die Nacht;	
Schon stand im ___ die Eiche,	Dämmerlicht • Dunst • Nebelkleid
Ein aufgetürmter Riese, da,	
Wo ___ aus dem Gesträuche	Ahnungen • Finsternis • Raubgetier
Mit hundert schwarzen Augen sah.	
Der ___ von einem Wolkenhügel	Baum • Greif • Mond
Sah kläglich aus dem Duft hervor,	
Die ___ schwangen leise Flügel,	Engel • Eulen • Winde
Umsausten schauerlich mein Ohr;	
Die Nacht schuf tausend ___ ,	Ängste • Träume • Ungeheuer
Doch frisch und fröhlich war mein Mut:	
In meinen Adern welches Feuer!	
In meinem Herzen welche ___ !	Glut • Qual • Treue
Dich sah ich, und die milde ___	Brandung • Freude • Süße
Floss von dem süßen Blick auf mich;	
Ganz war mein Herz an deiner Seite	
Und jeder ___ für dich.	Atemzug • Brief • Rosenstrauß
Ein rosenfarbnes ___	Frühlingswetter • Kleid • Wolkenmeer
Umgab das liebliche Gesicht,	
Und ___ für mich – ihr Götter!	Freundlichkeit • Mitleid • Zärtlichkeit
Ich hofft' es, ich verdient' es nicht!	
Doch ach, schon mit der ___	Eifersucht • Morgensonne • Wonne
Verengt der ___ mir das Herz:	Abschied • Liebste • Magen
In deinen Küssen welche Wonne!	
In deinem Auge welcher ___ !	Mut • Schmerz • Trug
Ich ging, du standst und sahst zur Erden	
Und sahst mir nach mit nassem ___ :	Auge • Blick • Mantel
Und doch, welch Glück, geliebt zu werden!	
Und lieben, Götter, welch ein Glück!	

2. Beurteile, welche der folgenden Aussagen deine Erfahrungen aus dem vorigen Arbeitsauftrag am treffendsten beschreibt:

- „Es gibt verschiedene Möglichkeiten, die zum Gedicht passen."
- „Die Wortwahl eines Dichters entzieht sich der Vorhersagbarkeit."
- „In einem Gedicht kann es nur e i n e stimmige Formulierung geben."
- „Goethe wird sich wahrscheinlich jedes Wort gut überlegt haben."

3. Beschreibe die äußere Handlung des Gedichts und die Situationn, die ihr zugrunde liegt. Wie stellst du dir das lyrische Ich vor?

4. Benenne die Gefühle, die das lyrische Ich zum Ausdruck bringt, und stelle einen Zusammenhang zur verwendeten sprachlichen Gestaltung her.

5. Lies das folgende Gedicht. Diskutiert in einer Kleingruppe, welcher der drei folgenden Begriffe euch für die Analyse am passendsten erscheint: lyrisches Ich • lyrisches Du • Dialogsituation.
Stellt eure Entscheidung der Klasse vor und diskutiert, welche Konsequenzen sich daraus für eine Interpretation des Gedichts ergeben.

Bertolt Brecht

Die Liebenden

Sieh jene Kraniche in großem Bogen!
Die Wolken, welche ihnen beigegeben
Zogen mit ihnen schon, als sie entflogen
Aus einem Leben in ein andres Leben
In gleicher Höhe und mit gleicher Eile
Scheinen sie alle beide nur daneben.
Daß[1] so der Kranich mit der Wolke teile
Den schönen Himmel, den sie kurz befliegen
Daß also keines länger hier verweile
Und keines andres sehe als das Wiegen
Des andern in dem Wind, den beide spüren
Die jetzt im Fluge beieinander liegen
So mag der Wind sie in das Nichts entführen
Wenn sie nur nicht vergehen und sich bleiben
Solange kann sie beide nichts berühren
Solange kann man sie von jedem Ort vertreiben
Wo Regen drohen oder Schüsse schallen.
So unter Sonn und Monds wenig verschiedenen Scheiben
Fliegen sie hin, einander ganz verfallen.
Wohin ihr? Nirgendhin. Von wem davon? Von allen.
Ihr fragt, wie lange sind sie schon beisammen?
Seit kurzem. Und wann werden sie sich trennen? Bald.
So scheint die Liebe Liebenden ein Halt.

[1] Texte von Bertolt Brecht dürfen aus urheberrechtlichen Gründen nur in alter Rechtschreibung abgedruckt werden.

6. Beschäftige dich mit den beiden folgenden Texten und überprüfe, inwiefern sie Informationen zu Brechts bzw. Goethes Leben und Werk enthalten, die für die Interpretation von Bedeutung sein könnten.

Brecht und die Frauen

Bertolt Brecht, geboren am 10. Februar 1898, war der erste Sohn des kaufmännischen Leiters einer Papierfabrik in Augsburg. Ab 1908 besuchte er das Realgymnasium und unternahm erste Schreibversuche. Nach dem Notabitur studierte er an der Philosophischen Fakultät der Münchner Universität, die ihn 1917 exmatrikulierte[1].

Brecht hatte sein ganzes Leben lang eine starke Wirkung auf Frauen. Sie bewunderten und liebten ihn. Nicht immer behandelte er sie gut, er hatte mehrere Liebschaften gleichzeitig, zeugte Kinder (für die er meist gut sorgte), arbeitete mit den Frauen an Stücken und Liedern und ließ sich von ihnen zuarbeiten. Nicht immer wurden sie erwähnt oder am finanziellen Erfolg angemessen beteiligt.

Brecht scheint immer sehr eifersüchtig gewesen zu sein. Hatten seine Freundinnen tatsächlich einmal Affären, wertete er die Frauen ab und verlor die Achtung vor ihnen. Schnell wandte er sich von ihnen ab und spielte sie gegeneinander aus. Auch in seinen Stücken ist sein Frauenbild eher traditionell.

Noch in Augsburg lernte er Paula Banholzer kennen, er nannte sie „Bi“ (für „Bittersüß“) und hatte mit ihr einen Sohn. Marianne Zoff, „Ma“ genannt, heiratete er 1922. 1923 wird die gemeinsame Tochter Hanne geboren. Die Ehe hielt nur ein Jahr. Nachdem sie den Schauspieler Theo Lingen kennengelernt hatte, ließ sie sich 1926 von Brecht scheiden.

1923 lernte Brecht seine spätere Frau, die Schauspielerin Helene Weigel, kennen, mit der er 1924 den Sohn Stefan bekam. Zur gleichen Zeit hatte er eine Affäre mit Carola Neher. Dieser teilte er, als er sie am Bahnhof abholte, nebenbei mit, dass er Helene Weigel geheiratet habe (1929). Brechts und Weigels Tochter Barbara kam 1930 zur Welt.

Nach der Machtergreifung Hitlers im Jahre 1933 verließ Brecht Deutschland. Im dänischen Exil lernte Brecht Ruth Berlau kennen. Sie war eine bekannte Schauspielerin und lebte mit einem berühmten Arzt zusammen. Diesen verließ sie, um Brecht in die Emigration in die USA zu folgen.

Bertolt Brecht und Helene Weigel

[1] *exmatrikulieren:* aus der Liste der Studierenden streichen

Nach seiner Rückkehr aus dem Exil 1950 ging Brecht zusammen mit Helene Weigel nach Ostberlin, wo sie die Leitung des „Berliner Ensembles“ übernahmen. Aber auch in Ostberlin hatte er noch Freundinnen, die er mit seinen Eifersuchtsanfällen quälte. Am 14. August 1956 starb Bertolt Brecht im Alter von 58 Jahren.

Goethe und Friederike Brion in Sesenheim

Goethe und Friederike Brion

Gegen Ostern 1770 verließ Goethe das Vaterhaus zum zweiten Male, um in Straßburg sein abgebrochenes Studium zu beenden. Die anderthalb Jahre, die er dort blieb, brachten ihm, wie keine andere Periode seines Lebens, einen Neubeginn in allem, was er tat, erlebte und schrieb. Wie in Leipzig fand Goethe auch in Straßburg bald nahe Freunde, u.a. machte er auch die Bekanntschaft von Herder, der ihn für die Volkspoesie begeistern konnte. Das Gegengewicht zu den intellektuellen Gesprächen mit den Freunden fand Goethe in der Liebe. Etwa einen Monat nach der Begegnung mit

Herder lernte er in Sesenheim die Pfarrerstochter Friederike Brion kennen. Nach der ersten Begegnung schreibt er ihr: „Die Umstände unserer Rückreise können Sie sich ohngefähr vorstellen, wenn Sie mir beim Abschiede ansehen konnten, wie leid er mir tat …"
Schon bald danach treibt ihn die Sehnsucht zu Friederike: „Ich glaubte, eine Stimme vom Himmel zu hören, und eilte, was ich konnte, ein Pferd zu bestellen und mich sauber herauszuputzen. (…) ich kam nicht so früh weg, als ich gehofft hatte. So stark ich auch ritt, überfiel mich doch die Nacht. Der Weg war nicht zu verfehlen, und der Mond beleuchtete mein leidenschaftliches Unternehmen. Die Nacht war windig und schauerlich, ich sprengte zu, um nicht bis morgen früh auf ihren Anblick warten zu müssen. Es war schon spät, als ich in Sesenheim mein Pferd einstellte." Immer öfter zieht es Goethe nach Sesenheim, wo er mit Friederike eine unbeschwerte Zeit genießt. „Ich war grenzenlos glücklich an Friedrikens Seite." Bezeichnend ist allerdings, dass sich in die idyllische Stimmung von Sesenheim schon nach wenigen Monaten Töne des Zweifelns mischten: „Ich (…) fühle, dass man um kein Haar glücklicher ist, wenn man erlangt, was man wünscht." Obwohl er sehr oft zu Gast bei Friederikes Familie ist, gelingt es ihm, sein Studium am 6. August 1771 mit einer Promotion abzuschließen. Vielleicht spürt Goethe schon, dass sich die Beziehung ihrem Ende zuneigt: „Eine solche jugendliche, aufs Geratewohl gehegte Neigung ist der nächtlich geworfenen Bombe zu vergleichen, die in einer sanften, glänzenden Linie aufsteigt, sich unter die Sterne mischt, ja einen Augenblick unter ihnen zu verweilen scheint, alsdann aber abwärts zwar wieder dieselbe Bahn, nur umgekehrt, bezeichnet, und zuletzt da, wo sie ihren Lauf geendet, Verderben hinbringt." Für Goethe steht nach Abschluss seines Studiums fest, dass er Straßburg verlassen wird. „(…) konnte ich doch nicht unterlassen, Friedriken noch einmal zu sehn. Es waren peinliche Tage, deren Erinnerung mir nicht geblieben ist. Als ich ihr die Hand noch vom Pferde reichte, standen ihr die Tränen in den Augen, und mir war sehr übel zu Mute."

Informationen zum Werk, zur Entstehungszeit oder zur Biografie des Autors können ebenso wie dessen eigene Äußerungen oder die Aussagen anderer Interpreten zu einem besseren Verständnis eines Textes beitragen und dürfen für eine Interpretation herangezogen bzw. zitiert werden.
Literarische Texte, also auch Gedichte, lassen sich in der Regel aber auch ohne Kenntnisse von Leben und Werk des Autors, allein auf der Basis des vorliegenden Textes, interpretieren. Die Besonderheiten eines Gedichts werden deutlich erkennbar, wenn man sich Alternativen für einzelne Wörter und Wendungen überlegt. Durch diesen „Trick" wird einem schnell bewusst, welche Wirkung der Autor gerade mit seiner Entscheidung erzielt.

Produktiver Umgang mit Texten

Planvoll und überlegt vorgehen

Tanja Zimmermann
Eifersucht

Diese Tussi! Denkt wohl, sie wäre die Schönste. Juhu, die Dauerwelle wächst schon raus. Und diese Stiefelchen von ihr sind auch zu albern. Außerdem hat sie sowieso keine Ahnung. Von nix und wieder nix hat die 'ne Ahnung.
Immer, wenn sie ihn sieht, schmeißt sie die Haare zurück wie 'ne Filmdiva. Das sieht doch ein Blinder, was die für 'ne Show abzieht. Ja, okay, sie kann ganz gut tanzen. Besser als ich. Zugegeben. Hat auch 'ne ganz gute Stimme, schöne Augen, aber dieses ständige Getue. Die geht einem ja schon nach fünf Minuten auf die Nerven.
Und der redet mit der … stundenlang. Extra nicht hingucken. Nee, jetzt legt er auch noch den Arm um die. Ich will hier weg! Aber aufstehen und gehen, das könnte der so passen. Damit die ihren Triumph hat.
Auf dem Klo sehe ich in den Spiegel, finde meine Augen widerlich, und auch sonst, ich könnte kotzen. Genau, ich müsste jetzt in Ohnmacht fallen, dann wird ihm das schon leidtun, sich stundenlang mit der zu unterhalten.
Als ich aus dem Klo komme, steht er da: „Sollen wir gehen?“ Ich versuche es betont gleichgültig mit einem Wenn-du-willst, kann gar nicht sagen, wie froh ich bin. An der Tür frage ich, was denn mit Kirsten ist.
„O Gott, eine Nervtante, nee, vielen Dank!“ …
„Och, ich find' die ganz nett, eigentlich“, murmel ich.

1. Eine produktive Aufgabenstellung zum Text „Eifersucht" könnte lauten:
„Schreibe eine äußere Handlung zu dem Text. Baue Teile des inneren Monologs wörtlich oder sinngemäß ein."
Man muss keine „poetische Ader" haben, um so eine Aufgabe bearbeiten zu können, sondern wie bei allen anderen Schreibaufgaben ist planvolles Vorgehen gefragt:

Schritt 1: Macht euch im Gespräch klar, was genau von euch verlangt wird. Unterstreiche die Schlüsselwörter in der Aufgabenstellung.

Schritt 2: Der Ausgangstext besteht zwar zu einem großen Teil aus innerer Handlung, aber einige Textinformationen lassen Schlüsse auf das äußere Geschehen zu: Was erfährst du aus dem Text über die drei wichtigen Untersuchungsaspekte *Hauptpersonen, Ort, Zeit(raum)*? Mach dir Notizen am Rand, wenn du den Text als Kopie erhalten hast, wenn nicht, schreibe diese in dein Heft.

Schritt 3: Sammle nun Ideen für deinen eigenen Text. Geh dabei die Untersuchungsaspekte, die du im Kapitel „Moderne Kurzgeschichten" (S. 49) kennengelernt hast, durch. Sie werden nun zu Gestaltungsaspekten, denn du schreibst ja einen neuen Text.

Zu manchen Aspekten wird dir mehr, zu anderen weniger einfallen und bei manchen ist es vielleicht bei dieser Aufgabenstellung nicht so wichtig, dass du dich festlegst. Auf jeden Fall musst du dich aber entscheiden, aus welcher Perspektive du schreiben willst. Beispiel:

Meine Ideen:

Hauptpersonen:
- Marlene, 16 Jahre, sportlicher, natürlicher Typ, seit einem halben Jahr befreundet mit Marco
- Marco, 16 Jahre, Schüler der Nachbarklasse
- Kathrin, 15 Jahre, modisch, attraktiv, seit zwei Monaten mit Marlene und Marco in der Theater-AG

Ort: ...
Zeit: ...
Stationen der äußeren Handlung: ...
Erzählperspektive: ...

Schritt 4: Verfasse nun einen Schreibplan, in dem du stichpunktartig den Aufbau deines Textes festhältst: Womit soll die Geschichte beginnen? Welche Ereignisse sollen der Reihe nach dargestellt werden?

Schritt 5: Schreibe nun deine Geschichte. Dabei ist es ganz normal, wenn du beim Schreiben neue Ideen einfließen lässt und/oder Veränderungen an deinem ursprünglichen Plan vornimmst.

Schritt 6: Setzt euch in Schreibkonferenzen zusammen, lest euch eure Texte vor und beurteilt diese: Wurde die Aufgabenstellung erfüllt? Passen die Teile des Ausgangstextes und die Teile des eigenen Textes logisch zusammen? Ist der Text stilistisch gelungen? Was ist besonders gut an dem Text und sollte unbedingt gleich bleiben?

Schritt 7: Überarbeite nun deinen Text. Überprüfe dabei auch die Sprachrichtigkeit.

METHODE

Produktive Schreibaufgaben bearbeiten

I. Vorbereitungsphase

- genaues Erfassen der Aufgabenstellung
- Untersuchung des Ausgangstextes im Hinblick auf die Aufgabenstellung
- Ideensammlung für den eigenen Text mithilfe der „Gestaltungsaspekte" *Person(en), Ort, Zeit*
- Schreibplan für den eigenen Text

II. Phase der Textproduktion

- Verfassen des eigenen Textentwurfs
- Ergänzen neuer Ideen

III. Überarbeitungsphase

- Überprüfung des eigenen Textes im Hinblick auf die Aufgabenstellung
- Überarbeitung des eigenen Textes im Hinblick auf stilistische Aspekte (Beseitigung von Wortwiederholungen, von wenig aussagekräftigen Adjektiven ...)
- Überarbeitung des eigenen Textes im Hinblick auf Sprachrichtigkeit (Grammatik, Rechtschreibung, Zeichensetzung ...)

---

2. Macht euch im Gespräch klar, was die folgenden Themen von euch verlangen. Bearbeite sodann ein Thema deiner Wahl.

Thema I: Schreibe einen kurzen Text, in dem die Frau aus „Willkommen und Abschied" (☞ S. 139) beschreibt, wie sie die Begegnung erlebt hat.

Thema II: „Ja, es tut mir leid, wirklich leid, dass ich Vera wiedergetroffen habe." Stelle dar, welche Gedanken dem Freund durch den Kopf gegangen sind, nachdem er Vera begegnet ist. (☞ „Sommerschnee", S. 131)

Leerstellen entdecken und füllen, Stilmittel bewusst verwenden

Bei den vorangegangenen Produktionsaufgaben musstest du immer etwas schreiben, das zwar zu dem Ausgangstext passt, aber dort nicht ausgeführt ist.

- **Leerstellen** eines Textes sind Stellen, die der Autor nicht ausgeführt hat, sondern die der Leser mit seinen eigenen Vorstellungen füllt.
- Interessante bzw. wichtige Leerstellen haben mit dem Handlungsverlauf zu tun und setzen daher voraus, dass man ein Verständnis der Geschichte entwickelt hat.
- Unwichtige Leerstellen sind dagegen beliebig füllbar, z.B. die Fragen, ob die Hauptfigur in „Sommerschnee" einen Computer hat oder ob die Stiefel in „Eifersucht" neu oder alt sind.

1. Suche im Kapitel zu den modernen Kurzgeschichten (☞ S. 34–50) Texte heraus, die sich für einen produktiven Umgang eignen. Halte fest, wo interessante Leerstellen sind. Wähle eine Leerstelle aus und gestalte diese produktiv.

Füllen einer selbst gefundenen Leerstelle

- Formuliere schriftlich genau die Aufgabe, die du dir selbst stellst. Nenne dabei die Textsorte, in der du schreiben willst (z.B. Brief, Tagebuch, Erzählung) und die Perspektive, aus der heraus dein Text geschrieben sein soll (auktoriale Perspektive?/Ich-Perspektive?/welche Figur? usw.).
- Notiere dir, welche Stellen des Ausgangstextes für deine Gestaltungsaufgabe von Bedeutung sind. Schließlich sollen ja zwischen dem Ausgangstext und deinem keine Widersprüche auftreten.
- Notiere dir erste Einfälle zu deinem Text, indem du die Liste der „Gestaltungsaspekte" (☞ S. 49 bzw. 144ff.) durchgehst.

2. Überlege dir beim Verfassen des Schreibplans, beim Schreiben oder beim Überarbeiten (oder in allen drei Phasen), ob du eines oder mehrere der folgenden Stilmittel verwenden möchtest:

- Satzwiederholungen
- Ellipsen (☞ S. 138)
- verschiedene Formen der Wort- und Satzstellung
- Anaphern (☞ S. 135)
- Metaphern (☞ S. 135)

3. Lest euch eure Texte in Schreibkonferenzen vor: Finden deine Zuhörer den neuen Text stimmig? Haben sie die Stilmittel erkannt? Haben sie ihnen gefallen? Überarbeite gegebenenfalls nochmals deinen Text.

PROJEKT

Ideen für einen produktiven Umgang mit Texten

Neben dem Tagebucheintrag, dem Brief von und an Figuren, dem inneren Monolog, dem Schreiben aus der Perspektive einer anderen Figur und dem Füllen von Leerstellen gibt es noch weitere Möglichkeiten des produktiven Umgangs mit Texten. Wähle eine aus, die du umsetzen möchtest:

- Einen Text(ausschnitt) in eine andere Textsorte umschreiben: Du kannst z.B. eine Erzählung zu einem Gedicht umformen.
- Interviews mit Figuren erfinden: Überlege dir Fragen, die du gerne der Figur stellen willst, und beantworte diese aus der Sicht der Figur.
- Eine Vorgeschichte, eine Fortsetzung oder einen alternativen Schluss einer Geschichte oder eines Gedichtes erfinden
- Träume von Figuren erfinden
- Eine Collage zu einem Gedicht oder einer Erzählung anfertigen

Gold und Geld

Jakob Wassermann

Das Gold von Caxamalca[1]

Eines Abends, als eine Abteilung von ihrem Raubzug, der besonders erfolgreich gewesen war, in die Stadt zurückkehrte, trat der gefangene Inka aus den inneren Gemächern seines Hauses in die Säulenhalle und schaute zu, wie die Soldaten sich ihrer Beute entledigten und wie andre hinzukamen, die goldnen und silbernen Gegenstände in die Hand nahmen, sie einander zeigten, sie betasteten, sie geradezu liebkosten und durch ihr ganzes Gebaren[2] das trunkene Entzücken, die unstillbare Begehrlichkeit und wesenlos neidhafte Angst verrieten, die in ihnen tobten.

(Der Inka) schien nicht recht zu begreifen, was sich vor seinen Augen abspielte. Indem er angestrengt nachdachte, näherte sich ihm Felipillo und sagte mit leiser Stimme und heuchlerisch-demütigem Gebaren einige Worte zu ihm: „Sie wollen Gold. Sie winseln um Gold, sie schreien um Gold, sie zerfleischen einander um Gold. Frag sie um den Preis deiner Freiheit, und du wirst sie mit Gold kaufen können. Es gibt nichts in der Welt, was sie dir nicht für Gold geben würden, ihre Weiber, ihre Kinder, ihre Seele und sogar die Seelen ihrer Freunde."

In jener Stunde ahnte ich nur den Sinn der wahren und furchtbaren Worte. Was mich bis ins Innerste bewegte, war der Ausdruck des Grauens und Grübelns im Gesicht Atahuallpas. Es ist sicher, dass er von da ab unablässig über dies eine nachdachte, denn er vermochte nicht daran zu glauben, dass man für ein so nichtiges Ding, wie es das Gold in seinen Augen war, ein so wichtiges wie die Freiheit gewinnen, ja dass man überhaupt etwas damit erkaufen, etwas dafür haben könne. Etwas haben: Das war in seinen Augen ein ganz anderer Begriff als in unsern. Der Gedanke, etwas mit Gold zu erkaufen, musste ihn im tiefsten Gemüt erstaunen und beunruhigen.

[1] *Caxamalca:* Stadt im heutigen Peru, übersetzt etwa *die Froststadt*

[2] *das Gebaren:* das Verhalten

1

Aufgaben: Seite 151

Lexikonartikel

Gold

Gold. Der Ausdruck „Edelmetall“ (auch für Silber) bedeutet eigentlich eine „moralische“ Bewertung des Materials, das in dieser Art auch von den nach Läuterung[1] strebenden Alchemisten[2] aufgefasst wurde. Das nicht oxydierende, leuchtende Metall wird in fast allen Kulturen mit der Sonne in Verbindung gebracht (bei den Azteken als „Götterkot“ bezeichnet: „teocuitlatl“, Ausscheidung des Sonnengottes). Freilich ist auch im orthodoxen Christentum das Gold ein Symbol des Himmelslichtes und der Vollkommenheit, worauf auch der Goldgrund mittelalterlicher Tafelbilder[3] und der ostkirchlichen Ikonen schließen lässt. In der Antike wurden kostbare Heilkräuter mit Goldwerkzeugen ausgegraben, um ihre Kraft nicht zu mindern, und Goldschmuck stand im Ruf, Schadenzauber abzuwehren. Nicht überall war das Tragen von Goldschmuck jedoch allgemein erlaubt; Gold wurde vielfach als Inbegriff der Erdkräfte angesehen und, obwohl es kaum praktischen Wert besaß, immer mit höheren Mächten und der Götterwelt in Verbindung gebracht. – In vielen alten Kulturen war es der Herstellung von sakralen Gegenständen und Herrscherinsignien (Krone) vorbehalten.

[1] *die Läuterung:* die Reinigung, die Befreiung von fremden Stoffen

[2] *die Alchemie:* ein Vorläufer der modernen Chemie. Die Alchemisten sahen in den chemischen Vorgängen nicht nur wissenschaftliche Zusammenhänge, sondern auch göttliche. Ein Hauptanliegen der Alchemisten war die Herstellung von Gold.

[3] *die Tafelbilder:* die Altarbilder

2

Aufgaben: Seite 151

Arthur Schopenhauer

Über Geld

Unter einem so bedürftigen und aus Bedürfnissen bestehenden Geschlecht, wie das menschliche, ist es nicht zu verwundern, dass *Reichtum* mehr und aufrichtiger als alles andere geachtet, ja verehrt wird. – Dass die Wünsche der Menschen hauptsächlich auf Geld gerichtet sind und sie dieses über alles lieben, wird ihnen oft zum Vorwurf gemacht. Jedoch ist es natürlich, wohl gar unvermeidlich, das zu lieben, was, als ein unermüdlicher Proteus[1], jeden Augenblick bereit ist, sich in den jedesmaligen Gegenstand unsrer so wandelbaren Wünsche und mannigfaltigen Bedürfnisse zu verwandeln. Jedes andere Gut nämlich kann nur *einem* Wunsch, *einem* Bedürfnis genügen: Speisen sind bloß gut für den Hungrigen, Wein für den Gesunden, Arznei für den Kranken, ein Pelz für den Winter. Sie sind folglich alle nur relativ gut. Geld allein ist das absolut Gute: weil es nicht bloß einem Bedürfnis in concreto[2] begegnet, sondern *dem* Bedürfnis überhaupt, in abstracto[3].

[1] *Proteus:* eine griechische Sagengestalt, Proteus konnte sich in verschiedene Gestalten verwandeln

[2] *in concreto:* konkret

[3] *in abstracto:* abstrakt

Jakob Wassermann, **Das Gold von Caxamalca** *(Seite 149)*

1. Der Text stammt aus der Erzählung „Das Gold von Caxamalca", in der Jakob Wassermann die spanische Eroberung des südamerikanischen Inka-Reichs beschreibt. Recherchiere, was du über diesen Eroberungszug erfahren kannst.
2. Schreibe aus dem Lesebuchtext die Begriffe heraus, die das Verhältnis der Spanier zu Gold charakterisieren.
3. Versuche, die Bedeutung des Goldes für die spanischen Soldaten zu erklären.

1 *Lexikonartikel* **„Gold"** *(Seite 150)*

1. Analysiere, welche Bedeutung dem Gold im Laufe der Geschichte zugesprochen wurde.
2. Recherchiere, welche Rolle Gold für unsere moderne Gesellschaft spielt.

2 *Arthur Schopenhauer,* **Über Geld** *(Seite 150)*

1. Formuliere das, was Schopenhauer beschreibt, mit eigenen Worten.
2. Vergleiche Schopenhauers Text mit folgender Definition. Zeige auf, dass in beiden Texten wesentliche Inhalte übereinstimmen, und erläutere, worin andererseits die Unterschiede beider Texte bestehen.

Geld
Das in einer Gesellschaft allgemein anerkannte Tausch- und Zahlungsmittel. Diese traditionelle, an den Geldfunktionen ansetzende Definiton wählt die Tauschmittelfunktion als begriffsbestimmendes Merkmal. Für Geld besteht ein Annahmezwang, d.h. dass ein Gläubiger verpflichtet ist, ein gesetzliches Zahlungsmittel als Zahlung anzunehmen. Bei Münzen ist dieser Annahmezwang beschränkt und bei Banknoten unbeschränkt. In Luxemburg ist seit dem 01.01.2002 der Euro gesetzliches Zahlungsmittel.

3. Diskutiert die Redensart „Geld allein macht nicht glücklich".

Über Sprache nachdenken

In der Kapitelüberschrift „Gold und Geld" werden zwei Wörter mit *und* verknüpft. Oft treten sie in dieser Kombination als festes Begriffspaar in der deutschen Sprache auf. Das Gleiche ist bei den folgenden „Zwillingsausdrücken" der Fall. Bilde Sätze, in denen diese Ausdrücke passen. Kläre, was mit ihnen gemeint ist, und teste, wie sich die Bedeutung bzw. Wirkung verändert, wenn man die Kombination auflöst und nur eines der beiden Wörter benutzen würde:
Hab und Gut • Mann und Maus • Kind und Kegel • Groß und Klein • Drum und Dran • Dies und Das • Haut und Haare • Leib und Seele • Saus und Braus • List und Tücke • Ach und Krach • Pech und Schwefel • Kopf und Kragen • Stock und Stein

Eine Kriminalnovelle analysieren

Ein Kriminalfall wird geschildert

Die Erzählung „Die Marzipanliese“ von Friedrich Halm spielt im frühen 18. Jahrhundert in Ungarn. Etwa in der Mitte dieser Erzählung sitzen fünf Personen um den Abendbrottisch im Haus des reichen Kaufmanns Paul Horváth: Horváth selbst, seine Tochter Czenczi, die Haushälterin Margit, der Schreiber Ferencz – oder Franz – Bauer und ein Gast, der Kaufmann Steidler. Dieser Steidler hat am gleichen Tag die Hinrichtung eines Mörders miterlebt, der sich zwei Jahre nach seiner Tat selbst gestellt hatte. Horváth kommentiert den Bericht Steidlers mit einem Hinweis auf Gottes Gerechtigkeit.

„Ja“, sagte er mit nachdrücklicher und bewegter Stimme. „Gott weiß jeden zu finden, und nichts, […] nichts ist so fein gesponnen, es kommt zuletzt ans Licht der Sonne!“
Herr Steidler erwidert:
„Ja, die Leute sagen so! Aber es kommt nicht alles ans Licht der Sonne! Ich selbst weiß von einem Fall zu erzählen, von einer schauerlichen Mordtat, die sich vor etwa dritthalb[1] Jahren begeben, ohne dass seither auch nur eine Spur des Mörders entdeckt worden wäre!“

Er berichtet von diesem Mord, der in der österreichischen Kleinstadt Bruck geschah. Steidlers Interesse wurde damals geweckt, als er ein Gespräch zwischen zwei Personen vom Fenster eines Gasthofs aus beobachtete:

„[…] deren Vertraulichkeit bei der großen Verschiedenheit ihres Alters und ihrer bürgerlichen Stellung meine Aufmerksamkeit erregte. Die eine der beiden Personen nämlich, ein junger Mann in zierlicher, blonder Stutzperücke[2], in einem anständigen braunen Tuchkleide und geflammten Seidenstrümpfen, gehörte unzweifelhaft zu den Honoratioren[3] der Stadt, während das Frauenzimmer, das den Abschiednehmenden bis zur Haustür begleitet zu haben schien, in Tracht und Haltung nur wie eine gewöhnliche Bürgerfrau aussah. Sie war alt und überaus hässlich; die kleinen, stechenden Augen und das spöttische Grinsen des zahnlosen Mundes gaben dem gelben, runzlichten Gesichte einen widerlich hämischen Ausdruck, den das wirre, graue Haar, das unter der schwarzen Drahtflügelhaube[4] hervorging, nicht zu mildern vermochte. Die kleine, hagere Gestalt war mit einem etwas abgenützten Kleide von schwarzem Kamelot[5] und einem mit verschossenem Sammetband besetzten Halbmäntelchen von demselben Stoffe angetan, aus dessen Armschlitzen ihre dürren Hände mit den gichtgekrümmten Fingern wie Adlerklauen hervorsahen. Dazu trug sie blauwollene, schlechte Strümpfe, grobe Schuhe, Zinnschnallen, ein grellgelbes Halstuch und eine feuerfarbene Schleife auf der Drahthaube; kurz und gut, nur der Besen fehlte, so war die Hexe fertig.“
„Ach, du dreieiniger Gott!“, stöhnte Base[6] Margit, indem sie sich bekreuzte;

[1] *dritthalb:* zwei und ein halbes Jahr

[2] *die Stutzperücke:* eine Perücke mit kurzem Zopf

[3] *die Honoratioren:* angesehene Bürger

[4] *die Drahtflügelhaube:* eine aufwändig gestaltete Haube mit aus stoffbezogenem Draht geformten „Flügeln“

[5] *der Kamelot:* Kammgarngewebe (feiner Wollstoff)

[6] *die Base:* die Kusine

Czenczi aber schlug die Hände vors Gesicht und rief: „Gott behüt' uns, mir ist, als sähe ich es vor mir stehen, das hässliche Weib!"

„Denkt Euch nun mein Erstaunen, werte Jungfer", fuhr Herr Steidler fort, „als ich plötzlich den jungen hübschen Mann die dürren, krummen Knochenfinger der Alten erfassen und mit einer Andacht und Inbrunst küssen sah, als wäre sie eine kaiserliche Prinzessin und der Ausbund aller Schönheit!"

Bei seinem Wirt erkundigte sich Steidler nach der alten Frau und erfuhr, es handle sich um die Marzipanliese, eine Pfandleiherin.

Die Marzipanliese „leihe nämlich auf Pfänder, drückte ihren Schuldnern wucherische[1] Zinsen ab, verkaufe ihnen Haus und Hof, und wenn die armen Leute dann ihre Hartherzigkeit verfluchten, pflegte sie zu sagen, wenn sie nur ihr Geld habe, das andere wäre ihr Marzipan[2], welcher Redensart sie denn auch ihren Spitznamen verdanke. Sie wäre nun an die Siebzig, besäße zwei Häuser zu Bruck, drei Häuser zu Grätz, und auch sonst noch Grundstücke, Weingärten und scheffelweise[3] Geld, aber nicht Kind noch Kegel und kein Mensch wisse, wem nach ihrem Tode all der Reichtum zufallen werde. ‚Und da der junge Mann', sage ich darauf, ‚wer ist er, und macht er der Alten den Hof und will er sie etwa heiraten?' Worauf der Kreuzwirt lachte und meinte, die Alte wolle der nicht, nur ihr Geld; denn er wäre armer Leute Kind und hätte sich durch Fleiß und Geschicklichkeit, vorzüglich aber durch die Gunst der Weiber emporgearbeitet, mit denen er als ein hübscher, pfiffiger Bursche gar gut umzugehen wisse, sodass er jetzt Registrant im Magistrat[4] und sehr beliebt bei Rat und Bürgerschaft wäre. Da ich aber meine Frage wiederhole, was denn doch wohl der Herr Registrant mit der boshaften Alten wolle, sagte der Kreuzwirt: ‚Nun, er ist ihr Mietsmann[5], und seit er in ihr Haus gezogen, hätschelt und pflegt er die Alte, besorgt ihre Geschäfte, redet ihr in aller Weise zu Gehör und alles das in der Hoffnung, die werde ihm ein tüchtig Stück Geld hinterlassen. Es solle auch', setzte der Kreuzwirt hinzu, ‚schon alles in Richtigkeit sein; ja der Registrant behaupte sogar, er selbst habe der Alten auf ihr Verlangen den Entwurf zu einem Testamente aufsetzen müssen, in dem sie ihn zu ihrem Universalerben erklärte […].' "

Mehr erfuhr Steidler nicht über die alte Frau und ihren Mieter. Als ihn sechs Wochen später seine Geschäfte wieder nach Bruck führten, war die Marzipanliese ermordet. Zusammen mit dem Kreuzwirt gelangte Steidler an den Tatort, die Schlafstube des Opfers.

„Das Erste, was mir hier in die Augen fiel, war die über einen Haubenstock[6] gestülpte Drahthaube mit der feuerfarbenen Schleife: über der Lehne eines Stuhls hing das Kamelotkleid und das dazugehörige Halbmäntelchen; die Besitzerin dieser Gewänder aber lag unfern von ihrer Bettsponde[7], nur notdürftig bedeckt, auf dem Boden; das dünne, graue Haar hing aufgelöst um das runz-

[1] *wucherische Zinsen:* übertrieben hohe Zinsen

[2] Marzipan war früher ein Luxusgut

[3] *scheffelweise:* ein Scheffel ist ein altes Hohlmaß für trockenes, schüttbares Gut, ca. 250 l

[4] *der Registrant im Magistrat:* Kanzleiangestellter des Gemeinderats

[5] *der Mietsmann:* der Untermieter

[6] *der Haubenstock:* ein hölzernes Gestell zur Aufbewahrung der Haube

[7] *die Bettsponde:* der Fuß des Bettes

lichte, schwarzblaue Gesicht und den pergamentähnlichen Nacken, den, scharf ins emporquellende Fleisch gedrückt, das grellgelbe Halstuch umschlang, mit dem die Unglückliche nach kurzer, vergeblicher Gegenwehr erdrosselt worden war; dafür bürgten die starren, blutunterlaufenen, gewaltsam aus ihren Höhlen herausgetriebenen Augen, der halboffene Mund, der sich zu einem grässlichen Hohngelächter zu verzerren schien, und die verkrümmten Hände, die offenbar in dem vergeblichen Bestreben erstarrt waren, den erdrosselnden Knoten des gelben Halstuches zu lösen! Es war ein entsetzlicher Anblick! […] Steidler fragte, was denn mit dem Registranten, dem Mietsmann und mutmaßlichen Erben der Toten und dem glücklichen Nebenbuhler des Syndikus[1] geworden wäre, und der Kreuzwirt teilte mir eben halblaut mit, dass derselbe, mit der Versteigerung eines in der Laming in Gant verfallenen Anwesens beauftragt, schon seit sechs Tagen abwesend wäre, als sich ein immer zunehmendes Gewirre von Stimmen im Hausflur erhob, die ärgerlich abmahnend einen ungestüm Vorwärtsdringenden zurückzuweisen bemüht schienen. Gleichwohl drang der laute Ruf: ‚Ich muss hinein! Platz da! Ich muss sie sehen!' immer näher, bis zuletzt der Schwall der Menge plötzlich sich teilte, und verstört, geisterbleich, große Schweißtropfen auf der Stirn, ein junger Mann ins Gemach stürzte, in dem ich augenblicklich den Registranten wiedererkannte, von dem wir soeben gesprochen. Bei dem Anblick der Ermordeten bebte er zurück, rang die Hände und rief einmal über das andere: ‚O Jammer! Entsetzen! O unglückseliger, grauenvoller Tag!'"

Steidler berichtet weiter vom Testament der Marzipanliese, die ihr gesamtes Vermögen „ungeteilt und ausschließend hiesiger Stadt zur Gründung eines Bürgerspitals und Waisenhauses" vermacht hatte. Er berichtet auch von der Reaktion des Registranten auf diese Mitteilung:

„[…] er knirschte mit den Zähnen, wühlte mit den Händen in seinem Haar, dann stieß er einen Schrei aus, der halb wie Schmerzgeheul, halb wie Gelächter der Verzweiflung erklang, taumelte, verdrehte die Augen und schlug im nächsten Augenblick leblos wie ein Stück Holz neben der Leiche hin!"

Erschüttert und beeindruckt verlassen Ferencz, Margit und Czenczi die Stube, Horváth aber bittet Herrn Steidler um die Aufklärung des Verbrechens.

„Meine Geschichte zu Ende bringen?", sagte Herr Steidler […], „teuerster Freund, sie ist zu Ende; denn was noch zu berichten bleibt, ist kaum der Rede wert und läuft auf unbestimmte Gerüchte und Vermutungen hinaus. […] Der junge Mann […] lief seit jenem Tage verstört und halb wahnsinnig in der Stadt herum, bis er nach drei Wochen plötzlich verschwand. Sein Hut und sein Oberrock, die an den Ufern der Mur gefunden wurden, lassen vermuten, dass der arme Teufel in seiner Verzweiflung sich ertränkt habe. Was den Mörder der Marzipanliese betrifft, so führten die sorgfältigsten Nachforschungen auf keine

[1] *der Syndikus:* der Anwalt

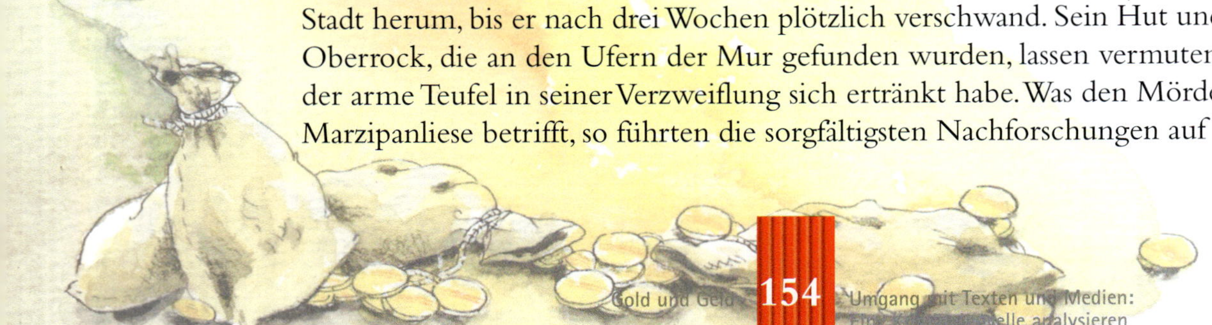

Spur. Ein ehemaliger Schuldner der Ermordeten, den sie um Haus und Hof gebracht hatte und der sich zur Zeit des Mordes in der Gegend von Bruck herumtrieb, wurde auf Veranlassung des Registranten als der Tat verdächtig eingezogen, musste aber entlassen werden, da er ein Alibi [...] nachzuweisen vermochte. Dagegen ging später, und zwar kurze Zeit nach dem Verschwinden des Registranten, das Gerücht, er selbst wäre es gewesen, der in der sichern Hoffnung, die Alte zu beerben, ihr hingeholfen hätte, um früher zu Geld und Gut und in den Besitz seiner Liebsten zu kommen. Man erzählt sich nämlich, zwei Bauknechte hätten dem Syndikus angezeigt, dass sie in der Nacht des Mordes [...] dem, wie gesagt, damals in der Laming stationierten Registranten, hastig von der Stadt kommend, begegnet wären und ihn deutlich erkannt hätten, obgleich er bei ihrem Herannahen von der Straße weg in den Busch gesprungen wäre. Wenn nun auch der Hauswirt des Registranten in der Laming dagegen steif und fest behaupte, dieser Letztere habe sich daselbst in jener Nacht wie gewöhnlich zu Bette begeben und sei frühmorgens von ihm selbst geweckt worden, so schließe das doch nicht aus, dass der verruchte Mörder heimlich [...] das Haus verlassen, die Untat vollbracht habe und dann unbemerkt wieder zurückgekehrt sei, wofür auch der Umstand spreche, dass der Mörder die Gelegenheit im Hause der Marzipanliese sehr wohl gekannt haben müsse, da kein Einbruch stattgefunden habe und Tür und Fenster unverletzt gewesen wären [...]."

1. Steidler berichtet von einem unaufgeklärten Verbrechen, gibt aber in seiner Darstellung genügend Hinweise auf den Täter. Suche diese Hinweise und verfasse den **Bericht** eines kaiserlichen Beamten, der nach Bruck geschickt worden ist, um den Mordfall und die vergeblichen Anstrengungen der Beamten zur Aufklärung zu untersuchen.

2. Steidler berichtet nicht nüchtern, sondern will durch die Art und Weise, wie er die Ereignisse **schildert**, seine Zuhörer beeindrucken und ihnen seine Gefühle vermitteln.

Czenczi: *... mir ist, als sähe ich es vor mir stehen, das hässliche Weib ...*

Untersuche, wie es Steidler gelingt, die Marzipanliese anschaulich zu schildern. Achte dabei insbesondere auf die Wortarten. Schreibe die Begriffe, die ähnliche Eindrücke vermitteln, untereinander und erläutere ihre beabsichtigte Wirkung:

z. B.: zahnloser Mund
gelbes, runzlichtes Gesicht
wirres, graues Haar
abgenütztes Kleid
blauwollene, schlechte Strümpfe
...

} eine alte Frau, die nicht auf ihr Aussehen achtet → Vermutung: Geiz

Steidler ist als Erzähler nicht objektiv, sondern er drückt seine Meinung über Personen und Ereignisse recht deutlich aus. Seine Urteile versteckt er in seinen Schilderungen.

... die kleinen, stechenden Augen und das spöttische Grinsen des zahnlosen Mundes gaben dem gelben runzlichten Gesichte einen widerlich hämischen Ausdruck ...

Schilderung
- anschauliche, ausmalende, lebendige Darstellung von Lebewesen, Gegenständen, Orten, Situationen
- oft reich an Adjektiven und Vergleichen
- vom subjektiven Eindruck des Erzählers geprägt

METHODE

Schilderungen deuten

Um herauszufinden, was eine Schilderung aussagt, sollte man aussagekräftige Begriffe unterstreichen oder herausschreiben. Man kann diese Begriffe untereinanderschreiben, daneben den Eindruck zusammenfassen, den diese Begriffe vermitteln, und im Anschluss überlegen, ob die Schilderung noch eine tiefere Bedeutung hat.

3. Steidler fasst seinen Eindruck von der Marzipanliese in dem Wort „Hexe" (S. 152, Z. 26) zusammen. Lege dar, was diese Bezeichnung eigentlich bedeutet und ob sie angemessen ist.

4. Untersuche ebenfalls Steidlers Schilderung des Registranten und überprüfe, wie Steidler über diesen jungen Mann urteilt.

Personen werden vorgestellt und beschrieben

Zu Weßprim in Ungarn lebt in den ersten Jahrzehnten des 18. Jahrhunderts kurze Zeit nach dem Abschlusse des Szathmárer Friedens[1] ein Kaufmann, namens Paul Horváth, in Wohlstand und Fülle des Gedeihens. Er besaß vor den Toren der Stadt ein großes Haus mit tiefen Kellern und geräumigen Vorratskammern, die gleichwohl zur Aufbewahrung der Berge von Ballen, Fässern und Kisten, die sie aufnehmen sollten, oft kaum hinreichten; denn zunächst mit dem Umsatze von Tüchern beschäftigt, die er aus der Steiermark und Kärnten bezog, betrieb Horváth nebenbei auch einen ausgebreiteten Handel mit Wein und Getreide. Das Bestreben, sein Geschäft in Schwung zu bringen, und das Bedürfnis, vorteilhafte Handelsverbindungen anzuknüpfen, hatte ihn in früheren Jahren [...] nach Venedig, in das Deutsche Reich, bis nach Holland geführt, sodass die Erziehung seiner einzigen Tochter Crescenzias und die Verwaltung seines verwaisten Haushalts monatelang der alten Margit, einer Base seiner verstorbenen Frau, überlassen blieb.

[1] *der Szathmárer Frieden:* 1722 einigten sich Österreich/Habsburg und Ungarn in Bezug auf die Kosten für die Türkenkriege

So beginnt die Erzählung, aus der die Geschichte des Kaufmanns Steidler stammt.

1. Untersuche, wie der Anfang der Erzählung aufgebaut ist.

2. Zeige, was die Leser aus dem Anfang der Geschichte über den Kaufmann Horváth erfahren.

Einen Eindruck vom Charakter des Kaufmanns vermittelt der Erzähler anschließend, wenn er berichtet, wie Horváth den Schreiber Ferencz kennenlernt, als er „in seinem leichten einspännigen Wagen, dies und jenes erwägend", nach Hause fährt. Dabei trifft er „an der Einmündung eines Seitenwegs in die Hauptstraße" auf einen jungen Mann,

[...] dessen Haltung auf den ersten Blick ebenso entschieden tiefe Erschöpfung und Niedergeschlagenheit ausdrückte, als der Schnitt seiner abgenutzten und staubbedeckten Kleidung ihn als einen Nichtungar kundgab. Er saß hart am Wege auf einem halbversunkenen Grenzsteine; neben ihm lag ein Knotenstock[2], ein kleines Bündel und sein Käppchen, während seine langen fahlblonden

[2] *der Knotenstock:* ein derber, knorriger Stock

hilfsbereit
ironisch
verständnisvoll
zögernd
vorsichtig
großzügig

Haare, vom Herbstwinde hin und her getrieben, die feinen, gefälligen Züge seines blassen, abgezehrten Antlitzes bald zeigten, bald verbargen und seine graublauen Augen wie in gedankenlosem Trotze trüb vor sich hinstarrten. – „Da, heb' auf, Junge!“, rief Horváth, indem er in die Tasche griff und ihm ein Geldstück hinwarf. Der Bursche fuhr bei dem Anrufe in die Höhe; seine erste Bewegung war auf Flucht gerichtet, die zweite ein hastiger Griff nach seinem Knotenstocke; als er aber das Geldstück gewahrte, schien er sich wieder zurechtzufinden; er ließ den Stock niedergleiten und sank wieder auf den Stein zurück. „Zu wenig zum Leben und zu viel zum Sterben!“, sagte er und schleuderte die vor ihm liegende Münze mit einem Fußstoß in den Staub der Straße hinaus. – „Eszem adta!“[1], rief Horváth, indem er die Zügel anhielt und fügte dann zornig in deutscher Sprache hinzu: „Ist Er ein Millionär? Oder ist Ihm kaiserliche Münze zu schlecht, um sie aufzuheben? Will Er Antwort geben, Landstreicher?“ Der Jüngling wechselte die Farbe und schoss einen scheuen, stechenden Blick voll feindlichen Ingrimms[2] nach dem Sprechenden; aber er schien Gründe zu haben, sich zurückzuhalten, denn er biss sich in die Lippen und versetzte nach einer Pause mit gepresster Stimme: „Ich will kein Almosen! Ich will ein Unterkommen, ich will Arbeit finden!“ „Pah, Arbeit“, rief Horváth, „mit den feinen, zarten Händen! Was für Arbeit will er damit verrichten?“ Der Jüngling richtete sich empor und erwiderte […], er sei des Rechnens und der Buchführung kundig; er spreche und schreibe zwar nicht Ungarisch, aber Deutsch, Wälsch[3] und Latein und verstehe sich auch noch auf andere nützliche Dinge. Horváth hörte die zuversichtlichen Worte mit beifälligem Kopfnicken an und warf nach kurzem Besinnen die Frage hin, wie er heiße, was er bisher getrieben und ob er Zeugnisse seines Wohlverhaltens habe? Der Fremde stockte eine Weile, aber bald gesammelt berichtete er mit geläufiger Zunge, er heiße Franz Bauer, sei aus Wien gebürtig, habe dort bei einem Advokaten[4] serviert, diesen aber verlassen, um sich in der Welt umzusehen; in Fünfkirchen sei er schwer erkrankt und durch Diebstahl seiner Zeugnisse und des besten Teils seiner Habe beraubt worden; gestern sei er über den Plattensee herübergekommen und sitze nun hier und wisse sich nicht Rat noch Hilfe. Horváths Beifallnicken hatte sich während dieses Berichts mehrmals in ein bedenkliches Kopfschütteln verwandelt, aber das gefällige Äußere des Fremden schien seinen einfachen Sinn bestochen zu haben. „Gut“, sagte er endlich, „ich will Ihm für heute Nacht Herberge geben und morgen, wenn sich zeigt, dass Er arbeiten kann und will, soll sich auch das Unterkommen finden! Sitz' Er auf!“ […]

[1] *„Eszem adta“:* „Wie reizend“ – das ist ironisch gemeint

[2] *der Ingrimm:* die verbissene Wut

[3] *Wälsch:* Italienisch

[4] *der Advokat:* der Rechtsanwalt

Da sich herausstellt, dass der junge Mann ein begabter und fleißiger Buchhalter ist, stellt Horváth ihn als „Schreiber“ ein. Aus Franz Bauer wird „Ferencz“, der sich schnell mit fast allen Hausgenossen anfreundet.

3. Sammle, was du aus dieser Episode über den Charakter des Kaufmanns Horváth erfährst, und erkläre seinen Entschluss, Franz oder Ferencz einzustellen.

4. Beim genauen Lesen des Textes wird deutlich, dass die Begegnung zwischen Horváth und Ferencz aus der Sicht Horváths dargestellt wird.

Der Erzähler schreibt:

Der Jüngling ... schien Gründe zu haben, sich zurückzuhalten ...

Finde weitere Textstellen, die deutlich machen, dass Ferencz von außen gesehen wird und der Erzähler nichts über dessen Gedanken und Gefühle preisgibt.

5. Das Bild, das der Erzähler von Ferencz vermittelt, ist nicht eindeutig. Zähle in zwei Spalten auf, was **für** Ferencz spricht und was die Leser **gegen** ihn einnehmen könnte. Werte die Spalten aus:

Was Ferencz sympathisch macht:		**Was das Misstrauen des Lesers weckt:**	
die feinen, gefälligen Züge seines blassen, abgezehrten Antlitzes	Ferencz stammt aus gutem Hause, ist aber verarmt	seine erste Bewegung war auf Flucht gerichtet ein hastiger Griff nach seinem Knotenstocke er schoss einen scheuen, stechenden Blick voll feindlichen Ingrimms	Ferencz ist misstrauisch und hat einen Grund, sich zu verbergen

6. Zeige, wie Horváth Ferencz sieht und wie er ihn einschätzt.

7. Suche Hinweise im Text, aus denen hervorgehen könnte, dass Horváth Ferencz nicht unbedingt Vertrauen schenken sollte.

METHODE

Personengestaltung untersuchen (☞ S. 239)

Um herauszufinden, wie ein Erzähler die Personen seiner Geschichte gestaltet, muss man untersuchen, welche Verhaltensweisen und Handlungen mitgeteilt und mit welchen Ausdrücken diese dargestellt werden. Dabei können die Adjektive besonders wichtige Hinweise geben.

8. Vergleiche die Art und Weise, wie Ferencz dem Leser vorgestellt wird, mit der Einführung der Hauptfigur in anderen Erzählungen aus diesem Buch.

Ein Erzähler hat zwei Möglichkeiten, den Lesern eine **Person vorzustellen**:
- Er kann im **Erzählerbericht** den Namen der Person nennen, die Umstände ihres Lebens darstellen und ihr Äußeres beschreiben.
- Er kann eine **Szene** schildern, in der die Person auftritt.

Eine unheimliche Begegnung

Als der Kaufmann Steidler die Geschichte der Marzipanliese erzählt, reagiert Ferencz überaus aufgeregt, Czenczi wiederum lässt erkennen, wie besorgt sie um Ferencz ist. Ihr Vater vermutet richtig, dass sie in den Schreiber verliebt ist, und weist am nächsten Tag Ferencz aus dem Haus, er soll innerhalb einer Stunde abreisen. Czenczi aber versteckt ihren Geliebten im untersten Geschoss des Weinkellers, und zwar – damit er nicht entdeckt wird – in einer fensterlosen, verschlossenen Kammer. Als nach drei Tagen Horváth auf Reisen gegangen ist, macht sich Czenczi um Mitternacht auf den Weg, um Ferencz aus seinem Gefängnis zu befreien. Sie will mit Ferencz fliehen.

Im Begriff, die ersten Stufen hinabzusteigen, war es ihr, als ob ihr von unten, wo die Treppe zum untersten Geschosse sich hinabdrehte, ein Lichtschimmer entgegendränge. Was war das? Von Ferencz, der im Kellerstübchen eingeschlossen war, konnte das nicht kommen. Sollte ein Fremder in den Keller sich eingeschlichen haben? Hier war Vorsicht nötig! – Ihre Knie zitterten, aber Mut und Entschlossenheit verließen sie keinen Augenblick. Sie verlöschte das Licht der Laterne, damit sein Schimmer sie nicht verrate, und drückte sich hinter einen Pfeiler, zu erwarten, was da kommen würde. Aber es kam nichts; alles blieb still und stumm wie zuvor. Nach einer Weile streckte sie lauschend den Kopf hinter dem Pfeiler hervor; der Lichtschimmer war verschwunden und nur schwarze Finsternis glotzte ihr entgegen. Sollte jene Lichterscheinung nur Selbsttäuschung gewesen sein oder war die veranlassende Ursache derselben im unteren Kellergeschoss zu suchen? – Mit einem Male erfasste sie eine nie gefühlte Beklommenheit; ihre Pulse hämmerten, ihre Zähne klapperten aneinander; aber Ferencz harrte ihrer und wenn er etwa in Gefahr wäre – diese Rücksicht überwog alle Bedenken und hastig stieg sie beiläufig die Hälfte der Treppe hinunter, als plötzlich dort, wo die Treppe zum untersten Geschoss hinabbog, sich wieder ein dämmernder Lichtschimmer zeigte, der eine weibliche Gestalt in dunklen Gewändern zu umfließen schien, die mitten auf der Treppe mit weit ausgebreiteten Armen ihr drohend und abwehrend entgegenwinkte. Rasche Flucht war bei diesem Anblick die erste Bewegung des zitternden, halb ohnmächtigen Mädchens, und schneller als sie hinabgestiegen, war sie die Stufen der Treppe wieder hinaufgeeilt. An der halboffenen Kellertüre stand sie still; sie schämte sich ihrer Flucht und zweifelhaft, ob sie nicht wieder umkehren sollte, wendete sie sich atemlos, die Hand auf das krampfhaft zuckende Herz drückend, nach rückwärts und sah kaum, betroffen und erstaunt, jenen Lichtschimmer abermals verschwunden, als er jetzt auch schon dicht vor ihren Füßen wieder aus dem Boden aufdämmerte und in seinem grauen Schimmer ein Weib vor ihr emportauchte, das, die welken, runzligen Züge grinsend verzerrt, mit stechenden, zornglühenden Augen sie anstarrte und, während Czenczis Blicke wie magisch angezogen an der feuerfarbenen Schleife ihrer Flügelhaube und ihrem grellgelben Halstuche hafteten, aus dem schwarzen Halbmäntelchen dürre Hände mit gekrümmten, klauenähnlichen Fingern nach ihrem Halse streckte. – Da zuckte es wie ein Blitz durch Czenczis Seele! „Die Marzipanliese!“, schrie sie gellend auf, sprang zum Keller hinaus, warf die Türe hinter sich zu, wankte taumelnd noch einige Schritte in den Hofraum hinein und brach dann dumpfächzend bewusstlos zusammen.

1. Untersuche, aus wessen Perspektive diese Episode geschildert ist.

2. An einigen Stellen gibt der Erzähler die Gedanken Czenczis direkt wieder:

Was war das? Von Ferencz,
der im Kellerstübchen eingeschlossen
war, konnte das nicht kommen.
Sollte ein Fremder in den Keller
sich eingeschlichen haben?
Hier war Vorsicht nötig!

Finde weitere entsprechende Textstellen.

Der Erzähler zeigt, was Czenczi denkt, aber er verwendet nicht die direkte oder indirekte Rede, sondern formuliert im Präteritum und in der 3. Person. Der Erzähler kann so die Gedanken seiner Figuren besser in die Erzählung einfügen. Da er aus der Sicht Czenczis erzählt, wird in diesem Fall die Spannung erhöht.

Die in den Fluss der Erzählung eingefügte Wiedergabe der Figurenrede in der 3. Person wird **erlebte Rede** genannt. Mithilfe der erlebten Rede kann der Erzähler ein Ereignis aus der Sicht einer Person schildern.

3. Untersuche, wie Czenczi sich bewegt und wie sie sich verhält.

Hier siehst du z. B., wie sie die Treppe hinab- und hinaufläuft.

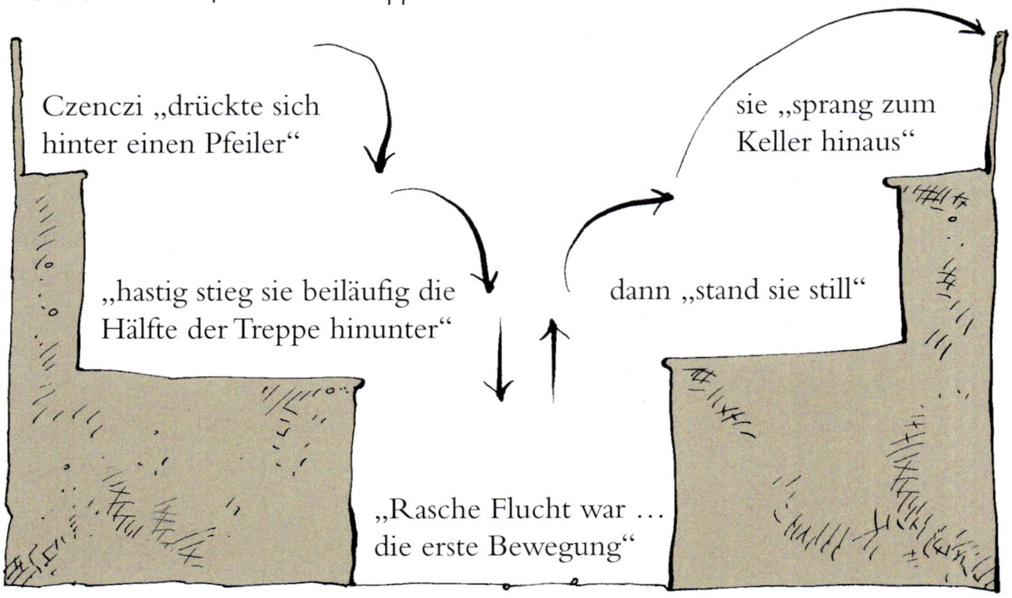

4. Zeige, wie durch diese Beschreibung Spannung erzeugt wird.

5. Untersuche auch, wie der Erzähler die Beschreibung von Licht und Dunkelheit einsetzt, und beschreibe die Atmosphäre, die er so erzeugt.

6. Erkläre die Bedeutung der Geistererscheinung.

METHODE

Erzähltexte analysieren

Bei der **Analyse von Erzähltexten** ist es oft sinnvoll, sich folgende Fragen zu stellen:

- Wie wird das äußere Geschehen dargestellt (z. B. durch Schilderungen)?
- Wie wird das innere Geschehen dargestellt (z. B. durch erlebte Rede)?
- Wie sind die Personen gestaltet (z. B. durch ihre Verhaltensweisen oder bestimmte Merkmale)?
- Worin drückt sich die Darstellungsweise aus (z. B. im Erzählerbericht oder in der szenischen Darstellung)? (☞ S. 238 ff.)
- Wie wird Spannung erzeugt und gesteigert?

Das Motiv des Geldes

Fünf Tage lang bleibt Czenczi bewusstlos; Ferencz kann sich nicht selbst aus der Kammer im Weinkeller befreien und stirbt dort. Czenczi – die bald auch ihren Vater verliert und dessen einzige Erbin ist – will nach ihrer Genesung mehr über ihren geliebten Ferencz erfahren, liest seine Papiere, erfährt seinen wirklichen Namen und muss erkennen, dass sie den Mörder der Marzipanliese geliebt hat.

… und nun warf sie unter einem Strome bitterer Tränen sich auf die Knie, um in heißer Inbrunst zu dem gerechten Richter zu beten, der sie zum willenlosen Werkzeuge seiner Rache gebraucht, der sie gezüchtigt und gerettet, der sie dunkle Wege, aber zum Lichte geführt hatte. Dann erhob sie sich, warf den Brief und das Porträt Ferencz' ins Feuer und sah zu, wie die Flamme knisternd und knatternd es verzehrte. Am nächsten Morgen verschrieb sie ihre ganze reiche Habe dem Kloster der Cistercienserinnen im Tal zu Weißprim, in dem sie bald darauf den Schleier nahm[1], den Rest ihrer Tage in Gebet und Buße für das eigene Vergehen und für das Seelenheil des gerichteten Mörders hinzubringen, den die Menschen nicht erreicht, den aber Gott gefunden hatte.

[1] Czenczi nimmt den Schleier bei den Cistercienserinnen: sie tritt in ein Kloster ein

1. Erkläre, inwiefern Czenczi das „Werkzeug" von Gottes „Rache" ist.

2. Erläutere, was Geld und Besitz für die Marzipanliese, für Horváth und für Ferencz bedeuten und mit welchen Mitteln sie zu Reichtum kommen oder kommen wollen.

Als **Motiv** bezeichnet man dreierlei:
- in Literatur und Musik: den Leitgedanken, ein wichtiges wiederkehrendes inhaltliches Element (z.B. das Motiv des Geldes in der „Marzipanliese")
- in der bildenden Kunst: den Gegenstand der Darstellung
- ganz allgemein: den Beweggrund oder Antrieb (z.B. kann *Geld* das **Motiv** für einen Raubmord sein)

3. Zeige, dass das *Geld* das zentrale Motiv der Erzählung „Die Marzipanliese" ist.

4. Erkläre Czenczis Entschluss, ins Kloster zu gehen.

5. Vergleiche das Testament der Marzipanliese mit dem Eintritt Czenczis ins Kloster und erkläre die beiden Entscheidungen.

Schildern und Charakterisieren

Eine Schilderung schreiben

Herbert Malecha

Die Probe

Redluff sah, das schrille Quietschen der Bremsen noch in den Ohren, wie sich das Gesicht des Fahrers ärgerlich verzog. Mit zwei taumeligen Schritten war er wieder auf dem Gehweg. „Hat es Ihnen was gemacht?" Er fühlte sich am Ellbogen angefasst. Mit einer fast brüsken Bewegung machte er sich frei. „Nein, nein, schon gut. Danke", sagte er noch, beinah schon über die Schulter, als er merkte, dass ihm der Alte nachstarrte.

Eine Welle von Schwäche stieg von seinen Knien auf, wurde fast zur Übelkeit. Das hätte ihm gerade gefehlt, angefahren auf der Straße liegen, eine gaffende Menge und dann die Polizei. Er durfte jetzt nicht schwach werden, nur weiterlaufen, unauffällig weiterlaufen zwischen den vielen auf der hellen Straße. Langsam ließ das Klopfen im Halse nach.

Seit drei Monaten war er zum ersten Mal wieder in der Stadt, zum ersten Mal wieder unter so viel Menschen. Ewig konnte er in dem Loch sich ja nicht verkriechen, er musste einmal wieder raus, wieder Kontakt aufnehmen mit dem Leben, überhaupt raus aus allem. Ein Schiff musste sich finden lassen, möglichst noch bevor es Winter wurde. Seine Hand fuhr leicht über die linke Brustseite seines Jacketts, er spürte den Pass, der in der Innentasche steckte; gute Arbeit war dieser Pass, er hatte auch nicht schlecht dafür bezahlt.

Die Autos auf der Straße waren zu einer langen Kette aufgefahren. Nur stockend schoben sie sich vorwärts. Menschen gingen an ihm vorbei, kamen ihm entgegen; er achtete darauf, dass sie ihn nicht streiften. Einem Platzregen von Gesichtern war er ausgesetzt, fahle Ovale, die sich mit dem wechselnden Reklamelicht verfärbten. Redluff strengte sich an, den Schritt der vielen anzunehmen, mitzuschwimmen in dem Strom. Stimmen, abgerissene Gesprächsfetzen schlugen an sein Ohr, jemand lachte. Für eine Sekunde haftete sein Blick an dem Gesicht einer Frau, ihr offener, bemalter Mund sah schwarzgerändert aus. Die Autos fuhren jetzt an, ihre Motoren summten auf. Eine Straßenbahn schrammte vorbei. Und wieder Menschen, Menschen, ein Strom flutender Gesichter, Sprechen und hundertfache Schritte. Redluff fuhr unwillkürlich mit der Hand an seinen Kragen. An seinem Hals merkte er, dass seine Finger kalt und schweißig waren.

Wovor hab ich denn eigentlich Angst, verdammte Einbildung, wer soll mich denn schon erkennen in dieser Menge, sagte er sich. Aber er spürte nur zu genau, dass er in ihr nicht eintauchen konnte, dass er wie ein Kork auf dem Wasser tanzte, abgestoßen und weitergetrieben. Ihn fror plötzlich. Nichts wie verdammte Einbildung, sagte er sich wieder. Vor drei Monaten war das ja noch anders, da stand sein Name schwarz auf rotem Papier auf jeder Anschlagsäule zu lesen, Jens Redluff; nur gut, dass das Photo so schlecht war. Der Name stand damals fett in den Schlagzeilen der Blätter, wurde dann klein und kleiner, auch das Fragezeichen dahinter, rutschte in die letzten Spalten und verschwand bald ganz.

Redluff war jetzt in eine Seitenstraße abgebogen, der Menschenstrom wurde dünner, noch ein paar Abbiegungen, und die Rinnsale lösten sich auf, zerfielen in einzelne Gestalten, einzelne Schritte. Hier war es dunkel. Er konnte den Kragen öffnen und die Krawatte nachlassen. Der Wind brachte einen brackigen Lufthauch vom Hafen her. Ihn fröstelte.

Ein breites Lichtband fiel quer vor ihm über die Straße, jemand kam aus dem kleinen Lokal, mit ihm ein Dunst nach Bier, Qualm und Essen. Redluff ging hinein. Die kleine, als Café aufgetakelte Kneipe war fast leer, ein paar Soldaten saßen herum, grelle Damen in ihrer Gesellschaft. Auf den kleinen Tischen standen Lämpchen mit pathetisch roten Schirmen. Ein Musikautomat begann aus der Ecke zu hämmern. Hinter der Theke lehnte ein dicker Bursche mit bloßen Armen. Er schaute nur flüchtig auf.

„Cognac, doppelt", sagte Redluff zu dem Kellner. Er merkte, dass er seinen Hut noch in der Hand hielt und legte ihn auf den leeren Stuhl neben sich. Er steckte sich eine Zigarette an, die ersten tiefen Züge machten ihn leicht benommen. Schön warm war es hier, er streckte seine Füße lang aus. Die Musik hatte gewechselt. Über gezogen jaulenden Gitarretönen hörte er halblautes Sprechen, ein spitzes Lachen vom Nachbartisch. Gut saß es sich hier.

Der Dicke hinter der Theke drehte jetzt seinen Kopf nach der Tür. Draußen fiel eine Wagentür schlagend zu. Gleich darauf kamen zwei Männer herein, klein und stockig der eine davon. Er blieb in der Mitte stehen, der andere, im langen Ledermantel, steuerte auf den Nachbartisch zu. Keiner von beiden nahm seinen Hut ab. Redluff versuchte hinüberzuschielen, es durchfuhr ihn. Er sah, wie der Große sich über den Tisch beugte, kurz etwas Blinkendes in der Hand hielt. Die Musik hatte ausgesetzt. „What's he want?", hörte er den Neger vom Nebentisch sagen. „What's he want?" Er sah seine wulstigen Lippen sich bewegen. Das Mädchen kramte eine bunte Karte aus ihrer Handtasche. „What's he want?" sagte der Neger eigensinnig. Der Mann war schon zum nächsten Tisch gegangen. Redluff klammerte sich mit der einen Hand an die Tischkante. Er sah, wie die Fingernägel sich entfärbten. Der rauchige Raum schien ganz leicht zu schwanken, ganz leicht. Ihm war, als müsste er auf dem sich neigenden Boden jetzt langsam samt Tisch und Stuhl auf die andere Seite rutschen. Der Große hatte seine Runde beendet und ging auf den anderen zu, der immer noch mitten im Raum stand, die Hände in den Manteltaschen. Redluff sah, wie er zu dem Großen etwas sagte. Er konnte es nicht verstehen. Dann kam er geradewegs auf ihn zu.

„Sie entschuldigen", sagte er, „Ihren Ausweis, bitte!" Redluff schaute erst gar nicht auf das runde Metall in seiner Hand. Er drückte seine Zigarette aus und war plötzlich völlig ruhig. Er wusste es selbst nicht, was ihn mit einmal so ruhig machte, aber seine Hand, die in die Innentasche seines Jacketts fuhr, fühlte den Stoff nicht, den sie berührte, sie war wie von Holz. Der Mann blätterte langsam in dem Pass, hob ihn besser in das Licht. Redluff sah die Falten auf der gerunzelten Stirn, eins, zwei, drei. Der Mann gab ihm den Pass zurück. „Danke, Herr Wolters", sagte er. Aus seiner unnatürlichen Ruhe heraus hörte Redluff sich selber sprechen. „Das hat man gern, so kontrolliert werden wie –", er zögerte etwas, „ein Verbrecher!" Seine Stimme stand spröde im Raum. Er hatte doch gar nicht so laut gesprochen. „Man sieht manchmal jemand ähnlich", sagte der Mann, grinste, als hätte er einen feinen Witz gemacht. „Feuer?" Er fingerte eine halbe Zigarre aus der Manteltasche. Redluff schob seine Hand mit dem brennenden Streichholz längs der Tischkante ihm entgegen. Die beiden gingen. Redluff lehnte sich in seinen Stuhl zurück. Die Spannung in ihm zerbröckelte, die eisige Ruhe schmolz. Er hätte jubeln können. Das war es, das war die Probe, und er hatte sie bestanden. Triumphierend setzte der Musikautomat wieder ein. „He, Sie vergessen Ihren Hut", sagte der Dicke hinter der Theke. Draußen atmete er tief, seine Schritte schwangen weit aus, am liebsten hätte er gesungen.

Langsam kam er wieder in belebtere Straßen, die Lichter nahmen zu, die Läden, die Leuchtzeichen an den Wänden. Aus einem Kino kam ein Knäuel Menschen, sie lachten und schwatzten, er mitten unter ihnen. Es tat ihm wohl, wenn sie ihn streiften. ‚Hans", hörte er eine Frauenstimme hinter sich, jemand fasste seinen Arm, „Tut mir leid", sagte er und lächelte in das enttäuschte Gesicht. Verdammt hübsch, sagte er zu sich. Im Weitergehen nestelte er an seiner Krawatte. Dunkelglänzende Wagen sangen über den blanken Asphalt, Kaskaden wechselnden Lichts gossen sich von den Fassaden, Zeitungsverkäufer riefen die Abendausgaben aus. Hinter einer großen, leicht beschlagenen Spiegelglasscheibe sah er undeutlich tanzende Paare; pulsierend drang die Musik abgedämpft bis auf die Straße. Ihm war wie nach Sekt. Ewig hätte er so gehen können so wie jetzt. Er gehörte wieder dazu, er hatte den Schritt der vielen, es machte ihm keine Mühe mehr. Im Sog der Menge ging er über den großen Platz auf die große Halle zu mit ihren Ketten von Glühlampen und riesigen Transparenten. Um die Kassen vor dem Einlass drängten sich Menschen. Von irgendwoher flutete Lautsprechermusik. Stand dort nicht das Mädchen von vorhin? Redluff stellte sich hinter sie in die Reihe. Sie wandte den Kopf, er spürte einen Hauch von Parfüm. Dicht hinter ihr zwängte er sich durch den Einlass. Immer noch flutete die Musik, er hörte ein Gewirr von Hunderten von Stimmen. Ein paar Polizisten suchten etwas Ordnung in das Gedränge zu bringen. Ein Mann in einer Art Portiersuniform nahm ihm seine Einlasskarte ab. „Der, der!", rief er auf einmal und deutete aufgeregt hinter ihm

her. Gesichter wandten sich, jemand im schwarzen Anzug kam auf ihn zu, ein blitzendes Ding in der Hand. Gleißendes Scheinwerferlicht übergoss ihn. Jemand drückte ihm einen Riesenblumenstrauß in die Hände. Zwei strahlend lächelnde Mädchen hakten ihn rechts und links unter, Fotoblitze zuckten. Und zu allem dröhnte eine geölte Stimme, die vor innerer Freudigkeit fast zu bersten schien: „Ich darf Ihnen im Namen der Direktion von ganzem Herzen gratulieren, Sie sind der hunderttausendste Besucher der Ausstellung!" Redluff stand wie betäubt. „Und jetzt sagen Sie uns Ihren werten Namen", schmalzte die Stimme unwiderstehlich weiter. „Redluff, Jens Redluff", sagte er, noch ehe er wusste, was er sagte, und schon hatten es die Lautsprecher dröhnend bis in den letzten Winkel der riesigen Halle getragen.
Der Kordon der Polizisten, der eben noch die applaudierende Menge zurückgehalten hatte, löste sich langsam auf. Sie kamen.

1. Arbeite am Text (☞ S. 164, Z. 12 – 35) heraus, wie Redluff die Menschen und die Stadt erlebt. Halte zu diesem Zweck fest, was Redluff sieht, hört, riecht und spürt, und untersuche die Vergleiche und Metaphern im Textausschnitt.

2. a) Beschreibe, wie Jens Redluff die Stadt und die Menschen nach der Ausweiskontrolle erlebt (☞ S. 166, Z. 92 – 115).
b) Untersuche die sprachlichen Mittel, die der Erzähler in diesem Textausschnitt einsetzt, um die veränderte Stimmung Redluffs deutlich zu machen.

3. Was eine Schilderung ist, hast du bei der Bearbeitung der „Marzipanliese" gelernt (☞ S. 156). Du kannst nicht nur Personen schildern, sondern auch Situationen und Orte.
Schau dir das Bild genau an: Welche Stimmung herrscht vor?
Versetze dich in die Situation der Person auf dem Bild. Überlege, was die Person sieht, hört, riecht, fühlt und spürt.
Halte schriftlich fest, welche Eindrücke die Person haben könnte.
Schreibe nun eine Schilderung, in der du den Weg dieser Person darstellst. Du kannst zwischen der Ich- oder Er-Form wählen.

Eine Schilderung schreiben

- In der Schilderung wird, anders als in der Beschreibung oder im Bericht, ein Lebewesen, eine Situation oder ein Ort aus subjektiver Sicht dargestellt.
- Schilderungen geben die persönlichen Stimmungen und Eindrücke wieder und vermitteln die herrschende Atmosphäre.
- Die Sinneseindrücke (sehen, hören, riechen, fühlen, schmecken) werden ausführlich geschildert. Dabei werden ausdrucksstarke Adjektive, treffende Verben und anschauliche Vergleiche, Personifikationen oder Metaphern verwendet.
- Die Schilderung steht im Präsens oder im Präteritum.

4. Sammle Situationen, die sich für eine Schilderung anbieten.

5. Ergänze folgendes Cluster.

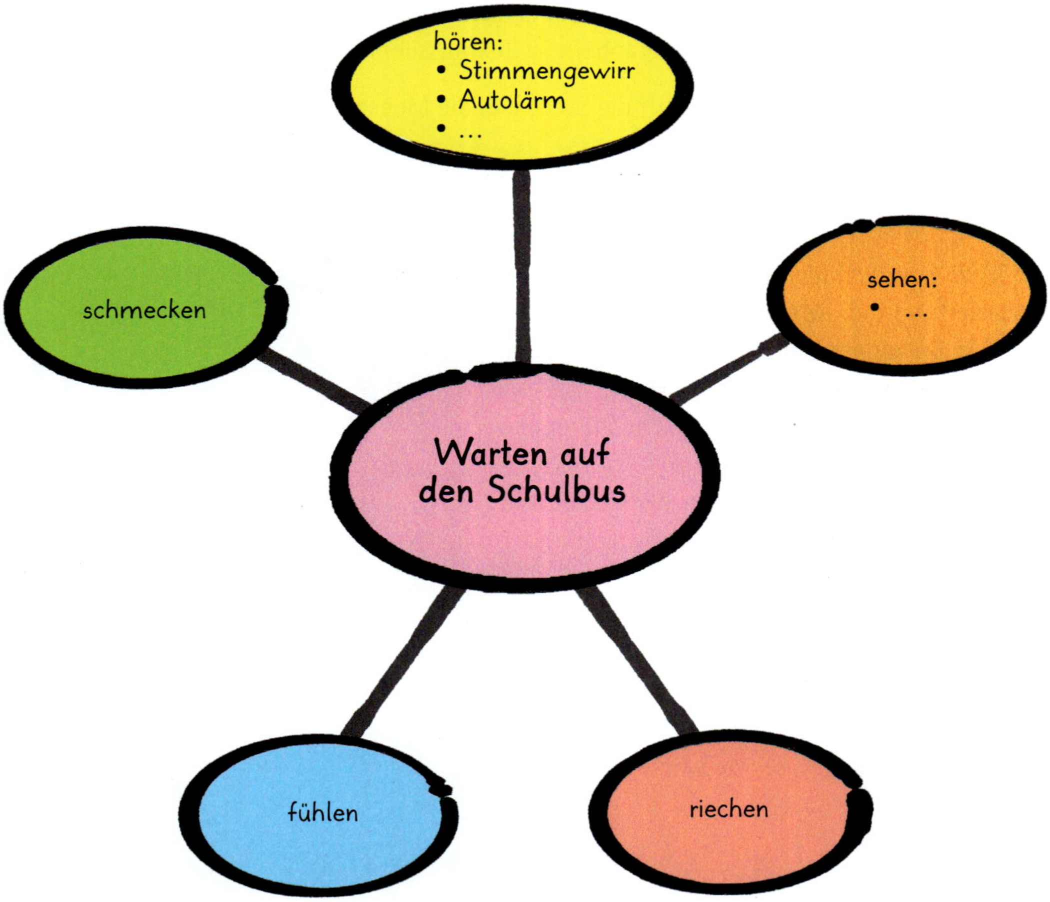

6. Wähle aus den von dir gesammelten Situationen eine aus und schildere sie.

Eine literarische Figur charakterisieren

1. a) Lies den Anfang der Kurzgeschichte „Die Probe" von Herbert Malecha (☞ S. 164, Z. 1–18) und markiere, was du über die Hauptfigur erfährst.
b) Arbeite heraus, was du über das Verhalten und die Gefühle Redluffs erfährst.

2. Vergleiche, wie Redluff sich vor und nach der Probe fühlt. Wie spiegelt sich dies in seinem Verhalten wider?

3. Halte fest, was du über Redluffs Verhältnis zu anderen Menschen erfährst.

4. Erkläre, woran Redluff im Endeffekt scheitert.

5. Schreibe eine Charakterisierung Redluffs.

METHODE

Eine Charakterisierung schreiben

- Die Charakterisierung oder Charakteristik versucht, die individuellen Merkmale einer literarischen Figur darzustellen.
- Anders als die Personenbeschreibung beschränkt sie sich nicht auf äußere Merkmale, sondern erstellt ein Gesamtbild einer Persönlichkeit.
- In der **Einleitung** wird im ersten Satz auf den zugrunde liegenden Text, den Autor sowie die zu charakterisierende Figur hingewiesen.
- Im **Hauptteil** wird die Figur unter folgenden Aspekten analysiert und beschrieben:
  - äußere Merkmale (Alter, Größe, Kleidung usw.)
  - persönliche Lebensumstände (Herkunft, soziale Situation)
  - Verhältnis zu anderen Personen, die im Text eine Rolle spielen
  - Verhalten in bezeichnenden Situationen oder bei Konflikten
  - Gedanken und Gefühle.

  Unter Umständen kann auch auf die Entwicklung der Figur im Laufe der Handlung eingegangen werden.
- Im **Schluss** wird der Charakter der Figur noch einmal kurz zusammengefasst. Die literarische Figur kann abschließend bewertet und ihre Bedeutung für die gesamte Handlung kann hervorgehoben werden.
- Die Charakterisierung steht im **Präsens**.
- Aussagen und Deutungen zur Figur sollten durch entsprechende **Textzitate** belegt werden.

In literarischen Texten können die Figuren dem Leser durch eine direkte oder indirekte Charakterisierung vermittelt werden. (☞ S. 239)

Zwischen Inszenierung und Information

YO!

1

Karlhans Frank

Schöne neue Welt

Aufgaben: Seite 176

Die Welt ist viereckig, besteht
aus Wiederholungen in Farbe
und Stereo. Hilfreich ist
das Vertalken des Denkens und das
Wegzappen unangenehmer Ereignisse.
Störungen werden auf
Schrifttafeln angezeigt und
dauern nicht lange, denn für
gutes Ansehen wie für
sämtliche Ansichten zahlen alle
Teilnehmer den Kasten, in dem
die Welt steckt, und manchmal
sogar Gebühren. Auch die eintönigste
Wüste hat in einer Ecke
ein buntes Logo. Logo!
Damit lange Ballwechsel, zärtliche
Akte, Morde und Kriege nicht
aufdringlich werden, schieben
sich liebliche Bilder dazwischen,
die zeigen, was uns noch
fehlt. Schön und abwechslungsreich
ist unsere kleine Welt, es
droht ihr nur eine Gefahr:
die Implosion, während wir im
Sessel dösen. Wer die Implosion
überlebt, kauft bald sich
eine neue Welt,
energiesparender, fortschrittlicher,
formschöner als die alte, angenehmer
im Klang, größer und
flacher im Format, brillanter
in der Auflösung, automatischer,
antistatischer, strahlungsärmer ...
vor allem eine, die
kindersicher und dennoch von
jedem Narren leicht zu bedienen ist.

Friederike Pezold, Die letzte Familie (1990)

Markus Lehmkuhl

Wissenschaft im deutschen Fernsehen

2

Aufgaben: Seite 176

Das deutsche Fernsehen nutzt intensiv die Wissenschaft, um die Aufmerksamkeit junger und erwachsener Zuschauer zu binden. Die Wege, wie konkret das gemacht wird, unterscheiden sich allerdings deutlich. Wer Ordnung in diese Vielfalt zu bringen versucht, kommt nicht umhin, Kriterien zu nennen, auf die es mit Blick auf die Zuschauer und Macher ankommt. Zwei dieser Kriterien sind die Aktualität des Anlasses für einen Beitrag oder für eine ganze Sendung und die Herkunft dieses Anlasses. Es macht mit Blick auf die Zuschauer, die man erreichen will, und mit Blick auf die Organisation einer Redaktion einen entscheidenden Unterschied, ob ein Anlass aus der Wissenschaft selbst stammt (zum Beispiel ein Forschungsresultat) oder aus einem anderen Bezugssystem (zum Beispiel der Alltagswelt der Zuschauer). Außerdem entscheidend ist, wie viel Zeit zwischen einem Anlass und der Berichterstattung verstrichen ist.

Jede Redaktion hat im Prinzip dasselbe Hauptproblem: Was senden wir heute? Wäre die Wahrnehmung nicht irgendwie organisiert, würde man auf diese Frage keine Antwort finden. Man findet kein Thema, wenn man nicht ungefähr weiß, wonach man sucht. „Nano" sucht vorrangig nach neuen Forschungsergebnissen, von denen die Redaktion glaubt, dass sie nützlich sein könnten und/oder interessant für die Zuschauer. Das Problem dieser Redaktion besteht nicht darin, genügend neue Forschungsresultate zu finden. Das Problem dieser Sendung und jeder anderen, die neue Forschungsresultate als Anlass nutzt, besteht darin, die interessanten/nützlichen für den Zuschauer aus der überbordenden Fülle wöchentlich einiger tausend Forschungsresultate zu finden. Das Verkaufsargument von „Nano" und ähnlicher Formate lautet: Seht her, es gibt etwas Neues aus der Wissenschaft, das zu wissen für euch nützlich oder interessant ist. Die Wissenschaft hat festgestellt, dass Marmelade Fett enthält, ergo, esst nicht so viel Marmelade.

Solche Geschichten schaffen es bei Pro 7, Kabel 1 oder Vox niemals auf den Schirm. Grund: Sie sind nicht massenattraktiv. „Galileo" nutzt die Welt der Wissenschaft völlig anders als „Nano". Im Vordergrund steht zunächst Alltägliches: Zu Ostern werden Eier gegessen, da kann man doch mal die Frage beantworten, wie der menschliche Organismus ein Ei eigentlich verdaut. Pralinen isst fast jeder gern, da ist es doch mal interessant, wie die Dinger eigentlich gemacht werden. Bei „Galileo" wird in allererster Linie versucht, die alltägliche Erfahrungswelt mit Wissenschaft und Technik zu verknüpfen. Wissenschaft wird als Dienstleister genutzt, um Fragen zu beantworten. Dieser Typus von Wissenschafts- oder Wissensformaten ist im Fernsehen weit verbreitet. Die Herausforderung solcher Formate besteht darin, immer wie-

Ranga Yogeshwar, der in Luxemburg geborene Wissenschaftsjournalist, arbeitet u. a. bei „Quarks & Co" (WDR)

der eine interessante Beziehung herzustellen zwischen der Alltagswelt von Zuschauern und der Wissenschaft.
Ein dritter Typus von Fernsehformaten sucht in der Welt der Wissenschaft nicht nach Neuigkeiten, sondern nach Ergebnissen, die sich dramaturgisch gut aufbereiten lassen. Was da unter Labeln wie „Abenteuer Wissen“ oder „Faszination Forschung“ als neue Erkenntnis in häufig sehr aufwändig gestalteten Formaten angepriesen wird, ist so neu in der Regel nicht. Für einen Experten ist das meistens kalter Kaffee. Die Neuigkeit der archäologischen Befunde, der wissenschaftlichen Theorien, der Deutungen von Welt, darauf kommt es nicht an. Es kommt darauf an, die Zuschauer durch eine geeignete Dramaturgie zu fesseln. Ein beliebtes Mittel solcher Formate ist eine Dramaturgie, bei der der Eindruck geweckt wird, die Entschlüsselung von Rätseln finde gerade im Moment statt. Es wird suggeriert, dass man unmittelbar am wissenschaftlichen Erkenntnisprozess teilhat. Zuschauer begleiten die Forscher auf ihrer Suche nach Antworten auf den Nord- oder Südpol, in vermeintlich unentdeckte Kammern alter Pyramiden, unter die Meeresoberfläche, in Bibliotheken und Labors. Das ist spannend, faszinierend, kurz: Das ist massenattraktiv, aber auch teuer.

3

Hilde Domin

Fernsehgedicht

Aufgaben: Seite 176

Brennende Stadt (Beirut)

Die brennende Stadt
brennt lautlos
Ich sehe sie jeden Abend
mit immer neuen Namen
der Ansager
vorläufig
sagt Abend für Abend den einen
Ich kann das abstellen
vorläufig
Zumindest im Wachen

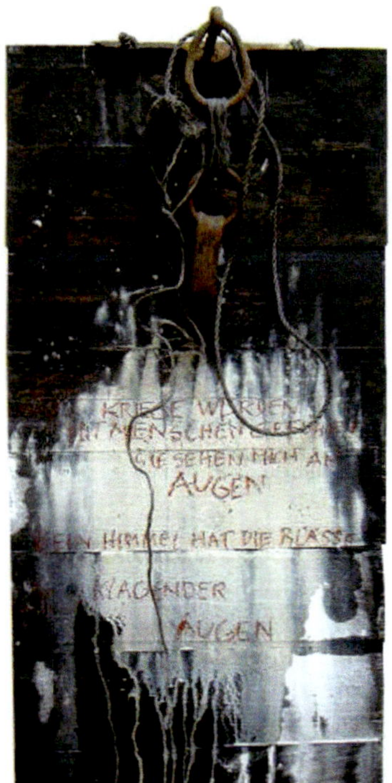

Gero Hellmuth, Augen (2006)

Fragen an Jesko Kaltenbaek, Medienpsychologe an der FU Berlin

Warum sind gute Nachrichten wichtig?

4

Aufgaben: Seite 176

N24: Herr Kaltenbaek, wie sieht es denn aus in der Medienlandschaft? Wir lesen täglich Nachrichten, wir hören sie, wir sehen sie im Fernsehen: Wie beeinflussen Nachrichten – bewusst und unbewusst – unseren Alltag?

Kaltenbaek: Nachrichten haben die Eigenschaft, dass sie uns einen Einblick in das Funktionieren der Welt geben. Sie haben Einfluss darauf, worüber wir nachdenken und wie wir über etwas nachdenken und wie wir darüber mit anderen kommunizieren. Wichtig ist noch, dass Nachrichten nicht nur Informationen für unsere eigene Lebensplanung bieten, sondern auch, dass wir auch einen großen Teil unseres Unterhaltungsbedürfnisses erfüllen. Denn Menschen haben das Bedürfnis, unterhalten zu werden, ein Bedürfnis nach Sensationen.

N24: Oftmals, so kommt es einem zumindest vor, werden nur schlechte Nachrichten gezeigt: Katastrophen, Waldbrände, Hungersnöte. Warum ist das so?

Kaltenbaek: Schlechte Nachrichten haben gegenüber guten Nachrichten oftmals einen gesteigerten Neuigkeitswert. Das heißt: Sie bieten etwas Neues. Wenn etwa gemeldet wird: „Heute ist in der Karibik wieder schönes Wetter“ oder berichtet wird, dass alle Atomkraftwerke auf der Welt ohne Störfälle gearbeitet haben, ist das zwar sehr beruhigend, aber nicht wirklich interessant. Schlechte Nachrichten nutzen sich aber auch ab, zum Beispiel wenn jeden Tag berichtet würde, dass wieder 25 000 Menschen weltweit an Unterernährung gestorben sind, dann würde das auch niemanden mehr so richtig interessieren. Der Wert einer Nachricht zeichnet sich dadurch aus, dass es irgendetwas besonders Neues gibt, etwas Ungewöhnliches, Überraschendes, in sich Geschlossenes. Diese Kennzeichen erfüllen leider die schlechten Nachrichten wesentlich besser als die guten Nachrichten.

N24: Ein Kriterium ist also, dass es etwas Neues sein muss. Jetzt muss das Neue ja nicht unbedingt schlecht sein. Was sind denn gute Nachrichten in dem Sinne? Wie würden Sie die definieren?

Kaltenbaek: Gute Nachrichten sind solche, die beim Leser, Zuhörer oder Zuschauer mit positiven Auswirkungen verbunden sind. Es sind Berichte über ein erfreuliches Ereignis, zum Beispiel wenn in einer Familie viele Kinder geboren werden, wenn es also eine Fünflings- oder Sechslingsgeburt gibt oder wenn die Arbeitslosenzahlen sinken, wenn weniger Schulden gemacht werden als angenommen oder wenn ein armer Schlucker mehrere Millionen gewonnen hat. Gute Nachrichten sind also Nachrichten, bei denen wir uns wohlfühlen, wo etwa gesagt wird, dass es jemandem besser geht. Es bleibt als Kennzeichen das Ungewöhnliche, das Überraschende der Nachricht – aber es hat sich etwas zum Guten gewendet.

1 *Karlhans Frank,* **Schöne neue Welt** *(Seite 172)*

1. Erkläre, welches Medium im Gedicht dargestellt wird. Gib an, woran du das erkennst.

2. Mache deutlich, welche Haltung der Autor gegenüber dem behandelten Medium einnimmt. Nenne Beispiele.

3. Aldous Huxley hat 1932 den Roman „Brave New World" (dt. „Schöne neue Welt") veröffentlicht. Informiere dich über das Buch und versuche, einen Zusammenhang zum Titel des Gedichtes herzustellen.

2 *Markus Lehmkuhl,* **Wissenschaft im deutschen Fernsehen** *(Seite 173)*

1. Erläutere, welche Rolle Wissenschaft für das deutsche Fernsehen spielt.

2. Erstelle eine Übersicht über die vorgestellten Wissenschaftssendungen. Berücksichtige dabei folgende Gesichtspunkte: Titel der Sendung – Sender – Ausstrahlungstermin – Sendedauer – Sendehäufigkeit – bevorzugte Themen – Probleme, die das Sendekonzept aufwirft – Bedeutung für die Zuschauer.

PROJEKT

Wissenschaftssendungen vergleichen

Vergleicht und beurteilt selbst die Wissenschaftssendungen „Nano" (3sat), „Quarks & Co." (WDR) und „Galileo" (Pro7). Gestaltet dazu ein Bewertungsraster, das folgende Aspekte berücksichtigt: Titel der Sendung – Sender – Sendetermin – behandelte Themen – abgedeckte(r) Wissenschaftsbereich(e) – Moderation – Darstellungsformen – Mitwirkende – (Dreh-)Orte – wissenschaftliche Korrektheit – Bewertung (Positives und Negatives) – Bedeutung für jugendliche Zuschauer

3 *Hilde Domin,* **Fernsehgedicht** *(Seite 174)*

1. Informiere dich, warum Beirut als „brennende Stadt" bezeichnet wird.

2. „Immer neue Namen": Welche brennenden Städte werden zurzeit im Fernsehen gezeigt?

3. Zeige, wie im Gedicht zum Ausdruck kommt, dass das lyrische Ich den Fernseher abstellt. Diskutiert, ob das Abstellen dem Ich etwas nutzt.

4 **Warum sind gute Nachrichten wichtig?** *(Seite 175)*

1. Formuliere in eigenen Worten, was Nachrichten kennzeichnet.

2. Erkläre, warum es gute Nachrichten – anders als schlechte – eher selten auf die Titelseiten der Zeitungen oder ins Fernsehen bzw. ins Radio schaffen.

3. Erläutere, wann dennoch über positive Ereignisse berichtet wird.

Sich mit medial vermittelten Texten auseinandersetzen

Realität und Fiktion in den Medien

1. Vergleiche die beiden Bilder mit der zum Trocknen aufgehängten Wäsche. Reflektiere die unterschiedliche Wirkung, die dadurch entsteht, dass jeweils ein anderer Ausschnitt gewählt wird.

Herlinde Koelbl

Lügen Bilder?

Die Wahrheitsfrage beginnt für den Fotografen schon mit der Entscheidung, wie er ein Geschehen darstellt. Zeigt er den Ort des Geschehens, fotografiert er alle Personen des Ereignisses oder konzentriert er sich auf die eigentlichen Hauptpersonen? Zeigt er nur die Gesichter und nicht die Körper? Nur den Anfang einer Situation, den Höhepunkt oder das Ende? Wählt er für sein Bild die Anspannung vor dem Wahlergebnis oder das fassungslose Gesicht bei dem katastrophalen Abschneiden? Fotografiert er den Kampf vor dem Fußballtor oder den Jubelschrei nach dem gewonnenen Spiel?

Alle Bilder, die der Fotograf dem Bildredakteur schickt, sind wahr, und doch ist es *seine* Wahrheit. Der Bildredakteur selektiert dann noch nach *seinen* jeweiligen Gesichtspunkten, meist in Hektik, und gibt seine Auswahlwahrheit an den Redakteur weiter. Dieser wiederum ist formalen Zwängen ausgesetzt. Fotos müssen in Spalten passen, Personen werden weggeschnitten. Und die letzte Entscheidung trifft der Chefredakteur. Vielleicht passt ihm der emotionale Ausdruck eines Fotos nicht und er sucht ein anderes aus. Das fotografierte Ereignis hat dann plötzlich eine andere Aussage, eben eine andere Wahrheit. Und doch bleibt es ein und dasselbe Ereignis.

2. Fasst die Grundaussage von Herlinde Koelbl zusammen und diskutiert anschließend die in der Überschrift gestellte Frage.

Schlagzeilen

1. Vergleicht die Titelseiten dreier deutscher Tageszeitungen vom 12. September 2001. Untersucht dabei Aufmachung, Schlagzeile, Überschriften und Fotos. Welchen Eindruck hinterlassen die Seiten beim Leser?

Tausende Tote in Amerika! 7 Sonder-Seiten
Die Welt in Angst! Gibt es Krieg?
Großer Gott, steh uns bei!
Bild
Die entführte Boeing rast in das World Trade Center

Frankfurter Allgemeine
ZEITUNG FÜR DEUTSCHLAND
Angriff auf Amerika
Ins Herz
Raus, raus, raus!

RHEINISCHE POST
ZEITUNG FÜR POLITIK UND CHRISTLICHE KULTUR
Krieg gegen die Zivilisation
Das Attentat
War es Osama bin Laden?

Als **Schlagzeile** bezeichnet man die durch ihre Gestaltung und durch große Buchstaben hervorgehobene, besonders auffällige Überschrift eines Beitrags auf der ersten Seite einer Zeitung oder einer *Zeitungsrubrik* (z.B. Politik, Wirtschaft, Lokales, Sport, Kultur). Aufgabe der Schlagzeile ist es, die Aufmerksamkeit eines flüchtig lesenden Betrachters zu erzielen und ihn dazu anzuregen, den Artikel zu lesen. Der Artikel selbst wird als **Aufmacher** bezeichnet. **Schlagzeilen machen** bedeutet über die Presse in der Öffentlichkeit Aufsehen erregen.

2. Sammelt über mehrere Tage hinweg verschiedene nationale und internationale Tageszeitungen. Vergleicht die Titelseiten. Welche Themenschwerpunkte setzen die Redaktionen?

3. Analysiert eine der Titelseiten: Wie ist die Seite aufgebaut? Welche Informationen über die Zeitung selbst und ihren Inhalt erhält der Leser?

4. Gebt in einer Suchmaschine den Begriff „Schlagzeilen heute" ein und vergleicht auf den Webseiten verschiedener bekannter deutscher Medien (z.B. „Spiegel", „Stern", „Süddeutsche Zeitung", „Bild", „tagesschau.de", „heute.de", „RTL.de") die Schwerpunkte, die die Online-Redaktionen setzen. Welche dieser Themen kehren am nächsten Tag auf den Titelseiten der Tageszeitungen wieder?

Meinungsbildung – Meinungsmache

1. Schlage die Begriffe *Meinungsbildung* und *Meinungsmache* nach. Worin besteht der Unterschied? Welche Rolle kommt dabei jeweils den Medien zu?

2. Setze dich mit den Werbekampagnen zweier großer deutscher Zeitungen auseinander: der „Bild-Zeitung“ und der „Frankfurter Allgemeinen Zeitung“ (FAZ). Was wollen die Werber mit ihren Slogans „Bild Dir Deine Meinung!“ (Bild-Zeitung) bzw. „Dahinter steckt immer ein kluger Kopf“ (FAZ) suggerieren[1]?

[1] *suggerieren:* jemandem etwas einflüstern, um dadurch seine Meinung oder sein Verhalten zu beeinflussen; darauf abzielen, einen bestimmten Eindruck entstehen zu lassen

Bild Dir Deine Meinung!

3. Ordne die beiden Zeitungen einem der Zeitungstypen *Abonnementzeitung – Boulevardzeitung* zu und überlege, welchen Einfluss dies auf ihre Ausrichtung hat. Fördern sie eher die Meinungsmache oder die Meinungsbildung? Begründe deine Position.

Je nach Verbreitung unterscheidet man in Bezug auf die deutsche Zeitungslandschaft zwischen:

- **regionalen Tageszeitungen** mit einem Schwerpunkt der Berichterstattung auf lokalen und regionalen Nachrichten („Trierischer Volksfreund“, „Saarbrücker Zeitung“ ...),
- **überregionalen Tageszeitungen** mit einem Verkauf von mehr als der Hälfte der Auflage deutschlandweit und im Ausland („FAZ“, „Der Tagesspiegel“, „Süddeutsche Zeitung“, „Bild“ ...),
- **Wochenzeitungen und -zeitschriften** mit einem festen, wöchentlichen Erscheinungsdatum („Zeit“, „Spiegel“, „Stern“, „Focus“ ...).

Man unterscheidet zwei verschiedene Arten des Vertriebs:

- **Abonnementzeitung**: regelmäßige Zustellung an einen bestimmten Leser (= vorherrschende Bezugsform in Luxemburg),
- **Boulevardzeitung** (zu frz. *boulevard*: breite Straße): Sie verkauft sich fast ausschließlich am Kiosk. Deshalb soll durch eine auffällige äußere Gestaltung das Interesse geweckt und zum Kauf angeregt werden („Bild“ ...).

Informierende Darstellungsformen: Nachricht, Reportage, Interview

1. Das Verfassen einer Nachricht ist das Erste, was ein angehender Journalist können muss. Ermittle, auf welche der W-Fragen der folgende Text eine Antwort gibt: *Wer* hat *was* getan bzw. *wem* ist *was* passiert? *Wann* ist es geschehen, *wo*, *wie* und *warum*? *Welche Folgen* hat das Geschehen? Aus welcher Quelle, *woher* stammt die Information?

Deichbruch an der Elbe - ICE-Hauptverbindungen unterbrochen

Nach dem Bruch eines Elb-Deiches in Fischbeck in Sachsen-Anhalt hat sich die Hochwasserlage in Norddeutschland am Montagmorgen verschärft. Der Deich war gegen Mitternacht im Landkreis Stendal auf einer Länge von rund 50 Metern gebrochen. Nach Angaben des Krisenstabs mussten mehr als 1400 Menschen in Sicherheit gebracht werden. Der Ort Fischbeck ist völlig überflutet.

Auch in Brandenburg verschärft sich die Lage wegen des Deichbruchs. Rund 450 Feuerwehrleute und Soldaten haben damit begonnen, in Nähe der Landesgrenze einen Notdeich zu errichten. Damit soll verhindert werden, dass die Wassermassen in die Havel fließen können.

Besonders betroffen ist der Fernverkehr der Bahn. Gegen 3 Uhr sperrten die Behörden die Eisenbahn-Elbebrücke in Hämerten nahe Stendal. Damit sind die ICE-Hauptverbindungen von Frankfurt (Main) nach Berlin und von Hannover nach Berlin unterbrochen.

Die Züge fallen aus oder werden umgeleitet. Die Bahn spricht von stundenlangen Verspätungen. Die Dauer der Brückensperrung sei noch nicht absehbar und hänge von der Hochwasser-Lage ab.

10.06.2013 dpa, AFP

2. Notiere, welche W-Fragen in der folgenden Nachricht beantwortet werden.

Spektakuläre Schiffssprengung an der Elbe erfolgreich

Im Kampf gegen das Hochwasser an einem gebrochenen Deich bei Fischbeck in Sachsen-Anhalt ist am Samstagabend die Sprengung zweier Lastkähne in der Elbe geglückt. Mit der Versenkung der Schiffe wurde nach Angaben des Kommandeurs des Landeskommandos Sachsen-Anhalt, Oberst Claus Körbi, eine rund 90 Meter lange Lücke im Deich auf etwa 20 Meter reduziert. Damit kann sich das Hochwasser nicht mehr so stark wie bislang ausbreiten.

Die sogenannten Schuten – Lastkähne ohne eigenen Antrieb – wurden per Sprengung auf den Grund des Flusses gesetzt. Im Minutentakt setzten Hubschrauber danach große Sandsäcke in die Kähne, um sie zu beschweren. Die Schiffe konnten nicht vollständig die Lücke im Damm schließen – die verbliebene Öffnung von rund

Die spektakuläre Aktion ist geglückt. Samstagabend wurden bei Fischbeck (Sachsen-Anhalt) zwei Lastkähne versenkt, um ein Loch in einem gebrochenen Elbdeich zu stopfen. Foto: dpa

20 Metern Länge soll nach Angaben Körbis am Sonntag durch die Sprengung eines weiteren Kahns geschlossen werden.

Die geplante, höchst unkonventionelle Methode wurde seit dem frühen Samstagmorgen vorberei- →

tet. Taucher der Bundeswehr untersuchten zunächst den Boden an der Bruchstelle des Deichs. Danach wurden Panzersperren auf dem Grund des Flusses verankert. Außerdem sollten große Netze mit Basaltsteinen ausgebreitet werden. Die Bundeswehr hat so etwas angeblich noch nie gemacht.

Weiter südlich in Breitenhagen (Salzlandkreis) wurde ein Saaledeich gesprengt. Damit soll das Hochwasser aus den dort überfluteten Gebieten schneller zurück in den Fluss geleitet werden. Die Aktion wurde als Erfolg verbucht. Es werde noch eine zweite Sprengung geben, um das Loch im Deich zu vergrößern, hieß es – wann, war noch unklar.

Während in einigen Teilen des Landes bereits die Aufräumarbeiten laufen, ist in anderen die Lage weiter höchst angespannt. Nach dem schon einige Tage zurückliegenden Deichbruch bei Fischbeck forderte der Krisenstab am Samstag auch die Menschen in den Ortschaften Jederitz und Kuhlhausen auf, ihre Häuser zu verlassen und sich in Sicherheit zu bringen. Zuflucht würden die Betroffenen etwa in Havelberg finden. Den Angaben zufolge stünden mehr als 900 Notbetten in dem Ort bereit.

Die Welt online, 15.06.2013

3. Untersuche den Aufbau des Nachrichtentextes. Markiere, was die Hauptinformation ist, was erläuternde Zusatzinformationen und was weitere Einzelheiten sind. Überlege, was gegebenenfalls weggelassen werden könnte. Begründe deine Entscheidung.

Die **Nachricht**

- informiert über eine Neuigkeit, die wichtig und/oder interessant ist.
- beantwortet zu Beginn die W-Fragen.
- ist sachlich und neutral (frei von Wertungen).
- greift eher auf die indirekte Rede als auf wörtliche Zitate zurück.
- stellt das Wichtigste an den Anfang und ordnet die folgenden Teile nach abnehmender Bedeutung (Lead-Stil).
- heißt in der knappen Fassung *Meldung*.
- heißt in der längeren Fassung *Bericht*.

4. Wer eine Reportage verfassen will, muss vor Ort recherchieren, mit Betroffenen reden und von dem Wahrgenommenen erzählen. Dabei wechselt der Reporter zwischen einer sachlichen Beschreibung der Ereignisse und dem Schildern persönlicher Eindrücke und Gefühle, die das Erlebte auslöst.
Untersuche im Text auf der folgenden Seite die Erzählperspektive genauer. Wo werden Fakten mitgeteilt, wo werden persönliche Eindrücke vermittelt?

5. Befasse dich mit dem ersten Absatz des Textes. Inwiefern unterscheidet er sich vom Rest der Reportage? Welche Funktion erfüllt er?

6. Analysiere Wortwahl, Satzbau und Redewiedergabe des Textes. Welche sprachlichen und anderen Besonderheiten sind in einer Reportage erlaubt, die in einer Nachricht undenkbar sind?

HOCHWASSER IN DRESDEN: Partystimmung beim Sandsackschleppen

Tausende Dresdner verteidigen die Stadt gegen das Elbhochwasser, die Hilfen organisieren sie online. Nun steht die Pegelspitze kurz bevor.

von Susanne Kailitz

Helfer in Dresden-Pieschen
© Martin Förster

Auf den ersten Blick könnte man das hier für eine Partymeile halten: Tausende junger Menschen säumen die Leipziger Straße im Dresdner Norden, lachen, halten Bierflaschen in der Hand. Doch alle paar Minuten kommt Bewegung in die Menge: Lastwagen rollen an, Leute springen auf, formieren sich in Reihe, stapeln Sandsäcke am Straßenrand. Für Minuten herrscht höchste Konzentration, wenn alle Säcke verbaut sind, sieht es wieder nach Party aus.

Es ist Hochwasser in Dresden, der barocken Innenstadt droht Überflutung. Die Elbe steht bei 8,73 Metern, 4 300 Kubikmeter Wasser wälzen sich pro Sekunde das Flussbett hinab. Mehrere Ortsteile sind akut bedroht, Hunderte Menschen mussten ihre Häuser verlassen. Mit Sperrwällen und Sandsäcken versuchen die Dresdner und ihre Helfer, in der Altstadt das Schlimmste zu verhindern. Bald soll die Pegelspitze überschritten sein.

Viele erinnern die Wassermassen an das Jahrhunderthochwasser von 2002, als der Elbpegel erst bei 9,40 Metern stagnierte. Der Sommeranfang 2013 wird den Dresdnern aber wohl auch als Woche der Solidarität in Erinnerung bleiben: Von überall kommen Menschen in die Stadtteile, die am schlimmsten vom Wasser betroffen sind. Sie versuchen zu retten, was zu retten ist.

Eine von ihnen ist Susann Kriesche. Die 31-Jährige sagt, sie habe in den letzten drei Tagen „vielleicht sieben Stunden" geschlafen – und ist dennoch vollkommen euphorisiert. Denn dass so viele Menschen zum Helfen kommen, ist auch ihr Verdienst. Gemeinsam mit zwei Freunden betreibt sie die Facebook-Seite „Fluthilfe Dresden". Hier kommen Hilfesuchende und Helfer zusammen: Alle paar Minuten ploppen neue Statusmeldungen auf. „Brauchen Sand in Cossebaude", heißt es da, oder „Verpflegung in Laubegast!".

Und nur Sekunden später posten andere „Sind unterwegs!" und „Haltet durch, wir kommen mit 100 Brötchen und Getränken!". „Wir hätten nie im Leben damit gerechnet, was wir da in Gang setzen würden", sagt die Werbekauffrau, „wir haben einfach am Wochenende gesehen, dass es keinerlei Koordination von Hilfsgesuchen und -angeboten gab."

Sonntag ging die Seite online. „Montagfrüh hatten wir 45 Likes", sagte Kriesche. „Jetzt sind es mehr als 40 000." Die Antwort auf die Frage, wie sie hierher gekommen sind, ist bei vielen Helfern die gleiche: „Ich hab' im Internet gelesen, dass wir gebraucht werden."

Das Hauptquartier der Helfer ist der Spätkauf Roter Pfeil. Von hier aus koordinieren Kriesche und ihre beiden Freunde den Einsatz. „Inzwischen kommen wir selbst gar nicht mehr dazu,

Susann Kriesche und Daniel Neumann, Initiatoren der Facebook-Seite Fluthilfe Dresden

→

selbst mit anzupacken. Wir sind nur noch damit beschäftigt, die Nachrichtenflut in unserem Posteingang zu bewältigen und immer wieder zu posten, wo genau welche Hilfe gebraucht wird."
In der sächsischen Hauptstadt wird damit auf einmalige Weise aus einer Online-Kampagne konkrete Hilfe. Wie sie wirkt, beweisen für Susann Kriesche die vielen Rückmeldungen, die sie bekommt. „Die Leute, die uns erst verzweifelt um Hilfe bitten, melden sich ein, zwei Stunden später zurück und sagen, es wären Dutzende Menschen mit Sandsäcken oder Transportern voller Sand gekommen." Sie erzählt, wie sich am Montag eine junge alleinerziehende Mutter bei der Fluthilfe gemeldet habe. „Die musste aus ihrer Wohnung raus und hatte niemanden, der mit angepackt hätte. Zwei Stunden später war ihr Hausrat auf zwei Laster verladen."
Kriesche ist noch sichtlich ergriffen, wenn sie erzählt, unterbricht sich immer wieder, weil sie in der riesigen Menge bekannte Gesichter entdeckt. „Schau mal, der da hinten im gelben Shirt. Der hat gestern bis nach Mitternacht Sandsäcke verladen und jetzt ist er schon wieder da." Nie im Leben hätte sie für möglich gehalten, dass so viele Menschen so selbstverständlich helfen.
Die Aktion ist rein privat: Einsatzfahrzeuge von Polizei und Hilfswerken sieht man hier nur mit Sirenengeheul vorbeifahren. Wenn die Fahrzeuge mit den Sandsäcken ankommen, gibt es keine offiziellen Absperrungen; die Helfer regeln den Verkehr auf eigene Faust. Inzwischen haben sie Routine: Keine Katastrophenschutzübung könnte entspannter und organisierter ablaufen. „Wir haben zu den offiziellen Stellen null Kontakt", sagt Kriesche, „wahrscheinlich sind die froh, dass sie sich hier nicht kümmern müssen. Momentan gibt es ja Baustellen genug."
Ob die Anstrengungen ausreichen? Immer wieder müssen die Helfer aufgeben, weil das Wasser sich nicht zurückdrängen lässt. „Aber wir haben gar keine Zeit, darüber traurig zu sein. Am Ende ist es doch egal: Wenn wir auch nur dieses kleine Stück Straße hier retten, dann hat sich das alles schon gelohnt."
Niemals in ihrem Leben werde sie vergessen, wie ihr angesichts der Menschenmassen, die so entschlossen gegen die Flut kämpfen, um ihre Stadt zu retten, immer wieder Schauer über den Rücken laufen. „Wer das nicht mit eigenen Augen sieht, glaubt es nicht."

zeit online, 06.06.2013

7. Eine Reportage ist aus der persönlichen Sicht des Journalisten geschrieben. Sie will einen Gesamteindruck vermitteln. Formuliere die „Botschaft" der obigen Reportage. Welche Funktion haben dabei Schlagzeile und Unterzeile?

Die **Reportage**
- schildert ein live miterlebtes Ereignis.
- bietet Information und Unterhaltung.
- mischt Sachinformationen, persönliche Beobachtungen und Bewertungen sowie die Perspektiven anderer Personen.
- bietet in der Regel Hintergrundwissen und setzt zu diesem Zweck eine Materialsuche (Recherche) voraus.
- benutzt eine anschauliche, lebendige Sprache, oft mit direkter Rede.
- will meist mit einem originellen Einstieg die Neugier wecken.
- enthält häufig ein oder mehrere Bilder.

8. Eine weitere Form der Information ist das gedruckte Interview. Lies den folgenden Auszug aus einem Interview und erkläre, was diese Form journalistischer Informationsaufbereitung dem Leser an Besonderem bietet.

Interview zum Hochwasserschutz
„Heutzutage gibt es bessere Schutzmöglichkeiten"

Bessere Deiche, steuerbare Polder: Im Hochwasserschutz hat sich seit 2002 einiges getan, sagt Wasserbau-Experte Jürgen Stamm im Interview mit tagesschau.de.

tagesschau.de: Der Osten Deutschlands kämpft nach dem August-Hochwasser 2002 an der Elbe erneut gegen die Fluten. Wurden aus der Katastrophe von damals die richtigen Schlüsse für heute gezogen?

Jürgen Stamm: Im Grunde ja. Allein in Sachsen wurden 47 regionale Maßnahmenpakete für den Hochwasserschutz beschlossen. Zahlreiche Maßnahmen wurden begonnen, viele auch abgeschlossen. Insgesamt hat die Politik dort etwa 1,3 Milliarden Euro investiert, um die bedrohten Gebiete besser zu schützen. Zum Beispiel wurden Deiche ertüchtigt oder weiter ins Hinterland verlegt, damit die Flüsse im Notfall mehr Raum haben. Zudem wurden Flüsse ausgebaut, damit sie mehr Wasser abführen können sowie Hochwasserrückhaltebecken, um Wasser zusätzlich zu den Talsperren zurückzuhalten.

tagesschau.de: Hochwasserschutz ist ein jahrhundertealtes Problem. Abgesehen von Dämmen und Schutzwänden – welche Alternativen bietet der moderne Wasserbau?

Stamm: Über lange Zeit konzentrierte man sich im Wesentlichen auf die schnelle Wasserableitung durch Eindeichung. Deiche wurden oft verstärkt und erhöht, die dezentrale Rückhaltung wurde weniger beachtet, das stimmt. Dann wurden vermehrt Rückhaltebecken und Polder gebaut. Seit geraumer Zeit gibt es aber auch weiterführende Alternativen, die mit den verbesserten Informations- und Messmöglichkeiten zu tun haben.
Wir haben heutzutage exaktere Informationen, was aktuelle und zu erwartende Pegelstände angeht – und das hilft uns, die Fluten besser zu managen. Ein Beispiel: Es gibt Ausweichflächen entlang der Flüsse – sogenannte Polder –, die sich genau steuern lassen. Sie werden nicht planlos geflutet, wenn die Wassermassen näher rücken. Stattdessen kann man aufgrund der Wasserstandsvorhersage genau berechnen, wann und wie viel Wasser in die Polder geleitet werden muss, damit der Scheitelpunkt der Hochwasserwelle maximal reduziert werden kann. Denn im Hochwasserfall zählt jeder Zentimeter. Im besten Fall lassen sich dann Polder, Rückhaltebecken und Talsperren koordinieren, so dass man ein ganzes Einzugsgebiet besser sichern kann. Da liegt eine große Zukunft drin.

tagesschau.de, 08.06.2013

Das gedruckte **Interview** (Wortlaut-Interview) ist das Endprodukt mehrerer journalistischer Arbeitsschritte:

- Vorbereitung des Gesprächs (Zielvorstellung)
- Gesprächsführung und -aufzeichnung
- Überarbeitung des Gesprächs (Gliederung, Eingriffe in den Wortlaut)

Ein Gespräch darf der Journalist kürzen und Wiederholungen streichen. Er darf darüber hinaus die Abfolge des Gesprächs neu gliedern, beispielsweise die interessantesten Feststellungen des Befragten an den Anfang und den Schluss rücken.
Der Befragte hat das Recht, das Interview vor Abdruck noch einmal zu prüfen.

Kommentierende Darstellungsformen: Kommentar, Glosse, Karikatur

1. Begründe, warum es sich bei dem folgenden Text nicht um eine Nachricht handelt. Welche Unterschiede fallen dir auf?

Land unter
Kommentar zum Hochwasser von Klaus Zintz

Nach den sintflutartigen Niederschlägen der vergangenen Tage fallen wieder einmal jahrhundertealte Hochwasserrekorde. Und das, obwohl vor allem in Ostdeutschland seit dem verheerenden Elbehochwasser von 2002 einiges getan wurde, um den gewaltigen Wassermassen Herr werden zu können. Doch Naturschützer beklagen zu Recht, dass Hochwasserschutz bisher vor allem darin bestand, Dämme zu ertüchtigen und zu erhöhen sowie Rückhaltebecken zu bauen.

In der Fläche ist dagegen bisher noch nicht allzu viel geschehen: Um dem Wasser deutlich mehr Raum zu geben, wäre es am besten, die Flusstäler wieder zu dem zu machen, was sie früher einmal waren: natürliche Auenlandschaften, in denen sich das Wasser großflächig verteilen kann. Doch solche seit Jahren von den Naturschützern gebetsmühlenartig vorgetragenen Forderungen trafen bei vielen Politikern und insbesondere bei vielen Kommunen bisher auf wenig Interesse. Verwunderlich ist dies nicht, schließlich kosten die Renaturierung und der Ankauf von Flächen viel Geld. Zudem lässt sich mit einem verkehrsgünstig im Tal gelegenen Industriegebiet weit mehr Geld verdienen als mit einem Naturschutzgebiet. Doch mit jedem neuen, verheerenden Hochwasser wächst der Druck auf die Politiker, den Flusstälern wieder mehr Überschwemmungsfläche zu geben.

STUTTGARTER-ZEITUNG.DE, 03.06.2013

2. Kommentare werden in seriösen Zeitungen als solche gekennzeichnet, auf einer eigenen Meinungsseite abgedruckt oder sind als ständige Einrichtung (Rubrik) vorhanden. Erkläre den Sinn dieser journalistischen Grundregel.

Der **Kommentar**

- bezieht sich auf eine Nachricht, zu der ein Autor seine Meinung abgibt, indem er erläutert, erörtert und bewertet („Meinungsartikel").
- will die Meinungsbildung des Lesers beeinflussen.
- kann im Stil sehr unterschiedlich sein (von sachlich-erörternd bis emotional-aufrüttelnd).
- muss als Kommentar gekennzeichnet sein.
- muss den Namen des Verfassers nennen.
- hat als *Leitartikel* einen festen Platz in der Zeitung/Zeitschrift.

3. Auch der folgende Text bezieht Stellung und gibt die Meinung seines Autors wieder. Worin unterscheidet er sich vom Kommentar auf der vorherigen Seite?

Prominent ignoriert
Welch ein Sommer!

Erst fluchten alle über die Kälte, dann über den Regen, und jetzt beklagen alle, weil die Temperatur über 30 Grad steigt, eine „Hitzewelle". Man möchte nicht Petrus heißen. Immerhin verdanken wir den ersten warmen Tagen die Nachricht von einer Frau, die beim Nacktbaden vom Hecht gebissen wurde, sowie das Foto der nahezu nackten und vollständig schwangeren Michelle Hunziker. Wenn das kein Sommer war!

GRN

Die Zeit Nr. 26, 20.06.2013, S. 1

Die **Glosse**
- setzt sich subjektiv mit Ereignissen und Zeiterscheinungen auseinander.
- will auf Missstände hinweisen.
- hat oft einen aktuellen Bezug zum alltäglichen Leben.
- kann im Stil sehr unterschiedlich sein: angriffslustig, ironisch, satirisch.
- verwendet oft bildhafte Vergleiche.
- hat in vielen Zeitungen und Zeitschriften einen festen Platz (Kolumne) und einen festen Autor, der seinen ganz eigenen Stil pflegt.

4. Beschreibe die folgende Karikatur (S. 20).

Hochwasser Dresden Juni 2013

Ups, war das die Elbe?

Öffentliche Aufgabe der Medien

1. Arbeite anhand des Textes und des Werbebanners der „Initiative für Pressefreiheit" heraus, welche Funktion die Medien in einer Demokratie haben.

Öffentliche Aufgabe der Medien

Am 10. Oktober 1972 berichtete die amerikanische Tageszeitung „Washington Post", dass die Republikanische Partei des damaligen US-Präsidenten Richard Nixon in einen Lauschangriff auf die Zentrale der Demokratischen Partei im Washingtoner Watergate-Gebäude verwickelt war. Aus dieser Enthüllung der beiden jungen Reporter Bob Woodward und Carl Bernstein wurde ein Skandal, der zwei Jahre später zum Sturz Nixons führte und als Watergate-Affäre in die Geschichte einging. Ohne die investigative Arbeit der Medien hätten die Amerikaner nicht von der kriminellen Abhörpraxis ihrer Regierung erfahren. Journalisten, die als kritische Beobachter und Beschreiber der Gesellschaft arbeiten, werden als *watch dogs* bezeichnet: als Wachhunde der Demokratie. Der Journalismus hat den rechtlichen Auftrag, eine Kritik- und Kontrollfunktion in der Gesellschaft wahrzunehmen: also Missstände aufzudecken, Gegebenheiten zu hinterfragen und Kritik zu üben. Schon im 19. Jahrhundert entwickelte sich ein emanzipiertes, freiheitliches Medienverständnis, das die Presse als „vierte Gewalt" im Staat begreift. Welche besondere Rolle die Medien für eine Demokratie seitdem spielen, übersieht man häufig, weil man die Verfügbarkeit von unabhängigen Nachrichten als eine Selbstverständlichkeit betrachtet. Welche fatalen Folgen das Fehlen eines professionellen Journalismus hat, zeigt sich meistens erst, wenn es ihn nicht mehr gibt. So war im nationalsozialistischen Deutschland von 1933 an die Presse „gleichgeschaltet": Die Medien durften nur berichten, was im Sinne der NSDAP war. Öffentliche Kritik an den Verbrechen der Nazis gab es fast nicht. Stattdessen hetzten Propaganda-Artikel gegen alles, was nicht ins nationalsozialistische Weltbild passte: Demokraten, Pazifisten, Ausländer, Juden, Homosexuelle, Behinderte und viele mehr.

PROJEKT

Medienanalysen

1. Mit einer unverkennbaren Prise Humor beantwortet Cicero Online in seiner „20-Gründe-Bildgalerie" die Frage „Warum brauchen wir Tageszeitungen?". Die Frage stellt sich vor einem ernsten Hintergrund: Die Printmedien befinden sich angesichts der Konkurrenz der digitalen Medien in einer Krise. Die Leser- und damit auch die Käuferzahlen schwinden.

- Startet unter euren Mitschülern eine Umfrage, ob und warum sie eine Tageszeitung bzw. eine Zeitschrift lesen. Ermittelt, welche Zeitung(en)/Zeitschrift(en) das sind.
- Diskutiert darüber, ob Tageszeitungen im Zeitalter von Internet, Youtube, Facebook und Twitter noch gebraucht werden. Welche Rolle können sie gegebenenfalls spielen? Recherchiert dazu im Netz über professionellen Journalismus und seine Aufgaben.

2. Setzt euch mit den in diesem Kapitel vorgestellten journalistischen Darstellungsformen auseinander.

- Sammelt dazu Beispiele zu den verschiedenen Textsorten.
- Vergleicht Artikel zu einem Thema aus unterschiedlichen Zeitungen.
- Untersucht, wie dasselbe Thema in unterschiedlicher journalistischer Form aufbereitet wird.
- Wähle eine der Textsorten aus und schreibe selbst einen journalistischen Text zu einem aktuellen Thema.

Der Leserbrief

Wir freuen uns über jede Zuschrift. Dennoch bitten wir um Verständnis, dass nur eine Auswahl veröffentlicht werden kann. Außerdem behalten wir uns Kürzungen vor. Ihre Zuschriften richten Sie bitte an:
✉ Verlag Der Tagesspiegel,
Demokratisches Forum, 10876 Berlin.

Sie können Ihren Leserbrief auch faxen: (030) 2 60 09-332. Per E-Mail erreichen Sie uns unter leserbriefe@tagesspiegel.de. Bitte vermerken Sie auch bei E-Mails Ihre vollständige Anschrift, da diese sonst als anonym gelten müssen und nicht veröffentlicht werden können.

1. Zeige auf, welche Bedingungen der Schreiber eines Leserbriefs akzeptieren muss.

Leserbriefe
- sind Meinungsäußerungen von Lesern zu Artikeln der Zeitung.
- können in der Zeitung veröffentlicht werden.
- müssen bestimmte Bedingungen einhalten, auf die die Zeitung hinweist.

2. Lies den folgenden Text und die dazu verfassten Leserbriefe.

Gottfried Hahn

Soll das Sitzenbleiben abgeschafft werden?

Niedersachsen will das Sitzenbleiben aufgeben, andere Bundesländer testen bereits[1]. Was bedeutet das für das Lernen, was gewinnen die Schüler wirklich? Pädagogisch sinnvoll oder nicht – hier scheiden sich die Geister.

Pädagogen streiten schon seit Längerem, wie sinnvoll das Versetzungssystem überhaupt ist. Leistungsdruck und Angst behindern die Entwicklung vieler Schüler. Pisa-Chef Andreas Schleicher bezieht eine klare Position: „Sitzenbleiben bringt dem Schüler nichts und ist außerdem ineffizient. Dieser Unsinn ist nämlich ziemlich teuer."

Andererseits sind Schüler, die eine Klasse wiederholen müssen, meist motivierter und machen daher am Ende oft bessere Abschlüsse als ihre geradewegs ins Ziel einlaufenden Kameraden. Und dann beunruhigt die Lehrer auch noch die große Frage, welche Sanktionen ihnen ohne schlechte Noten überhaupt noch zur Verfügung stehen? Denn die Benotung der Leistungen verliert natürlich ohne das Instrument Versetzung stark an Durchschlagskraft. Und: Die Wissensunterschiede in Klassen ohne Selektion werden sehr groß. Nicht selten wirkt die Androhung, nicht versetzt zu werden, auch als Arbeitsanreiz für den Schüler. Die meisten Wiederholungen wiederum gibt es in den Klassenstufen sieben bis neun, in diesem Alter befinden sich die Jugendlichen mitten in der Pubertät. Gerade in diesem Alter aber ist die Chance, Wissen noch mal zu vertiefen, von großem Nutzen. Der Jugendliche bekommt für seine schulische und persönliche Entwicklung ein zusätzliches Jahr „geschenkt".

[1] In Deutschland entscheidet jedes Bundesland selbst über seine Schulpolitik.

Natürliche Selektion

Ich selbst bin eine Schülerin mitten im Abistress und kenne mich mit dem täglichen Schulleben aus. Schon jetzt ist es so, dass viele Schüler bis zum Abi „mitgeschleift“ werden. Statt der eigentlich angemessenen Fünf gibt es noch eine Vier Minus. Dann sitzt man mit Menschen in einem Prüfungskurs, die keine Ahnung haben, nichts verstehen und keine Lust auf gar nichts haben. Das behindert jene Schüler, die etwas dazulernen wollen. Es ist ohnehin schon so, dass viel zu wenig aussortiert und differenziert wird. Die Gymnasien werden von motivationslosen Schülern überbevölkert. Wenn dann in Zukunft nicht einmal mehr die Versetzung in Frage steht, ist auch noch die letzte Motivation verschwunden. Leistungsdruck ist nicht immer schlecht, er ist einer der Gründe für eine Verbesserung.

Svea Bachmann

Wiederholen als Chance

Jugendliche wachsen an bzw. mit ihren Herausforderungen. Man tut den Schülern keinen Gefallen, wenn man ihnen auf dem Weg zum Schulabschluss alle Hürden aus dem Weg räumt. Man nimmt ihnen damit die wichtige Gelegenheit, Erfahrungen zu sammeln. Natürlich wird das Wiederholen als Niederlage empfunden, aber gewöhnlich steht man wieder auf und geht gestärkt aus ihr hervor – und hier spreche ich aus eigener Erfahrung. Das Wiederholungsjahr ist eine Möglichkeit zu reifen, Kenntnisse zu vertiefen und einen starken Charakter zu entwickeln – Eigenschaften, die später in Studium oder Beruf einen entscheidenden Vorteil darstellen können. Deshalb spreche ich mich gegen eine Abschaffung des Sitzenbleibens aus.

Tobias Gräf

3. Untersuche die beiden Leserbriefe. Stelle dar, welche Meinung die Verfasser vertreten und wie sie diese begründen. Sind ihre Argumente überzeugend? Begründe deine Einschätzung.

4. Verfasse selbst einen Leserbrief als Antwort auf den Brief von Svea Bachmann. Halte dich dabei an die Gesichtspunkte für ein überzeugendes Argumentieren. (☞ S. 125)

5. Reagiere in einem Leserbrief auf eine der Positionen, die im Text „Soll das Sitzenbleiben abgeschafft werden?“ (☞ S. 189) vertreten werden.

Wort und Stil

Wortbedeutung und Bedeutungswandel

1. a) Erkläre jeweils die unterschiedliche Bedeutung der unterstrichenen Wörter:
- Nach dem Absturz konnte der Pilot das Flugzeug fast unverletzt verlassen.
- Der Rechner meines Bruders stürzt ständig ab.
- Mein Onkel ist bei der letzten Familienfeier ziemlich abgestürzt.

b) Vergleiche die Bedeutung der Wörter im zweiten und dritten Satz mit der des ersten. Beschreibe, wie sie sich verändert hat.

Überblick über die unterschiedlichen Arten von Bedeutungswandel:

ERINNERT EUCH!

Neben der Aussprache und Schreibweise von Wörtern verändert sich auch die Bedeutung im Laufe der Zeit. Eine neue Bedeutung tritt oft zunächst in einer bestimmten Sprechergruppe auf und verbreitet sich allmählich. Die alte Bedeutung wird oft verdrängt, sie kann aber auch parallel weiter existieren.

- **Bedeutungsverengung**:
  Der Bedeutungsumfang eines Wortes verkleinert sich.
  z. B. *Hochzeit* früher: kirchliches oder weltliches Fest, Freude; heute: Eheschließung
- **Bedeutungserweiterung**:
  Der Bedeutungsumfang eines Wortes vergrößert sich.
  z. B. *Horn* früher: Tierhorn; heute: Tierhorn, Blasinstrument, Trinkgefäß
- **Bedeutungsverschiebung oder -übertragung**
  Die eigentliche Bedeutung des Wortes ist übertragen worden, wird z. B. metaphorisch gebraucht. *Flaschenhals*: Körperteil *Hals* wird auf einen bestimmten Teil einer Flasche übertragen.
- **Bedeutungsverbesserung**:
  z. B. *Mordskerl*: umgangssprachlich ein Mann, der „richtig toll" ist. *Mord* ist bis heute negativ besetzt, und *Kerl* kann sowohl positiv („ein toller Kerl") als auch negativ sein. Nur in der Zusammensetzung *Mordskerl* erfahren die beiden Wörter eine Bedeutungsverbesserung.
- **Bedeutungsverschlechterung**:
  z. B. *wîp* früher: Frau; heute: *Weib* = verächtliche Bezeichnung für eine weibliche Person

2. Man unterscheidet qualitativen und quantitativen Bedeutungswandel. Ordne die Typen des Bedeutungswandels aus dem Merkkasten diesen zwei Gruppen zu.

3. Überlege, welche der folgenden Überschriften eher zu einer seriösen Tageszeitung passt, und begründe deine Auffassung.

Penner erfroren • Obdachloser erfroren • Raser gestoppt: Lappen weg • Zu schnell: Führerschein weg • Hund zugelaufen • Köter zugelaufen

Die Bedeutung eines Wortes ergibt sich oft erst aus dem Zusammenhang, in dem es steht. Diesen Zusammenhang nennt man Kontext. Außerdem unterscheidet man:

- **Denotation** eines Begriffs: seine Grundbedeutung (von lat. *denotare* = bezeichnen)
- **Konnotation** eines Begriffs: seine Nebenbedeutung, zusätzliche, assoziative Bedeutung (enthält den Wortbestandteil lat. *con* = mit)

4. Entscheide bei folgenden Begriffen, ob sie konnotative Bedeutungsmerkmale enthalten, und benenne sie gegebenenfalls. Achtung! Bedenke, dass manche Wörter verschiedene Bedeutungen haben können.

Wohnung • Beruf • Karosse • Pferd • Klamotten • Geld • Hütte • Auto • Kies • Gaul • Gemahl • Cousin • Gattin • Zimmer • Job

5. Manchmal wird Sprache in den Medien – wie im Alltag – auch eingesetzt, um Dinge zu beschönigen. In Todesanzeigen heißt es beispielsweise oft: „... ist von uns gegangen", „... ist sanft entschlafen" oder so ähnlich. Selten wird öffentlich gesagt, dass jemand gestorben ist. Erläutere, warum dies so ist.

Ein **Euphemismus** ist die indirekte, beschönigende Umschreibung eines Sachverhaltes. Euphemismen werden häufig verwendet, um Dinge zu umschreiben, die man in der Öffentlichkeit nicht gerne direkt anspricht. (Tabuthemen)

6. Überlege, welche Dinge/Tätigkeiten mit folgenden Formulierungen „umschrieben" werden, und erkläre, warum auf diese Formulierungen zurückgegriffen wird, statt die Dinge „beim Namen" zu nennen:

ein gewisses Örtchen aufsuchen • ins Gras beißen • ein Bäuerchen machen • sich zur Untersuchung freimachen

7. Neben solchen eher harmlosen Euphemismen gibt es auch „Schönrederei", hinter der eine üble Absicht steckt. Darauf macht die Aktion „Unwort des Jahres" aufmerksam. Sie hat sich zum Ziel gesetzt, „das Sprachbewusstsein und die Sprachsensibilität in der Bevölkerung" zu fördern.

a) Untersuche die folgenden Formulierungen und überlege, welche Absicht dahintersteckt:

Freisetzung für Entlassung • *Schadgut* für Giftmüll • *Bankenrettung* für aus Steuergeldern finanzierte staatliche Maßnahmen zur Abwendung einer Bankenpleite • *Minuswachstum* für Rückgang

b) Schlage nach, was mit den folgenden Begriffen gemeint ist, und erkläre, warum sie deiner Meinung nach ein *Unwort* sind. Lies dazu den folgenden Merkkasten.

Wohlstandsmüll • Überfremdung • Humankapital • alternativlos • ethnische Säuberung • Gewinnwarnung • Menschenmaterial • Rentnerschwemme • notleidende Banken

Unwörter: Da Sprache und Denken eng zusammenhängen,

- kann Sprache das Denken einer Person entlarven, z. B. ein negatives Menschenbild spiegeln,
- kann Sprache verwendet werden, um das Denken anderer zu manipulieren, z. B. indem schlimme Sachverhalte harmlos oder positiv erscheinen.

In beiden Fällen spricht man von „Unwörtern".

- **Sprachkritik** betreibt, wer die negativen Ansichten und Absichten aufzeigt, die sich hinter bestimmten Sprachverwendungen verbergen.
- **Sprachpflege** betreibt, wer sich um einen korrekten und respektvollen Sprachgebrauch bemüht.

8. Untersuche, in welche Richtung bei den folgenden Beispielen das Denken durch bestimmte *positive Bezeichnungen* gelenkt werden soll:

Raumpflegerin statt Putzfrau • *Förderschule* statt Sonderschule • *Freiheitskämpfer* statt Terrorist • *Wildkraut* statt Unkraut • *Greifvogel* statt Raubvogel • *Freitod* statt Selbstmord

9. Ihr wisst sicher, dass man nicht mehr *Neger* sagt. Auch die Bezeichnungen *Zigeuner* und *Eskimo* sind in Verruf geraten. Tauscht euer Wissen aus: Warum ist das so? Was sagt man stattdessen?

„Political Correctness" (PC) / „Politisch korrekter" Sprachgebrauch

- An die Stelle von Bezeichnungen, die als diskriminierend (herabsetzend) empfunden werden oder die bestimmte Gruppen ausgrenzen, werden bessere Formulierungen gesetzt.
- Die Bewegung der „PC" nahm in den USA der späten 80er Jahre ihren Anfang.
- Sie bezog sich dort vor allem auf die Achtung von Minderheiten und die Gleichberechtigung der Frau. In diesem Punkt spricht man von gender- oder geschlechtergerechter Sprache.

Persönliche Sprachkenntnisse: Hilfe oder Hindernis beim Erlernen einer anderen Sprache?

1. Wörter, die es in ähnlicher Form und mit gleicher Bedeutung in verschiedenen Sprachen gibt, nennt man *Internationalismen.*

a) Notiere ins Heft die deutsche Bezeichnung für die folgenden Begriffe:

- le bar =
- le café = (Getränk)
- le café = (Ort)
- le rythme =
- le taxi =
- la littérature =
- la culture =
- le climat =
- le cadavre =
- le camarade =
- la machine =
- le caractère =
- la personne/les personnes =
- la famille =

b) Vergleiche das grammatische Geschlecht und die Schreibung der aufgelisteten Nomen. Was fällt dir auf?

c) Suche nach weiteren Beispielen für Internationalismen und füge sie deiner Liste hinzu.

2. Manchmal trügt der Schein. Dann sehen Wörter zwar ähnlich aus, aber sie bedeuten Unterschiedliches. Solche Wörter nennt man „falsche Freunde". Sie schleichen sich besonders gerne ein, wenn wörtlich aus dem Luxemburgischen ins Deutsche übersetzt wird. Unterstreiche in den folgenden Beispielsätzen den „falschen Freund" und schreibe die korrekte Form in dein Heft.

- Die beiden Männer haben sich zerschlagen.
- Ich hole den Bus, um zu meiner Oma zu fahren.
- Das Auto rannte gegen den Baum.
- Das Boot schwamm führerlos auf der Mosel.
- Der Fußgänger wurde von einem Auto angestoßen.
- Die Mähmaschine ist kaputt.
- Wir haben eine neue Kochmaschine bekommen.
- Das hat Tom mir verzählt.
- Ich habe Bauchschmerzen, dafür gehe ich jetzt nach Hause.
- Ich telefoniere der Oma.
- Meine Freundin hat mir angerufen.
- Wir gehen auf den Zug.
- Beim Lesen dieser Anweisungen wird man ganz durcheinander.
- Die Familie, wo bei der eingebrochen wurde, war im Urlaub.
- In Claudia ihrer Wohnung hat es gebrannt.

Sprachschnitzer

1. Auch Profis unterlaufen mitunter Fehler. Beim Zeitungsleser sorgt das nicht selten für Verwirrung oder Schmunzeln. In der Rubrik „Hohlspiegel" veröffentlicht das Magazin „Der Spiegel" Woche für Woche die sprachlichen Ausrutscher von Journalisten. Lies die folgenden Beispiele. Markiere, was falsch ist, und erkläre, worauf der Fehler zurückzuführen ist. Notiere die korrekte Form in dein Heft.

Aus der „Welt am Sonntag": „In einem Wohnmobil in Eisenach starben zwei Männer. Einer von beiden hatte erst sich, dann den Freund erschossen."

Aus der „Westdeutschen Allgemeinen Zeitung": „Der Fahrer war nicht angeschnallt, flog durch die Windschutzscheibe und zum Schluss mit dem Rettungshubschrauber."

Aus der „Bayerischen Rundschau": „Das Auto überschlug sich mehrere Male, ehe es total beschädigt zum Stehen kam. Der junge Mann hatte einen Schutzengel und konnte sich nahezu unverletzt aus dem Frack befreien."

Rollerfahrer tödlich verletzt und geflüchtet

Überschrift in der „Rhein-Zeitung"

Brandopfer womöglich von Feuer getötet

Aus der „Saarbrücker Zeitung"

Aus der „Westdeutschen Zeitung": „Ein Ladendieb beobachtete Dienstagnachmittag, wie ein ‚Kunde' mehrere Navigationsgeräte im Gesamtwert von 2000 Euro in eine Plastiktüte steckte."

Aus dem „Tagesspiegel": „Die Feuerwehr fing den Hund ein, anschließend brachte ein Krankenwagen den Mann in eine Klinik. Jetzt wird entschieden, ob er eingeschläfert wird."

IRAN
Rektor geht ans Netz

Aus dem „Münchner Merkur"

Aus der „Süddeutschen Zeitung": „Die Polizei rät, Wohnungen gut zu sichern, und warnt, bei Geräuschen eine ‚direkte Konfrontation' mit einem Einbrecher zu vermeiden."

Aus dem „Wiesbadener Tagblatt": „Sie ist verheiratet und hat vier Kinder, einen sechsjährigen Sohn und ein Drillingspärchen von viereinhalb Jahren."

Lebenswünsche,

Paul Klee, Hauptweg und Nebenwege

Lebenswege

Václav Havel

Ohne Titel

```
Jeder gehe den eigenen Weg!
Jeder gehe den eigenen Weg!
Jeder gehe den eigenen Weg!
Jeder gehe den eigenen Weg!
Jeder gehe den eigenen Weg!
Jeder gehe den eigenen Weg!
Jeder gehe den eigenen Weg!
Jeder gehe den eigenen Weg!
Jeder gehe den eigenen Weg!
Jeder gehe den eigenen Weg!
Jeder gehe den eigenen Weg!
Jeder gehe den eigenen Weg!
Jeder gehe den eigenen Weg!
Jeder gehe den eigenen Weg!
Jeder gehe den eigenen Weg!
xxxxJederxgehexdenxeigenenxxxx

Jeder gehe den eigenen Weg!!
Jeder gehe den eigenen Weg!!
Jeder gehe den eigenen Weg!!
Jeder gehe den eigenen Weg!!
Jeder gehe den eigenen Weg!!
Jeder gehe den eigenen Weg!!
```

Lise Meitner

Ich kam zu dem Schluss …

Ich glaube, dass sich alle jungen Leute versuchen vorzustellen, wie ihr Leben einmal aussehen soll. Wenn ich das in meiner Jugendzeit tat, kam ich immer zu dem Schluss: Das Leben muss nicht leicht sein, wenn es nur inhaltsreich ist. Und dieser Wunsch ging in Erfüllung.

1

Aufgaben: Seite 202

Irene Stratenwerth

„Das Gefühl, die Welt ein Stück weiterbringen zu müssen“

Als Kind träumte sie Nacht für Nacht denselben Traum. Mutterseelenallein war sie in einer ausgestorbenen Welt zurückgeblieben. Und während sich all die vertrauten Menschen ihres Dorfes „auf dem Friedhof hinter dem Hügel“ zur Ruhe gelegt hatten, lastete auf ihr allein die Aufgabe, ein eisernes Rad zu schmieden, um damit den Lauf der Welt wieder in Gang zu bringen. Nacht für Nacht stand Jane hilflos und ohnmächtig vor dieser Anforderung. Tagsüber war das sechsjährige Mädchen dann oft in der Dorfschmiede anzutreffen, wo es dem Mann, der im roten Hemd an der glühenden Esse[1] hantierte, fasziniert und ängstlich zusah. „Musst du das Eisen immer erst in Wasser tauchen, damit es so zischt?“, fragte das Kind. Doch alle so erworbenen Fachkenntnisse halfen ihr nicht, dem nächtlichen Alptraum eine andere Wendung zu geben.

Das „merkwürdige Verantwortungsgefühl, die Welt ein Stück weiterbringen zu müssen“, wie sie es später selbst nannte, hat Jane Addams ein Leben lang begleitet. Als die Einundsiebzigjährige 1931 Friedensnobelpreisträgerin wurde, hatte sie mehr als vierzig Jahre lang in den Slums von Chicago für ein besseres Leben der Arbeiterfamilien gekämpft. Ein Vierteljahrhundert war sie in der Friedens- und Frauenbewegung engagiert. Sie genoss die Achtung des amerikanischen Präsidenten genauso wie die des italienischen Arbeiters aus ihrem Stadtteil, man nannte sie die „beliebteste Frau Amerikas“. Doch auch die andere, dunkle Seite ihres Traumes hat sich in ihrem Leben bewahrheitet: Jane Addams stand, obwohl stets von Menschen umgeben, oft ganz allein und einsam im Leben.

[1] *die Esse:* die offene Feuerstelle in einer Schmiede

Schlage nach:
- der Rationalismus (S. 198, Z. 10 unten)
- der Pionier (S. 200, Z. 57)
- die Diskriminierung (S. 200, Z. 8)
- der Patriarch (S. 200, Z. 14)
- überantworten (S. 200, Z. 19)
- die Engelmacher (S. 201, Z. 27)

„Der Engel von Chicago“: Jane Addams (1860–1935), amerikanische Sozialarbeiterin und Pazifistin, Friedensnobelpreisträgerin 1931

Für Jane Addams und ihre Mitschülerinnen am „Rockford Female Seminary“ war es wichtig, in einer Zeit zu leben, in der sich neue Möglichkeiten für Frauen auftaten, jenseits der Hausfrauen- und Mutterrolle. In einem Nachruf auf Jane Addams 1935 schreibt das *Berliner Tageblatt*: „Ungeheuer leidenschaftlich waren sie als junge Mädchen. Viele gaben sich gegenseitig das Versprechen, niemals zu heiraten. Sie wollten ihrer Sache nicht untreu werden. Der Boden, auf dem diese Leidenschaft wuchs, war ein ausgesprochener Rationalismus, verbunden mit unbändiger Menschenliebe, verbunden mit dem Glauben, die Welt müsse sich bessern lassen – guten Willen vorausgesetzt: Und die Frau werde den Hauptanteil haben müssen an dieser Arbeit.“

Judith Rauch

„Werde nie eine Frau, wenn du groß bist“

2 Aufgaben: Seite 202

Das kleine Mädchen saß aufrecht im Bett, das Kopfkissen im Rücken, die Decke hochgezogen bis zum Kinn. Wo Papa nur blieb? Nein, sie wollte noch nicht einschlafen. Manchmal wurde es spät in der Klinik, die kranken Kinder brauchten ihn noch oder die Studenten. Aber Maria wusste genau: Wenn er nach Hause kam und sie noch wach war, würde er mit ihr spielen.

Sie hatte schon einen besonderen Vater, das wusste Maria. Und ihre Freunde und Freundinnen wussten es auch. Professor Friedrich Goeppert war gescheit. Er kannte die Tiere und die Pflanzen, das Wetter und die Sterne, und er wusste auf fast alle Fragen eine Antwort. Aber das war nicht das Besondere, gescheit waren die anderen Professorenväter in Göttingen auch. Das Besondere an Marias Vater war, dass Kinder ihn einfach ansprechen konnten, er redete gern mit ihnen, sogar lieber als mit Erwachsenen. Und er erlaubte Maria fast alles. Sie durfte allein in den Wald gehen, auf die höchsten Bäume klettern und die ganze Nacht wach bleiben, wenn sie wollte. Ja, sie durfte sogar hauen und treten und wild sein wie ein Junge, obwohl sie doch ein Mädchen war. Friedrich Goeppert war gerecht, er machte keinen Unterschied zwischen Jungen und Mädchen. „Werde nie eine Frau, wenn du groß bist.“ Das sagte er oft zu Maria, auf Spaziergängen oder beim Gutenachtsagen. Früher, als sie noch kleiner war, hatte Maria nicht gewusst, wie er das meinte: „keine Frau“. Natürlich würde sie eine Frau werden, sie war schließlich ein Mädchen. Aber Papa hatte es ihr erklärt. Die meisten Frauen, hatte er gesagt, führen ein langweiliges Leben, nur Kochen, Putzen, Einkaufen und Kinderhüten. Das ist bequem für die Männer, hatte er gesagt, die lassen sich gerne bedienen. Aber es darf nicht so bleiben, die Frauen werden dumm und stumpf dabei und das schadet auf die Dauer auch den Kindern. „Du wirst einen Beruf lernen“, hatte er zu Maria gesagt. „Du wirst studieren und etwas Interessantes tun.“ Etwas Interessantes – Maria wollte nichts lieber als das. Aber was war das Interessanteste?

„Madonna der Zwiebeln“: Maria Goeppert Mayer (1906 – 1972), deutsch-amerikanische Physikerin, Physik-Nobelpreisträgerin 1963

Die Mama war Lehrerin gewesen, Sprachlehrerin, und Klavierstunden hatte sie auch gegeben. Ob das interessant war? Wahrscheinlich nicht so sehr, denn ihre Mutter hatte das Unterrichten aufgegeben, und Klavier spielte sie nur noch, wenn Gäste da waren. Was ihr Vater machte, war da schon viel interessanter:

kranke Kinder heilen und zukünftige Kinderärzte ausbilden. Aber auch dieser Beruf hatte seine dunklen Seiten. Manchmal starben die Kinder und der Vater war tagelang traurig, weil er ihnen nicht hatte helfen können.
„Ich muss damals doch irgendwann eingeschlafen sein", überlegte Maria Goeppert Mayer rund fünfzig Jahre später. Sie saß vor ihrem Schreibtisch in La Jolla, Kalifornien. Das schwedische Nobelpreiskomitee hatte geschrieben, sie brauchten – für die Presse, für die Öffentlichkeit – eine kurze Lebensgeschichte der frisch gebackenen Nobelpreisträgerin für Physik 1963. Die Aufgabe hatte sie ins Grübeln gebracht.
Maria Goeppert Mayer wusste, worauf es der Presse ankam. Sie war die erste Frau mit einem Nobelpreis in theoretischer Physik. Sie war erst die zweite Physik-Nobelpreisträgerin nach Marie Curie, die zweite nach sechzig Jahren. Und jetzt würden alle von ihr wissen wollen: „Wie sind Sie das geworden?" Darauf eine Antwort zu geben, fiel Maria Goeppert Mayer schwer.
Nein, eine zweite Marie Curie war sie nicht. Und eine Kämpferin, eine Pionierin, eine Frauenrechtlerin war sie auch nie gewesen. Das Besondere in ihrer Jugend war der Vater gewesen, „ein großer, sanfter Bär von Mann". Maria Goeppert Mayer nahm einen tiefen Zug aus ihrer Zigarette und schrieb an das Nobelpreiskomitee: „Väterlicherseits bin ich die siebte Generation von Universitätsprofessoren in gerader Linie." Und unter Professoren war sie auch aufgewachsen, in einer typischen deutschen Universitätsstadt am Anfang des 20. Jahrhunderts.

Maria Goeppert Mayer mit König Gustav VI. Adolf von Schweden bei der Nobelpreisverleihung

Maria Goeppert wuchs in einer Zeit auf, in der Frauen für Frauen schon viel erkämpft hatten. Sie erntete die Früchte der Frauenbewegung – wie die jungen Frauen heute. Und wie heute glaubten die Mädchen ihrer Generation, es sei schon alles erreicht, es sei nichts mehr zu erkämpfen. Das machte Maria einerseits stark: „Ich kann und will alles!" Das machte sie aber auch schwach: Gegenüber der tatsächlichen Diskriminierung, die sie erwartete, war sie hilflos.

Der Gedanke, sich in dieser Situation mit Frauen zusammenzuschließen, lag ihr fern. Maria Goeppert suchte vielmehr die Nähe und die Anerkennung der Männer, noch immer „saß sie lieber bei den Jungs" und tat das mit großer Selbstverständlichkeit. Dass unter diesen „Jungs" nicht lauter selbstgerechte Patriarchen waren, sondern ein paar, die sie tatsächlich anerkannten, war ihr Glück. Und das erklärt auch ein Stück ihres Erfolges.

Aufgaben: Seite 202

Erich Kästner

Mein lieber Kästner

„Der Verbotene": Erich Kästner (1899–1974), deutscher Autor, dessen Bücher im nationalsozialistischen Deutschland verboten waren

Berlin, 19. Januar 1940, in einem Café am Kurfürstendamm

Mein lieber Kästner!

Früher schriebst Du Bücher, damit andere Menschen, Kinder und auch solche Leute, die nicht mehr wachsen, läsen, was Du gut oder schlecht, schön oder abscheulich, zum Lachen oder Weinen fandest. Du glaubtest, Dich nützlich zu machen. Es war ein Irrtum, über den Du heute, ohne dass uns das Herz weh tut, nachsichtig lächelst.

Deine Hoffnungen waren das Lehrgeld, das noch jeder hat zahlen müssen, der vermeinte, die Menschen sehnten sich vorwärts, um weiterzukommen …

Nun, Du weißt, dass Du im Irrtum warst, als Du bessern wolltest. Du glichst einem Manne, der die Fische im Fluss überreden möchte, doch endlich ans Ufer zu kommen, laufen zu lernen und sich den Vorzügen des Landlebens hinzugeben …

Der Teufel muss Dich geritten haben, dass Du Deine kostbare Zeit damit vergeudest, der Mitwelt zu erzählen, Kriege seien verwerflich, das Leben habe einen höheren Sinn als etwa den, einander zu ärgern, zu betrügen und den Kragen umzudrehen, und es müsse unsere Aufgabe sein, den kommenden Geschlechtern eine bessere, schönere, vernünftigere und glücklichere Erde zu überantworten! Wie konntest Du nur so dumm und anmaßend sein! Warst Du denn nur deshalb nicht Volksschullehrer geblieben, um es später erst recht zu werden?

Es ist eine Anmaßung, die Welt, und eine Zumutung, die Menschen veredeln zu wollen. Das Quadrat will kein Kreis werden; auch dann nicht, wenn man es davon überzeugen könnte, dass der Kreis die vollkommenere Figur sei. Die Menschen lehnen es seit Jahrtausenden mit Nachdruck ab, sich von uneigennützigen Schwärmern zu Engeln umschulen zu lassen. Sie verwahren sich mit allen Mitteln dagegen. Sie nehmen diesen Engelmachern die Habe, die Freiheit und schließlich das Leben. Nun, das Leben hat man Dir gelassen …

‚Wer die Menschen ändern will, beginne bei sich selbst!', lautet ein altes Wort, das aber nur den Anfang einer Wahrheit mitteilt. Wer die Menschen ändern will, der beginne nicht nur bei sich, sondern er höre auch bei sich selber damit auf!

Mehr wäre hierüber im Augenblick nicht zu schreiben. Der Rest verdient, gelebt zu werden. Versuch es, und sei gewiss, dass Dich meine besten Wünsche begleiten!

Dein unzertrennlicher Freund
Erich Kästner

Václav Havel, **Ohne Titel** *(Seite 197)*

1. Versuche die Bedeutung des Gedichts mit eigenen Worten wiederzugeben.
2. Diskutiert: Würde der Titel dieses Kapitels „Lebenswünsche, Lebenswege" als Überschrift dieses visuellen Gedichts passen?
3. Das Gemälde von Paul Klee trägt den Titel „Hauptweg und Nebenwege". Stelle einen Zusammenhang mit dem Gedicht her.

Lise Meitner, **Ich kam zu dem Schluss …** *(Seite 197)*

1. Notiere deine Vorstellungen von deinem künftigen Leben. Tauscht euch über eure Zukunftswünsche aus.
2. In diesem Kapitel wirst du Gelegenheit haben, Lise Meitner und ihr Leben kennenzulernen. Stelle nach Bearbeitung des Kapitels dar, inwiefern ihr Leben „nicht leicht", dafür aber „inhaltsreich" war.

1 *Irene Stratenwerth,* **„Das Gefühl, die Welt ein Stück weiterbringen zu müssen"** *(Seite 198)*

1. „Und während sich all die vertrauten Menschen ihres Dorfes ‚auf dem Friedhof hinter dem Hügel' zur Ruhe gelegt hatten, lastete auf ihr allein die Aufgabe, ein eisernes Rad zu schmieden, um damit den Lauf der Welt wieder in Gang zu bringen." (Z. 4–9) Halte fest, inwiefern sich der Traum in Jane Addams' Leben bewahrheitet.
2. Informiere dich über Jane Addams und erkläre, warum die spätere Nobelpreisträgerin ganz allein und einsam in ihrem Leben war.

2 *Judith Rauch,* **„Werde nie eine Frau, wenn du groß bist"** *(Seite 199)*

1. Beschreibe das Verhältnis zwischen Maria Goeppert und ihrem Vater.
2. Erläutere, was der Vater mit seiner Aufforderung „Werde nie eine Frau, wenn du groß bist" meint.
3. Informiere dich über die „Madonna der Zwiebeln" und suche eine Begründung für ihren Beinamen.

3 *Erich Kästner,* **Mein lieber Kästner** *(Seite 201)*

1. Notiere, welche Absicht Erich Kästner mit dem Schreiben seiner Bücher ursprünglich verfolgt hat.
2. Nenne die Gründe, warum er diese Absicht nicht verwirklichen konnte.
3. Diskutiert, ob es tatsächlich eine „Anmaßung" ist, die Welt verbessern zu wollen.
4. Sammelt weitere Motive, die einen Schriftsteller zum Schreiben bewegen können.
5. Informiert euch über Erich Kästners Schicksal im Dritten Reich.

Ein Referat vorbereiten und halten

Eine Fragestellung finden

Im Deutschen Museum in München, einem naturwissenschaftlichen und technikgeschichtlichen Museum, befindet sich die folgende Tafel an einem dort ausgestellten Arbeitstisch:

Versuchsanordnung,
mit der Otto Hahn,
Lise Meitner und Fritz Straßmann
1938
die Kernspaltung entdeckten.

1. Sucht in einem Lexikon arbeitsteilig Angaben zu den drei Wissenschaftlern, die in dem Text auf der Tafel genannt werden, und zum Stichwort *Kernspaltung*. Teilt euch dabei so auf, dass jeder ein anderes Lexikon heranzieht. Bezieht auch andere Nachschlagewerke wie Geschichtslexika, Personen- und Fachlexika in eure Recherche mit ein.

2. Macht eine Kopie des Eintrags, den ihr gefunden habt. Notiert auf der Kopie, aus welchem Nachschlagewerk sie stammt (Quellen nachweisen ☞ S. 208 f.). Vergleicht eure Ergebnisse. Welche Nachschlagewerke eignen sich besonders gut, um erste Informationen zu einem Thema zu finden?

3. Mit der Tafel im Museum hat es eine besondere Bewandtnis:
Im Deutschen Museum steht der Arbeitstisch, an dem das Team Hahn-Meitner-Straßmann in Berlin am Kaiser-Wilhelm-Institut gemeinsam experimentierte. Bis zum Jahr 1990 hing eine Tafel an der Wand, die zwar den Namen Fritz Straßmanns im Zusammenhang mit der Kernspaltung nannte, Lise Meitner aber völlig unerwähnt ließ. Der Arbeitstisch stand unter einer Glasvitrine und ein Schild verkündete: „Arbeitstisch von Otto Hahn". Der Name Lise Meitners tauchte nirgends auf, nicht einmal als „Mitarbeiterin" kam sie vor. Auf Nachfrage erklärte das Deutsche Museum noch 1987: „Die ganze Betextung wurde von Otto Hahn selbst verfasst. Wahrscheinlich sah er Lise Meitners Beteiligung als mehr theoretischer Natur an." Viele Proteste – besonders von Frauen – führten schließlich dazu, dass die Texttafeln geändert wurden.
Überprüft, ob eure Lexikonartikel auf die Frage eingehen, welchen Anteil jeweils Hahn, Straßmann und Meitner an den Entdeckungen hatten und wer den Ruhm für sich beanspruchte.

4. Die folgenden Zitate stammen aus dem Buch „Lise, Atomphysikerin", in dem Charlotte Kerner die Lebensgeschichte von Lise Meitner erzählt:

a) „Richtig ist, dass Lise Meitner wegen ihrer Bescheidenheit, wegen ihrer gesamten Persönlichkeit im Schatten Hahns bleibt. Richtig ist, dass sie als Frau eher als Mitarbeiterin und als Zuarbeiterin gilt. Lise Meitner hat in ihrem Leben oft genug erlebt, dass den Frauen, besonders in den Naturwissenschaften, keine eigenständigen großen Leistungen zugetraut werden."

b) „Lise Meitner ist stark beeindruckt von der neuen Gedankenwelt, die sich ihr an der Universität eröffnet. Sie empfindet Stolz und hat gleichzeitig ein wenig Angst vor der eigenen Courage. ‚Für ein Mädchen war es zu dieser Zeit ja überhaupt ungewöhnlich, Vorlesungen zu besuchen. In dieser Zeit entwickelte sich das Frauenstudium in Wien gerade, aber ich wusste sehr wenig darüber. […] Alles, was ich sagen kann, ist, dass ich sehr beunruhigt war, ob es mir gelingen würde, eine Wissenschaftlerin zu werden […]' "

c) „Es ist Lise Meitners Schicksal, dass sie als Jüdin vor den Nationalsozialisten fliehen musste. So kam es, dass ein Teil – und nur ein Teil – ihrer Arbeit mit dem Nobelpreis für Hahn gekrönt wurde."

d) „Mit 60 Jahren steht Lise Meitner fast vor dem Nichts. Sie hat ihr Institut in Berlin und damit ihre wissenschaftliche Arbeit verloren. Aus der angesehenen Frau Professor, die in einer großen Villenetage mit Haushaltshilfe residiert, ist ein Flüchtling geworden, der sich bei den Behörden melden muss und einen ‚Flyttningsbetyg (för ensam person)', wie es auf Schwedisch heißt, bekommt."

Im Rahmen einer Projektwoche unter dem Motto „Wissenschaftler und wissenschaftliche Entdeckungen um 1900" sollen Themen für Referate vorgeschlagen werden. Überlege, welche Referatthemen sich aus den Zitaten ableiten lassen. Orientiere dich an folgenden Beispielen:

„Lise Meitners Karriere als Wissenschaftlerin"

„Wie der Nationalsozialismus Lise Meitners Lebensweg beeinflusste"

Bei selbstgewählten Referatthemen orientiert sich die **Themenwahl** am
- Interesse des Referenten,
- angenommenen Interesse der Zuhörer.

Das Thema sollte nicht zu eng und nicht zu weit gefasst sein und selbstständig erarbeitet werden können.

Die Recherche

Folgende Informationen zu Lise Meitner haben die Schüler einer 9. Klasse zusammengetragen:

1878–1968 Lise Meitner, Physikerin

1878
7. November: Lise Meitner wird als Tochter des Rechtsanwalts Philipp Meitner und seiner Frau Hedwig (geb. Skowran) in Wien geboren. Obwohl beide Elternteile aus jüdischen Familien stammen, lassen sie ihre Kinder protestantisch taufen.

1901
Da zu dieser Zeit Mädchen an Gymnasien noch nicht zugelassen waren, bereitet sie sich nach einem ersten Schulabschluss an einer Bürgerschule im Selbststudium auf ein externes Abitur vor. Parallel zur „Matura" legt sie 1901 ein Lehrerinnenexamen für Französisch ab.

1901–1906
Studium der Mathematik, Physik und Philosophie in Wien.

1906
Meitner promoviert über die Wärmeleitung inhomogener Körper. Sie ist die zweite Frau, die an der Universität in Wien eine Promotion ablegen kann.

1. In „Lise, Atomphysikerin" von Charlotte Kerner heißt es: „Ihr drittes Kind wird am 17. November 1878 geboren. Es ist wieder ein Mädchen. Elise nennen es der Rechtsanwalt Dr. Philipp Meitner und seine Frau Hedwig, geborene Skowran." Ermittle die Ursachen für das oft falsch angegebene Geburtsdatum von Lise Meitner (7. November 1878).

2. Ergänze die biografischen Angaben zu Lise Meitner mithilfe von Lexika und Nachschlagewerken.

3. Suche im Internet nach zusätzlichen Informationen, die Lise Meitners Rolle bei der Erforschung der Kernspaltung und der Entwicklung der Atombombe beleuchten.

4. Ziehe zur Vertiefung deines Wissens über die Kernspaltung und die Entwicklung der Atombombe Fachbücher aus der Schulbibliothek heran.
Beachte dabei die Faustregel: Erst die neuen Fachbücher lesen, dann die älteren!
Greife bei deiner Recherche in Sachbüchern auf das Register zurück.

Die meisten Sachbücher enthalten ein **Register**/einen **Index**.
Hier sind die wichtigsten Begriffe des Buches, die **Schlagwörter**, in alphabetischer Reihenfolge aufgelistet und mit Seitenzahlen versehen. So kann man wichtige Begriffe im Text schnell wiederfinden. Das Register findet sich normalerweise am Ende des Buches. Man unterscheidet dabei zwischen einem **Sach-** und einem **Personenregister**.

5. Schreibe aus einem der von dir gefundenen Artikel über Lise Meitner die Informationen heraus, die dir für dein Referat wichtig erscheinen. Beachte dabei die folgenden Hinweise zur Methode *Exzerpieren*. Notiere dabei Quelle und Seitenangaben. (Quellen nachweisen S. 208 f.)

Exzerpieren

Bei der Anfertigung von Exzerpten (Auszügen aus Sachtexten) solltest du folgendermaßen vorgehen:

- Lege zuerst fest, zu welchen Schwerpunkten du Informationen suchen willst, und schreibe die einzelnen Schwerpunkte oben auf ein Blatt oder eine Karteikarte.
- Fasse die aufgefundenen Informationen in Stichpunkten zusammen.
- Du kannst Zitate übernehmen, musst diese jedoch stets als solche kennzeichnen.
- Notiere die Quelle deiner Information.

Die Informationen ordnen: von der Stoffsammlung zur Gliederung

Meitner: 1918 Leiterin Forschungsabteilung für radioaktive Physik am Kaiser-Wilhelm-Institut[1]

Professorentitel für Frauen in Preußen ab 1920 möglich

1907: Beginn Zusammenarbeit Hahn-Meitner

1933: Meitner verliert als Jüdin Erlaubnis zu lehren, immerhin weitere Forschung an ihrem ehemaligen Institut

Meitner 1906 Doktorarbeit über physikalisches Thema in Wien

Juli 1938: Flucht Meitners nach Stockholm

Hahn seit 1907 Professor für Chemie

Meitner: theoretische Erklärung und physikalische Deutung der Kernspaltung, Dezember 1938 (zusammen mit Neffen O. R. Hirsch)

1944 Nobelpreis für Chemie an Otto Hahn für seine Entdeckung der Kernspaltung

Meitner: 1922 Professorentitel in Berlin

[1] *Kaiser-Wilhelm-Gesellschaft zur Förderung der Wissenschaften:* Vorläufer der Max-Planck-Gesellschaft (1948), unterhält Institute zur wissenschaftlichen Forschung, die weder dem Staat noch der Wirtschaft angehören

1. Entwirf mithilfe dieser Einzelinformationen – und gegebenenfalls weiterer Informationen, die du gefunden hast – eine Gliederung für ein Referat zum Thema „Lise Meitner – Karriere einer Naturwissenschaftlerin".
Erprobe dabei **eines** der beiden folgenden Verfahren:

Verfahren 1: Erstelle eine Mind-Map aus den Stichworten und entwirf dann anhand der Mind-Map eine Gliederung.

Verfahren 2: Schreibe die Stichworte auf Zettel (z. B. Klebezettel in DIN A8-Größe) und erstelle die Gliederung, indem du die Zettel verschiebst.

Vergleicht die beiden so entstandenen Gliederungen und begründet, welche euch besser erscheint.

2. Überlege, wie eine Gliederung angelegt sein muss, damit deine Zuhörer der Abfolge deiner Gedanken leicht folgen können.

3. Entwirf nun mithilfe derselben Stichpunkte eine Gliederung zu dem Thema „Bildungschancen von bürgerlichen Frauen um 1900 am Beispiel von Lise Meitner" und vergleiche deine Lösung mit denen der vorigen Aufgaben.

4. Hast du die Reihenfolge der Stichpunkte verändert oder einzelne weggelassen? Kannst du mit den Stichworten zum Thema in Aufgabe 1 auch dieses Thema behandeln? Diskutiert diese Fragen in der Klasse.

Quellen nachweisen

Bei Referaten und schriftlichen Hausarbeiten musst du die Quellen nachweisen, aus denen du dein Wissen hast. Schau dir die folgenden Quellenangaben an und analysiere, wie sie aufgebaut sind. Orientiere dich dabei am unten stehenden Merkkästchen.

Quelle 1:

Rauch, Judith: „Werde nie eine Frau, wenn du groß bist". Aus: Kerner, Charlotte (Hrsg.): Nicht nur Madame Curie … Frauen, die den Nobelpreis bekamen. Weinheim und Basel, Beltz Verlag, Neuausgabe 1999, S. 214–250

Quelle 2:

Kerner, Charlotte: Lise, Atomphysikerin. Die Lebensgeschichte der Lise Meitner. Weinheim und Basel, Beltz Verlag, 1986, 1989

Quelle 3:

Lise Meitner – Die große Dame der Physik. http://www.br.de/fernsehen/br-alpha/sendungen/entdeckungen-grosser-forscher/meitner-lise-100.html. Online im WWW, 25.02.2014

1. Übe die richtige Quellenangabe an mehreren Beispielen. Überprüfe die äußere Form deiner Quellenangaben mithilfe des folgenden Merkkastens.

- **Ganze Bücher** werden als **Quelle** wie folgt angegeben:
  Autorenname (Nachname, Vorname): Titel und Untertitel des Buchs. Erscheinungsort/e: Verlag und Erscheinungsjahr.
- Hat ein Buch keinen Autor, sondern einen oder mehrere **Herausgeber**, dann folgt auf den Herausgebernamen der Zusatz *(Hrsg.)*. Bei mehr als zwei Herausgebern genügt die Nennung des erstgenannten und der Zusatz *u. a.*
- Besteht ein Buch aus **Artikeln**, die eigene Autoren haben, und deine Quelle ist nur einer dieser Artikel und nicht das ganze Buch, so wird auch nur dieser Artikel als Quelle genannt – natürlich mit seinem Fundort:
  Name des Artikelautors (Nachname, Vorname): Titel und Untertitel des Artikels. In: →

Name des Buchherausgebers (Nachname, Vorname) (Hrsg.): Titel und Untertitel des Buchs. Erscheinungsort/e: Verlag, Erscheinungsjahr, Seitenzahl(en) des Artikels.

In allen Fällen kann der Name des Verlags auch entfallen. Bei einer Textsammlung aber, die vielleicht dazu anregt, sich das Buch zu kaufen, ist diese Information praktisch.
Tipp: Wichtig ist, dass du das einmal gewählte Verfahren konsequent anwendest.

- Stammt der **Artikel aus dem Internet**, gibst du die Quelle wie folgt an: Name des Verfassers (falls genannt): Titel des Artikels. Internet-Adresse (URL), online im WWW, Datum des Tages, an dem der Artikel aufgerufen wurde.
Am Ende eines schriftlichen Referates musst du ein **Quellenverzeichnis** (= Bibliografie) einfügen, in dem du in alphabetischer Reihenfolge alle von dir verwendeten Quellen vollständig angibst.

Richtig zitieren

1. In der schriftlichen Fassung eines Referates über Nobelpreisträgerinnen und die Herausforderungen, mit denen sie zu kämpfen hatten, wurde ein Zitat aus dem Vorwort von Charlotte Kerner wörtlich übernommen. Dabei wurde der Text an einer Stelle gekürzt.
Analysiere, welche Satzzeichen verwendet wurden und woran die Textkürzung zu erkennen ist.

„Nicht nur Madame Curie – erhielt einen Nobelpreis, sie hat sechsundzwanzig Nachfolgerinnen. [...] Die ‚Nobel-Frauen' sind eine Minderheit geblieben und das ist kein Zufall.
Was besonders die Naturwissenschaftlerinnen, aber auch die Schriftstellerinnen und Friedenskämpferinnen erleben mussten, war nicht selten ‚eine Verschwörung der Entmutigung'. Die Nobelpreisträgerinnen schafften es trotzdem." *(Kerner, Charlotte (Hrsg.): Nicht nur Madame Curie … Frauen, die den Nobelpreis bekamen. Weinheim und Basel: Beltz Verlag 1990, 1999, S. 7)*

2. Untersuche, welches wichtige Detail sich bei dem *Zitatnachweis* im Vergleich zur Quellenangabe verändert hat. Nenne den Grund dafür.

3. Manchmal ist es aus Platz- oder Zeitgründen notwendig, ein Zitat zu kürzen. Lies folgenden Ausschnitt aus dem Vorwort von Charlotte Kerner und überlege, wie du den Text so kürzen kannst, dass du ihn in deinem Referat verwenden kannst.

„Nicht nur Madame Curie – alle, die es bis zum Nobelpreis schafften, brauchten Selbstbewusstsein und Durchhaltevermögen. So verwundert es nicht, dass die Mehrheit schon als Mädchen im Elternhaus sehr gefördert wurde, und zwar eher durch den Vater, in dessen berufliche Fußstapfen einige traten, als durch die Mutter. Oft hatten sie privaten Unterricht und wuchsen in einem liberalen geistigen Klima auf, das sie nicht in die übliche Frauenrolle zwängte. Sehr früh konnten sie so ihre ureigensten Interessen erkennen und weiterverfolgen, wenn nötig, dann auch gegen den Willen der Eltern. Den Konflikt Beruf oder Familie, Karriere oder Kinder leugnete keine der Nobelpreisträgerinnen. Fünf der vorgestellten Frauen verzichteten auf Ehe und Familie, einige bewusst, andere zwang das Schicksal, allein zu leben. Die Mehrheit heiratete und hatte Kinder, aber immer auch Haus- und Kindermädchen. Keine gab den Beruf wegen der Familie auf. Die meisten Schriftstellerinnen mussten sich als Lehrerin das tägliche Brot sichern." (*Kerner, 1990, 1999, S. 9f.*)

4. Vergleiche den *Zitatnachweis* mit dem vorherigen und beschreibe die Unterschiede. Wann ist es deiner Meinung nach sinnvoll, diese Zitierweise zu wählen? Welche zusätzliche Information muss in der schriftlichen Fassung des Referates enthalten sein, damit diese Zitierweise funktioniert?

5. Auch wenn der Inhalt eines Buches/Textes in längeren Passagen in geraffter Form sinngemäß und in eigenen Worten wiedergegeben wird, ist es manchmal doch notwendig, innerhalb des eigenen Textes eine Original-Stelle wörtlich zu zitieren.

Charlotte Kerner unterstreicht, dass die im Buch „Nicht nur Madame Curie ..." erzählten Lebensgeschichten von dreizehn Nobelpreisträgerinnen „Lehrstücke über das Frauenleben am Ende des 19. Jahrhunderts"[1] und im 20. Jahrhundert sind.

[1] *Kerner, Charlotte (Hrsg.): Nicht nur Madame Curie ... Frauen, die den Nobelpreis bekamen. Weinheim und Basel: Beltz Verlag, 1990, 1999, S. 7*

Gib an, woran du das wörtliche Zitat erkennst und wie der Zitatnachweis erbracht wird.

6. Aus folgender Quelle aus dem Internet soll zitiert werden. Überlege, wie du dabei vorgehst: http://www.physik.uni-bielefeld.de/didaktik/Geschichte/2006.htm (...)
Erkläre, warum das Datum, an dem die Seite eingesehen wurde, genannt werden sollte.

- **Wörtliche Zitate** stehen in doppelten Anführungszeichen „...". **Auslassungen** oder **Veränderungen** werden mit [...] gekennzeichnet. Doppelte Anführungszeichen werden im Zitat selbst zu **einfachen Anführungszeichen** ‚...'.
- Die **Herkunft des Zitats** wird entweder direkt nach dem Zitat oder in einer Fußnote angegeben. Dazu wird die Quelle vollständig genannt und die Seite angegeben, auf der das Zitat steht.
- Ein **verkürzter Zitatnachweis** in der Form *Autorennachname – Jahr – Seite* ist möglich, wenn an anderer Stelle die Quelle einmal vollständig angegeben und die Zuordnung eindeutig ist.

Einleitung und Schluss eines Referats formulieren

Beispiel 1:
Das Thema meines Referats lautet: „Lise Meitner – Karriere einer Physikerin".

Beispiel 2:
Otto Hahn bekam 1944 den Nobelpreis für die Entdeckung der Kernspaltung, der Voraussetzung für die Nutzung der Atomenergie. Erst Jahrzehnte später wurde öffentlich gewürdigt, dass auch zwei weitere Wissenschaftler, Fritz Straßmann und Lise Meitner, Anteil an dieser Entdeckung hatten.
In meinem Referat will ich am Beispiel der Karriere von Lise Meitner der Frage nachgehen, welche Rolle Frauen in der Naturwissenschaft um 1900 gespielt haben.

Beispiel 3:
Heutzutage sind ungefähr 50% aller Studierenden, aber weniger als 10% aller Professoren an deutschen Universitäten weiblich.
Welche Chancen hatten Frauen vor 100 Jahren, als ihnen in Deutschland eine höhere Schulbildung mit Abitur gerade erst ermöglicht worden war? Und wie haben sie sie genutzt? Diese Fragen möchte ich am Beispiel der Karriere von Lise Meitner, einer Physikerin, untersuchen.

1. Vergleiche die Einleitungen miteinander. Notiere Vorzüge und Nachteile. Überlege, zu welchen Themen sie jeweils hinführen.

Die **Einleitung**
- soll das Interesse der Zuhörer wecken,
- mündet in eine klare Formulierung des Referatthemas.

„Am ehemaligen Goeppert'schen Haus im Hermann-Föge-Weg 7 in Göttingen hängen heute drei Gedenktafeln: Die auf der rechten Seite des Mittelerkers ehrt den Philosophen Edmund Husserl, den Vorbesitzer des Hauses. Links erinnert eine weiße Marmortafel an Friedrich Goeppert, den engagierten Kinderarzt. Seine Tochter Maria hat sie im Jahr 1960 anfertigen lassen. Daneben aber wurden 1974, zwei Jahre nach ihrem Tod, die Lebensdaten der Nobelpreisträgerin Goeppert Mayer in Stein verewigt. Vater Friedrich würde schmunzeln, wenn er es sähe: Ihre Tafel ist ein wenig größer als seine."

2. Mit diesen Worten endet der Artikel über Maria Goeppert Mayer. Untersuche, was diesen Schluss für den Leser/Zuhörer interessant macht.

Der **Schluss**
- beantwortet deutlich und zusammenfassend die Themafrage des Referats,
- kann dazu an die Einleitung anknüpfen,
- markiert deutlich das Ende des Referats, oft durch eine feststehende Formel wie „Ich danke für eure Aufmerksamkeit".

Das Referat veranschaulichen

In einem Nachschlagewerk hast du folgende Kurzbiografien gefunden:

Max Planck – Der Physiker Max Planck (1858–1947) entdeckte als Erster, dass erhitzte Körper ihre Energie in kleinen Einheiten abgeben, den „Lichtquanten". Max Planck gelang es, die Wellen- und Teilcheneigenschaften des Lichts in einer einheitlichen Theorie zu beschreiben, der „Quantentheorie". Diese wurde später von Albert Einstein weiterentwickelt.

Marie Curie – Die französische Wissenschaftlerin Marie Curie (1867–1934) und ihr Mann Pierre Curie (1859–1906) waren die Entdecker der radioaktiven Elemente Radium und Polonium (1898). Für ihre Arbeit wurde Marie Curie 1903 gemeinsam mit ihrem Mann und Antoine Becquerel mit dem Nobelpreis für Physik ausgezeichnet. 1911 erhielt sie außerdem den Nobelpreis für Chemie.

Gerd Binning – Der 1947 geborene deutsche Wissenschaftler Gerd Binning erhielt 1986 den Nobelpreis für Physik, zusammen mit H. Rohler. Die Wissenschaftler entwickelten das Rastertunnelmikroskop zur Analyse der Struktur und Beschaffenheit der Oberflächen von Atomen. Aus der Auf- und Abbewegung einer feinen Sonde erhält man am Computer ein Bild der atomaren Oberfläche.

Stephen Hawkins – Der britische Professor für theoretische Physik (geb. 1942) legte mit seiner wissenschaftlichen Arbeit eine umfassende Erklärung für Anfang und Ende des Univerums vor. Sein Buch „Eine kurze Geschichte der Zeit", 1988 erschienen, erlangte Weltruhm. Der unheilbar erkrankte Hawkins sieht seine Forschungsergebnisse als Weiterführung der Gedanken von Albert Einsteins Allgemeiner Relativitätstheorie.

1. Stelle die gefundenen Informationen übersichtlich dar. Folgende Darstellungsweisen stehen zur Auswahl: Tabelle, Mind-Map ... Mögliche Ordnungsprinzipien sind z. B. Physiker/innen des 19. Jh., Physiker/innen des 20./21. Jh., Physiker/innen nach Ländern geordnet, Unterteilung Männer/Frauen ...

2. Untersuche die folgende Infografik zu Lise Meitner. Benenne Vor- und Nachteile und begründe deinen Standpunkt.

Das Referatskript und das Thesenpapier erstellen

Zur Vorbereitung deines Referates solltest du deine Informationen ordnen und ausformulieren. Mit diesem Manuskript kannst du anschließend weiterarbeiten, um dein Referatskript und dein Thesenpapier zu erstellen.
Für das Referatskript verwendest du am besten (Kartei-)Karten in Größe DIN A5 oder A6, auf denen du den Verlauf deines Referats in Stichwörtern notierst. Beachte folgende Ratschläge:

METHODE M

Anfertigen von Karteikarten

- Nummeriere die Reihenfolge der Karten.
- Schreibe groß und lesbar (am PC: Schriftgröße 16, Zeilenabstand 2).
- Notiere Stellen, an denen du etwas veranschaulichen möchtest, in einer anderen Farbe.
- Halte das Referat einmal zur Probe und miss dabei die Zeit. Überarbeite das Referat so, dass du die vorgegebene Zeit einhältst.

1. Formuliere für jeden der vier Ratschläge eine Begründung in einem weil-Satz oder in einem damit-Satz.

Beispiel: Nummeriere die Reihenfolge der Karten, damit du nicht durcheinanderkommst, sollte einmal eine Karte hinunterfallen.

Bei Referaten wird häufig ein Thesenpapier (Handout) verlangt, das in der Regel in die Bewertung mit einfließt. Beachte folgende Gestaltungstipps:

METHODE M

Anfertigen von Thesenpapieren

- Entwirf das Thesenpapier nicht zu umfangreich. Berücksichtige nur die wichtigsten Informationen. Schließlich soll es das Referat unterstützen und nicht ersetzen.
- Gestalte das Thesenpapier übersichtlich und verzichte auf grafische Spielereien, da diese vom Inhalt ablenken.
- Lass genügend Raum für die Notizen der Zuhörer.
- Formuliere möglichst stichpunktartig.
- Füge nur solche Bilder ein, die einen wichtigen Beitrag zum Referatthema leisten.

2. Sammle Informationen zu Marie Curie und entwirf anschließend ein Thesenpapier zum Thema „Marie Curie, die Frau mit den zwei Nobelpreisen".

Das Referat vortragen

In einem Referat sollst du Dinge sachlich darstellen. Dabei kannst du beschreiben, berichten und/oder erklären.
Manchmal bietet es sich auch an, erzählende Teile (z.B. eigene Erlebnisse oder Anekdoten aus dem Leben berühmter Persönlichkeiten) einzubauen, um das Interesse zu wecken und die Zuhörer zu unterhalten.

1. Entscheide, welche Darstellungsform (S. 207, Aufgabe 2) du in einem Referat über Lise Meitner wählen solltest, wenn du folgende Aspekte vorstellen willst:

- Versuchsanordnung der Physiker
- Besuch in der Physik-Abteilung des Deutschen Museums in München
- Studienbedingungen junger Frauen Ende des 19., Anfang des 20. Jahrhunderts
- Folgen der Entdeckungen von Lise Meitner bis heute

Stil und Darstellungsformen des Referats

- Grundsätzlich will das Referat informieren. Die sachlichen Darstellungsformen des Berichts und der Beschreibung sind daher meist angemessen.
- Das Referat will aber auch Interesse wecken und die Zuhörer in gewissem Maße unterhalten. Deshalb sind auch erzählende Teile möglich, vor allem dort, wo eigene Erlebnisse einfließen.
- Bei deinem Vortrag solltest du einige der folgenden rhetorischen Mittel und Strategien einsetzen:
  - Benutze gelegentlich **Anaphern**. Sie verstärken eine Aussage:
    „Nicht nur Madame Curie – erhielt einen Nobelpreis, sie hat sechsundzwanzig Nachfolgerinnen. Aber nur …
    Nicht nur Madame Curie – hatte eine wichtige Vorbildfunktion in den Anfängen der Frauenbildung …
    Nicht nur Madame Curie – alle, die es bis zum Nobelpreis schafften, brauchten Selbstbewusstsein und Durchhaltevermögen."
  - Baue **rhetorische Fragen** ein: „Hat sich ihr Einsatz gelohnt?"
  - Sprich **schwierige oder besonders wichtige Wörter** langsam und deutlich aus.
  - **Vermeide** typische **Füllwörter** wie *also, eigentlich, halt* und *genau.*

2. Überlege genau, wie und an welchen Stellen du bestimmte Medien einsetzen willst. Dabei kannst du auf unterschiedliche Weise vorgehen:

- Die eingesetzten Medien wiederholen das Vorgetragene und veranschaulichen die wesentlichen Aussagen.
- Der Vortragende ergänzt einzelne Folien während des Vortrags, die Zuhörer folgen diesen Ergänzungen.

3. Halte dein Referat zur Probe vor einer kleinen Testgruppe.
Erprobt innerhalb eurer Gruppe dabei verschiedene Sprechgeschwindigkeiten und verschiedene Körperhaltungen (z. B. angelehnt – frei stehend • Hände auf dem Rücken – Hände und Arme in Bewegung • auf einem Standbein – fest auf zwei Beinen ...) und haltet Vor- und Nachteile fest.

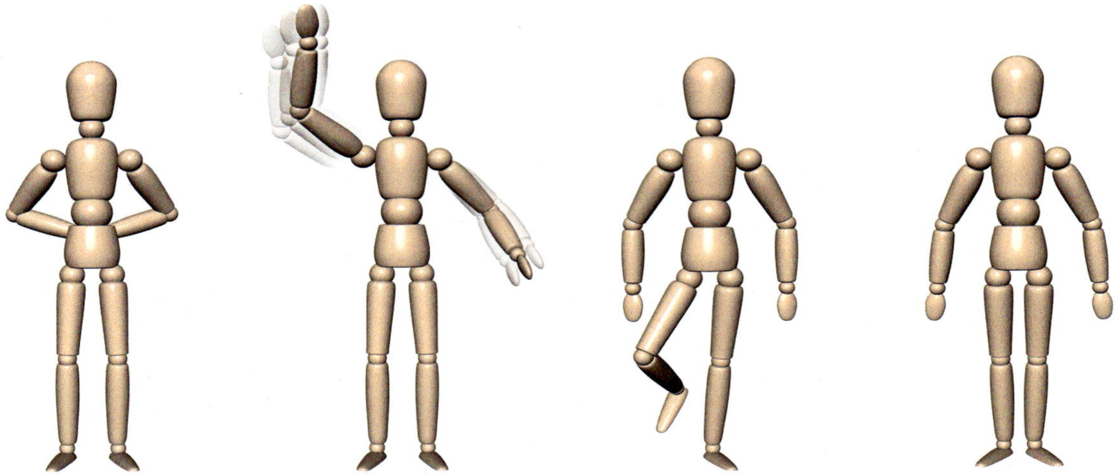

4. Analysiere zusammen mit deinen Zuhörern die Probleme, die beim Vortragen auftreten, und arbeite gezielt an Schwachstellen. Als Orientierung können folgende Kriterien dienen:

Kriterien für den **Vortrag** des Referats:
- Bewährt sich die Gliederung des Stoffes, sodass die Zuhörer dem Referat gedanklich gut folgen können?
- Ist das Referat anschaulich, erfüllen die Medien ihren Zweck?
- Kann der Referent mit den Medien gut umgehen?
- Wird der Vortrag so gesprochen, dass man gut zuhören kann (Lautstärke, Betonung, Sprechtempo)?
- Hält der Referent Blickkontakt zum Publikum?

5. Überlege, wie du deine Zuhörer zum aktiven Zuhören anregen kannst. Probiere dabei unterschiedliche Möglichkeiten aus.
Du kannst:
A) deinen Zuhörern schon vor deinem Vortrag einige Fragen austeilen, die sie im Anschluss an den Vortrag bearbeiten sollen.
B) deine Zuhörer einbeziehen, indem du zwischen Vortrag und Eigenaktivität wechselst. Dabei redest du zunächst über das Thema, dann lässt du deine Zuhörer anhand von Arbeitsblättern einzelne Aspekte erarbeiten (maximal fünf Minuten bei einer Vortragsdauer von 15 Minuten).

Zeichensetzung

Doppelpunkt

1. Die häufigste Verwendung des Doppelpunkts machen die meisten Menschen aufgrund ihres Sprachgefühls richtig: In der Regel steht er dort, wo etwas angekündigt wird. Untersuche in folgenden Sätzen, was angekündigt wird.

- Der Klassenlehrer erklärt: „In der Projektwoche werden wir uns in diesem Jahr mit Alfred Nobel und dem von ihm gestifteten Preis beschäftigen."
- Sandra denkt: „Hoffentlich befassen wir uns auch mit Nobelpreisträgerinnen."
- In ihrem Buch „Nicht nur Marie Curie ..." schreibt Charlotte Kerner: „Ein Jahr vor seinem Tode verfügte der 1833 in Stockholm geborene Schwede Alfred Bernhard Nobel in einem Testament, dass sein Vermögen von 35 Millionen Goldmark in eine Stiftung überführt wurde. Er rief die ‚Nobelpreise' ins Leben, die seit dem Jahr 1901 aus den Zinserträgen finanziert werden."
- Nobelpreisträgerinnen für Literatur 1909–2009: Selma Lagerlöf, Grazia Deledda, Sigrid Undset, Pearl S. Buck, Gabriela Mistral, Nelly Sachs, Nadine Gordimer, Toni Morrison, Wisława Szymborska, Elfriede Jelinek, Doris Lessing, Herta Müller

2. Untersuche, welche Rolle der Doppelpunkt in folgenden Sätzen spielt, und begründe die Groß- bzw. Kleinschreibung nach dem Doppelpunkt.

- „Über mein ganzes übriges, realisierbares Vermögen wird auf folgende Weise verfügt: Das Kapital, von den Nachlassverwaltern in sicheren Wertpapieren angelegt, soll einen Fonds bilden, dessen Zinsen jährlich als Preisbelohnung an diejenigen verteilt werden, die im verlaufenen Jahre der Menschheit den größten Nutzen erwiesen haben." (Alfred Nobel in seinem Testament)
- Marie Curie und Irène Jolie-Curie sind Nobelpreisträgerinnen in Physik bzw. Chemie: Sie waren Mutter und Tochter.
- Nobel verfolgte mit der Stiftung der Preise ein festes Ziel: den Wissenschaftlern und Schriftstellern ein Leben ohne finanzielle Not ermöglichen.
- Um Aussicht auf den Nobelpreis zu haben, müssen viele Faktoren zusammenkommen: neben der Neugierde und Begabung das richtige familiäre und schulische Umfeld, später die Möglichkeit, an bestimmten Problemen zu arbeiten. Doch am wichtigsten ist die Fähigkeit, außerhalb vertrauter Bahnen zu denken.

Der **Doppelpunkt** steht vor wörtlicher Rede, Gedanken, wörtlich zitierten Textstellen sowie Angaben, Aufzählungen und Erläuterungen.
Außerdem steht er vor Sätzen, die das vorher Gesagte zusammenfassen oder die eine Schlussfolgerung ziehen.
Als Faustregel für die Groß- und Kleinschreibung gilt: Nach Doppelpunkt werden ganze Sätze großgeschrieben. Unvollständige Sätze werden kleingeschrieben.

Bindestrich, Ergänzungsstrich, Gedankenstrich

1. Untersuche die folgenden Beispiele und gib an, ob es sich um einen Bindestrich, einen Ergänzungsstrich oder einen Gedankenstrich handelt. Begründe deine Entscheidung mithilfe der Informationen aus dem Merkkästchen.

- Marie Curie, eine polnisch-französische Physikerin
- Irene Stratenwerth, die einen biografischen Text über Jane Addams verfasst hat, arbeitet als freie Journalistin, TV- und Buchautorin.
- Alfred Nobel – selbst Chemiker und Entwickler des Dynamits – hoffte am Ende seines Lebens, dass „der einzige Krieg, den die Menschheit in Zukunft führen wird, der Krieg gegen Mikroben sein wird".
- Sowohl für Natur- als auch für Geisteswissenschaftler ist es eine große Anerkennung, den Nobelpreis zu erhalten.
- Die Nobelpreise werden in zwei Hauptstädten – Stockholm und Oslo – überreicht.
- Die Max-Planck-Gesellschaft setzt sich für die Förderung der Wissenschaften ein.
- Die Humboldt-Universität zu Berlin hat viele Nobelpreisträger hervorgebracht, unter anderem die Mediziner Emil von Behring (Entwicklung eines wirksamen Diphterie-Heilmittels) und Robert Koch (Entdecker der Tuberkulose-Erreger sowie der Cholera-Erreger).
- Am 19. März 1953 erklärte der britische Forscher Francis Crick seinem 12-jährigen Sohn ausführlich Struktur und Aufbau der menschlichen DNA – eine Entdeckung, die er erst kurz zuvor mit seinem Kollegen Watson gemacht hatte. Der Brief des späteren Nobelpreisträgers – eine der ersten wissenschaftlichen Beschreibungen zum Träger des menschlichen Erbguts – wurde im Frühjahr 2013 versteigert. Die Papiere, die als Meilenstein der Gen-Forschung gelten, erwarb ein anonymer Bieter – für die Rekordsumme von 4,6 Millionen Euro.

Der **Bindestrich** wird in Zusammensetzungen verwendet. Er wird unmittelbar an das Wort herangerückt: der *Nobelpreis-Reigen.*
Der **Ergänzungsstrich** steht für einen Wortbestandteil. Er wird unmittelbar an das Wort herangerückt: die *Chemie- und Physikpreisträger.*
Der **Gedankenstrich** wird häufig dort gesetzt, wo in der gesprochenen Sprache eine deutliche Pause gemacht wird. Er steht frei zwischen den Wörtern und hat vor und nach sich eine Freistelle. Er kann durch andere Satzzeichen (z. B. Kommas) ersetzt werden: *Der Gewinn des Nobelpreises ist der sicherste – wenn auch nicht gerade der einfachste – Weg zu großen Ruhm.*

Kommas bei Einschüben

1. Einschübe werden vom übrigen Satz vorn und hinten mit Kommas abgetrennt. Analysiere, was in den folgenden Beispielen eingeschoben wird.

- Nicht nur Marie Curie musste noch für ihre Ausbildung kämpfen. Auch die Frauen, die nach ihr kamen, hatten noch lange nicht das gleiche Recht auf Bildung wie die Männer.
- Die erste Trägerin des Literaturnobelpreises im Jahre 1909, Selma Lagerlöf (☞ S. 220), war auch das Idol vieler junger Frauen bis weit ins 20. Jahrhundert hinein.
- Bertha von Suttner, die den befreundeten Alfred Nobel dazu brachte, einen Friedensnobelpreis zu stiften, erhielt diese Auszeichnung 1905.
- Irène Joliot-Curie studierte, ohne lange zu zögern, wie ihre Mutter Mathematik und Physik an der Universität von Paris.
- Als Alfred Nobel im Jahre 1895, ein Jahr vor seinem Tod, ein Testament machte und die Nobelpreise ins Leben rief, durften Frauen in Deutschland noch nicht auf die Universitäten.
- Manche spätere Nobelpreisträgerin, aufgewachsen in einem liberalen geistigen Klima, setzte sich für ihre Rechte als Wissenschaftlerin ein.
- Die meisten Nobelpreisträger haben sich schon in der frühesten Kindheit der Wissenschaft zugewandt, wie die folgenden Beispiele zeigen. Albert Einstein, 1921 für die Relativitätstheorie mit dem Physiknobelpreis ausgezeichnet, hatte sein Schlüsselerlebnis, als er als kleiner Junge die rätselhaften Bewegungen eines Kompasses verfolgte. Auch die britische Chemikerin Dorothy Hodgkin-Crowfoot, deren Arbeiten entscheidende Fortschritte bei der Entwicklung von Medikamenten wie Insulin brachten, erinnert sich an ein solches Erlebnis. Bei einer Hauslehrerin lernte sie als Zehnjährige im Rahmen einer Einführung in die Chemie, aus gesättigten Lösungen Kristalle zu züchten. Sie sei, so erzählte sie später, von der Eleganz und Schönheit der Kristalle augenblicklich gefangen gewesen.

Zeichensetzung bei Zitaten

1. Füge in folgenden Beispielen die fehlenden Satzzeichen ein und kontrolliere anhand der Merktexte des Kapitels.

- Das merkwürdige Verantwortungsgefühl die Welt ein Stück weiterbringen zu müssen wie sie es später selbst nannte hat Jane Addams ein Leben lang begleitet.
- Werde nie eine Frau wenn du groß bist. Das sagte er oft zu Maria auf Spaziergängen oder beim Gutenachtsagen.
- Früher als sie noch kleiner war hatte Maria nicht gewusst wie er das meinte keine Frau.
- Du wirst einen Beruf lernen hatte er zu Maria gesagt. Du wirst studieren und etwas Interessantes tun.

2. Zitiere die angegebenen Textstellen und verknüpfe sie mit den restlichen Sätzen. Passe dabei die zu zitierenden Sätze – falls nötig – an und achte auf die Zeichensetzung.

Beispiel: Kästner fragt sich, wie er „nur so dumm und anmaßend sein" konnte zu glauben, „es müsse unsere Aufgabe sein, den kommenden Geschlechtern eine bessere [...] Erde zu überantworten."

- Kästner nennt seine frühere Absicht beim Schreiben, nämlich sich nützlich zu machen, ...

zu zitierende Textstelle: Es war ein Irrtum, über den Du heute, ohne dass uns das Herz weh tut, nachsichtig lächelst.

- Er vergleicht sich mit ...

zu zitierende Textstelle: Du glichst einem Manne, der die Fische im Fluss überreden möchte, doch endlich ans Ufer zu kommen, laufen zu lernen und sich den Vorzügen des Landlebens hinzugeben.

- In seinem Brief empfiehlt er dem Schriftsteller, ...

zu zitierende Textstelle: Wer die Menschen ändern will, der beginne nicht nur bei sich, sondern er höre auch bei sich selber damit auf!

Wörtliche Zitate müssen so in Sätze eingebaut werden, dass der Satzbau weiterhin korrekt bleibt. Auslassungen und Veränderungen müssen mithilfe von Klammern [...] gekennzeichnet werden.

3. Setze im folgenden Text die Satzzeichen ein.

Carl Larsson (1908): Selma Lagerlöf

Selma Lagerlöf wuchs auf dem Gutshof ihrer Eltern in Värmland auf. Dort lebten noch Wölfe und Bären in den dichten Wäldern das Land war schwach besiedelt und die Winter waren dunkel und lang. In Lagerlöfs Familie wurde eine hohe Erzählkultur gepflegt besonders die Erzählkunst der Großmutter die sie früh mit Märchen Mythen Legenden historischen und literarischen Ereignissen vertraut machte beeindruckte sie tief. Selma Lagerlöf und ihre Schwester Gerda wurden von Gouvernanten unterrichtet. Als Kind war Selma fast immer krank einmal nach einem Bad in der kalten Quelle zeigten sich Lähmungserscheinungen in den Beinen. Erst nach einem Jahr konnte sie wieder laufen doch eine Hüfte blieb steif. Ihr Hinken verbarg sie indem sie immer sehr langsam ging. Diese Behinderung hat mich gezwungen stillzusitzen und in mich hineinzuschauen und das ist der Grund warum ich Schriftstellerin wurde.

4. Setze im folgenden Text die Satzzeichen und Gedankenstriche ein.

Interessantes und Kurioses rund um den Nobelpreis

Rund um den Nobelpreis und seine Träger ranken sich viele Geschichten solche die von Stolz Ruhm und Ehre erzählen und solche die mit Kuriosem und Überraschendem aufwarten.

Der Grund etwa warum es keinen Nobelpreis für Mathematik gibt ist ein nur allzu menschlicher glaubt man der Anekdote. Die Eifersucht soll Alfred Nobel dazu gebracht haben den Preis für Mathematik aus seinem Testament zu streichen und das nur weil er einst von einer jungen Dame einen Korb bekommen hatte. Diese hatte sich stattdessen einem Mathematiker zugewandt. Um auszuschließen dass der Ehemann seiner Verehrten den Preis gewinnt soll Nobel die Mathematik aus der Liste der preiswürdigen Disziplinen gestrichen haben.

Eine gescheiterte Beziehung ist es auch die dazu führte dass Albert Einstein 1922 finanziell gesehen leer ausging als er den Physiknobelpreis für seine Arbeit zum Fotoeffekt erhielt. Bei der Scheidung von seiner ersten Frau hatte er sich nämlich dazu verpflichtet ihr und den beiden Söhnen das Preisgeld zu überlassen sollte er den Nobelpreis gewinnen

Der Wirtschaftsnobelpreis ist kein Nobelpreis im eigentlichen Sinne auch wenn er im allgemeinen Sprachgebrauch in der Regel so bezeichnet wird. Nicht Alfred Nobel hat diesen 1969 zu ersten Mal vergebenen Preis ins Leben gerufen sondern die Schwedische Reichsbank 1968 anlässlich ihres 300-jährigen Bestehens. Zwar ist strittig ob er zu Recht in einem Atemzug mit den übrigen Nobelpreisen genannt werden darf. Fest steht aber Es ist der renommierteste Preis in den Wirtschaftswissenschaften.

Zwei deutsche Städte sonnen sich im Glanz des Nobelpreises und seiner Träger Lübeck und Göttingen. Die traditionsreiche Universitätsstadt verweist darauf dass ihr Name wie kaum ein anderer in Europa mit dem Nobelpreis verbunden sei sehe man von Stockholm ab. In der Tat befinden sich unter den zahlreichen Persönlichkeiten die mit dem berühmtesten Forscherpreis geehrt wurden 44 Preisträger deren Lebensläufe mit der Stadt Göttingen verknüpft sind. Lübeck seinerseits ist stolz auf seine drei Nobelpreisträger Thomas Mann (1875–1955 Literaturnobelpreis 1929) Willy Brandt (1913–1992 Friedensnobelpreis 1971) und Günter Grass (geb. 1927 in Danzig Literaturnobelpreis 1999). Während Lübeck die Geburtsstadt von Thomas Mann und Willy Brandt ist ist die Stadt an der Trave die Wahlheimat von Günter Grass der als 68-Jähriger nach Lübeck zog auch um Thomas Mann und Willy Brandt „nahe" zu sein wie er einmal sagte.

Kniefall des damaligen Bundeskanzlers Willy Brandt 1970 am Ehrenmal des Warschauer Ghettos

Übergänge

Gottfried Benn
Ein Wort

Ein Wort, ein Satz –: aus Chiffren[1] steigen
erkanntes Leben, jäher Sinn,
die Sonne steht, die Sphären[2] schweigen,
und alles ballt sich zu ihm hin.

Ein Wort – ein Glanz, ein Flug, ein Feuer,
ein Flammenwurf, ein Sternenstrich –
und wieder Dunkel, ungeheuer,
im leeren Raum um Welt und Ich.

[1] *die Chiffre:* Ziffer, Namenszeichen, Geheimzeichen

[2] *Sphären schweigen:* vgl. *Sphärenmusik:* nach dem antiken Philosophen Pythagoras dem Ohr nicht hörbare, durch die Bewegung der Himmelskörper verursachte Töne

Marlene Röder

Mitternachtspartys

Aufgaben: Seite 233

Als wir mit Schminken fertig sind, betrachten wir unsere Gesichter im Spiegel. Frauke lächelt mir zu und sagt: „Prinzessin Sonne“. Ich hätte Frauke antworten müssen: „Prinzessin Mond“, das ist so ein Spiel zwischen uns, seit wir sieben sind. Aber weil Janina dabei ist, kommt es mir irgendwie kindisch vor. Darum schweige ich und tue so, als hätte ich nichts gehört. „Wo ist dieser Club denn jetzt?“, fragt Frauke eine halbe Stunde später und schimpft: „Scheißschuhe! Ich glaub’, ich hab’ schon ’ne Blase.“

Wenn unsere Eltern wüssten, dass wir um elf Uhr abends durch ein fremdes Viertel irren, würden sie die Krise schieben. Aber Fraukes und Janinas Eltern denken, wir machen einen netten DVD-Abend bei mir. Und meine Eltern sind mal wieder nicht da.

Janina und ich tragen unsere kürzesten Röcke und Schuhe mit hohen Absätzen. Frauke hat ihre Lieblingsjeans und eine rosa karierte Bluse an. Ich habe ihr ein paar hohe Schuhe von mir geliehen. Aber die passen ihr nicht besonders gut, Frauke stolpert ständig. Janina verdreht genervt die Augen. Ihr Blick fragt: Warum mussten wir die überhaupt mitnehmen?

Ich hab’ gleich gewusst, dass das hier nicht Fraukes Ding ist. Aber sie hat nun mal gefragt, was ich Freitagabend vorhabe. Vor ein paar Monaten wäre so eine Frage unnötig gewesen. Weil da klar war, dass wir was zusammen machen. „Och, mal sehen …“, hab ich gesagt. „Wir wollen vielleicht weggehen, Janina und ich. Bisschen tanzen und so.“

Ein perfekter Freitagabend für Frauke besteht darin, DVDs zu gucken, mit Freunden einen lustigen Spieleabend zu machen oder einfach über Gott und die Welt zu quatschen. Ein perfekter Freitagabend für Frauke beinhaltet weder Tanzen noch Janina. Aber zu meiner Überraschung hat sie gefragt: „Kann ich mitkommen?“

„Hak dich bei mir ein“, sage ich zu Frauke. „Ist nicht mehr weit. Oder?“

„Nee“, antwortet Janina. Mein ganzer Körper kribbelt. Ich wünschte, Frauke würde schneller laufen. Ich war noch nie in einem richtigen Club.

Vorm „Vegas“ stehen eine Menge Leute, die rauchen und sich unterhalten. Nachdem wir bezahlt haben, bekommen wir einen Stempel auf den Handrücken gedrückt. Keiner fragt nach unserem Alter. Wir laufen eine steile Treppe hinunter in den Keller. Die Räume sind miteinander verbunden wie Herzkammern, durch die Menschen hindurchgepulst werden. Es herrscht schon so ein Gedränge, dass wir eine Kette bilden müssen, um uns nicht zu verlieren. Janina geht vor. Ich spüre ihre kühle Hand in der Linken, Fraukes in der Rechten. Es ist mühsam zu laufen, weil beide an mir ziehen. Unter meinen Füßen vibrieren die Bässe. Die Luft um mich riecht nach Schweiß und Neon und Mitternacht. Es ist dunkel, nur das Licht der Discokugel zuckt über die Körper wie eine Regenbogenschlange. Und alle zucken mit.

„Kommt ihr mit tanzen?“, fragt Janina, sieht aber nur mich dabei an. Frauke antwortet, dass sie sich erst mal was zu trinken holen will. Ich nicke erleichtert, und während Janina auf die volle Tanzfläche verschwindet, folge ich Frauke hinüber zur Bar. Frauke bestellt eine Cola, ich nehme ein Bier, weil das hier alle trinken. Dann stehen wir am Rand der Tanzfläche, halten uns an unseren Flaschen fest und beobachten die anderen beim Tanzen. Die Musik dröhnt so laut, dass mir die Ohren schmerzen. „Ist doch ganz gut hier!“, rufe ich Frauke zu und wippe ein bisschen mit. Sie schnaubt belustigt. Als wollte sie sagen: Wen versuchst du hier zu überzeugen, Ellie? Du bist hier trotz Bier und kurzem Rock genauso fehl am Platz wie ich! Plötzlich bin ich sauer auf Frauke.

In diesem Moment kommt Janina auf uns zugetanzt, sie nimmt meine Hände und ich lasse mich von ihr in die Mitte der Tanzfläche ziehen. Zuerst fühle ich mich unwohl, mein Körper ist schwerfällig und steif. Ich versuche Janinas Bewegungen nachzuahmen, genauso sexy und selbstbewusst zu wirken wie sie. Ein paar ältere Jungs gucken interessiert zu uns rüber, einer pfeift anerkennend. Ich werfe mein Haar zurück und lache. Jetzt wird selbst Frauke merken, was für einen Spaß ich habe. Sie steht immer noch am Rand der Tanzfläche und guckt zu uns rüber. Ab und zu nippt sie an ihrer Cola oder macht ein Foto mir ihrer Digicam. „Deine Freundin ist ja ’n echtes Partyluder. Warum hängst du mit so einer Langweilerin ab?“, ruft Janina.

Ich will ihr erzählen, dass Frauke keine Langweilerin ist, dass es toll ist, mit ihr Filme zu gucken, Prinzessin zu spielen, rumzualbern, zu reden und zu schweigen. Dass sie immer für mich da ist. Aber wenn ich das sage, hält mich Janina vielleicht auch für eine Langweilerin. Darum zucke ich nur mit den Schultern. Als ich mich das nächste Mal umdrehe, ist Frauke verschwunden. „Bestimmt auf dem Klo“, errät Janina meine Gedanken. „Jetzt lass doch, die kommt schon wieder“, schreit sie mir ins Ohr. Ich versuche weiter zu tanzen, doch irgendwie ist die Luft raus. Immer wieder ertappe ich mich dabei, wie ich in der Menge fremder Menschen nach Fraukes Gesicht suche. Es hat traurig ausgesehen. Eine leise Stimme in mir flüstert, dass Frauke mich nie allein und traurig irgendwo stehen lassen würde. „Ich geh’ mal kurz nach ihr schauen.“ Janina bietet nicht an, bei der Suche nach Frauke zu helfen, sie tanzt einfach weiter.

Ich suche Frauke auf dem Mädchenklo und an der Bar. Schließlich finde ich sie draußen vor dem Club. Die Frisur, die ich ihr vorhin gemacht habe, ist völlig zerstört, und ihre dicken dunklen Haare stehen

nach allen Seiten ab. Ich setze mich neben sie auf die kalten Stufen. „Alles klar bei dir?“, frage ich und will, dass sie einfach Ja sagt und wieder mit reinkommt. Ich will, dass sie aufhört, verschmierten Lidschatten zu haben und mir ein schlechtes Gewissen zu machen. Aber Frauke trinkt nur einen Schluck von ihrer Cola. Das Schweigen zwischen uns dauert ewig. „Weißt du noch, unsere tollen Mitternachtspartys früher?“, fragt Frauke plötzlich. Früher habe ich oft bei ihr übernachtet, wenn meine Eltern weg waren. In der Grundschule waren wir besessen von der Idee, heimlich eine Mitternachtsparty zu feiern, wie die Mädchen in den Büchern, die Frauke so gerne las. „Klar. Wir haben versucht, bis zur Geisterstunde wach zu bleiben. Aber wir sind immer vorher eingeschlafen, bis du auf die Idee kamst, einen Wecker zu stellen.“ Im Licht einer Taschenlampe haben wir unter der Bettdecke gekauert und den dumpfen Schlägen der Kirchturmuhr gelauscht. Es war aufregend, wach zu sein und Butterkekse zu essen, während die Erwachsenen schliefen. Wir tauchten die Kekse in flüssige Schokolade, die wir auf der Heizung geschmolzen hatten. Aber das Beste war das feine Geschirr, das Frauke heimlich aus der Vitrine ihrer Mutter genommen hatte: winzige Tassen und Teller aus goldbemaltem Porzellan. Wenn wir davon aßen, fühlten wir uns wie Prinzessinnen. Ich war Prinzessin Sonne, damals waren meine Haare noch ganz hellblond. Frauke war Prinzessin Mond.
„Meine Mutter hat einen furchtbaren Aufstand gemacht wegen der zerbrochenen Tasse“, sagt Frauke. „Tut mir leid“, flüstere ich. Vielleicht nicht nur wegen der Tasse. Ich hatte die Tasse damals fallen lassen und sie war in tausend Scherben zerbrochen. Das Einzige, was heil geblieben war, war der winzige, vergoldete Henkel. Ich hatte mich nicht getraut, es Fraukes Mutter zu beichten, aus Angst, ich dürfte nicht mehr zu ihnen kommen. Also bekam Frauke den ganzen Ärger ab, während ich danebenstand. Sie hat nie was gesagt. „Shit happens.“ Frauke zuckt die Achseln. „Ich habe jetzt irgendwie Lust auf einen Film und auf eine heiße Schokolade. Kommst du mit?“ Hinter uns aus der Tür schwappen Musik, Gelächter und Leute, die ich gern kennen würde. Ich frage mich, ob Janina irgendwann rauskommen wird, um mich zu suchen. „Nee, ich glaub, ich bleib noch ein bisschen. Schaffst du's allein nach Hause?“
Frauke nickt und steht auf, um mich kurz zu umarmen. Ich rieche ihren vertrauten Duft nach Schokolade und bester Freundin. Die zu kleinen Schuhe hat sie ausgezogen und trägt sie in der rechten Hand. Langsam läuft sie über den Parkplatz, weg von mir. Plötzlich habe ich einen Kloß im Hals. „Hey, Prinzessin Mond!“, rufe ich und mir ist egal, wer mich hört. Ein paar Leute lachen, aber Frauke hebt die Hand mit den Schuhen und ich weiß, das heißt: Prinzessin Sonne.

Karl Olsberg

Taubers Sammlung

2
Aufgaben: Seite 233

Nur ein Streifen Silberpapier, weiter nichts. Aber das Mädchen mit dem Diamanten im Nasenflügel hatte ihn berührt, und er roch immer noch nach Pfefferminze wie ihr Atem. Tauber faltete ihn auseinander, bis er ein glänzendes Rechteck ergab, voller knittriger Linien. Sein Zeigefinger zitterte über die Silberbeschichtung, als versuche er, die geheime Botschaft der Linien zu entschlüsseln. Vorsichtig schob er das Papier in die Tasche seines grauen Regenmantels. Seine Augen glitten über den vertrauten Heimweg, ohne sich irgendwo festzuhalten. Was er sah, lag Minuten zurück:

Das Mädchen wickelt das Kaugummi aus, wirft das Papier achtlos auf den Bahnsteig, während sie den weichen Streifen in den Mund schiebt. Sie umfasst den Hals des hochgewachsenen, blonden Jungen, bedeckt mit ihren schlanken Händen die kleine Narbe an seinem Nacken. Sie sehen sich in die Augen, versunken in ihrer eigenen Welt, während ihr Kiefer mechanisch vor und zurück mahlt. Sie küssen sich, kurz erst und spielerisch, wie zur Probe; dann noch einmal, sehr lange. Sie holt Luft, lächelt, während er wie benommen dasteht, ein wenig verwirrt und überaus glücklich. Und dann kaut er, kaut ihr Kaugummi, während sie ihm lachend zuwinkt und in der S-Bahn verschwindet.

Tauber schloss die Tür der kleinen Wohnung auf, holte das Silberpapier aus der Manteltasche und glättete es mit Daumen und Zeigefinger. Auf dem dritten Regalboden von unten, zwischen dem Schnuller und dem roten Spielzeugauto, fand er einen geeigneten Platz. Das rote Spielzeugauto. Ganz vertieft hatte der kleine Junge damit gespielt, in der Sandkiste auf dem Spielplatz der Wohnsiedlung. Tauber hatte ihn von seinem Fenster aus beobachtet. Selbst auf diese Entfernung hatte er das Vibrieren der Lippen zu erkennen geglaubt, wenn der Junge „Brumm, brumm!“ machte. Dann war der Mann mit dem Bart gekommen. Der Junge hatte aufgeblickt. Einen Moment hatte er geblinzelt, verwirrt, verunsichert. Er war aufgesprungen, auf den Mann zugelaufen, hatte seine Oberschenkel umarmt – höher reichte er nicht hinauf –, und der Mann hatte ihn hochgehoben und gedrückt und in die Luft geworfen und wieder gedrückt.

Sie waren gegangen, und das rote Spielzeugauto war zurückgeblieben. Tauber wärmte sich an der Erinnerung wie an einem Kohleofen im Winter, und es tat weh, wie Wärme eiskalten Händen wehtut. In der Nacht lag er lange wach, sah immer wieder das junge Paar auf dem Bahnsteig, empfand die Wärme und Fröhlichkeit und Traurigkeit dieses magischen Augenblicks. Wenn er nicht aufpasste, stahlen sich Bilder dazwischen von roten Lippen und lachenden Augen und kleinen Händen. Bilder, die auf seiner Seele brannten wie Alkohol auf offenem Fleisch. In dieser Nacht hatte er einen beunruhigenden Traum. Das Kaugummipapier spiegelte sein graues Gesicht, verschwommen und zerknittert. Nach einer Weile löste sich das Spiegelbild auf, verschwand einfach, und mit ihm die Hand, die das Papier hielt. Es schaukelte zu Boden wie ein Herbstblatt, landete unbeachtet zwischen den Füßen vieler Menschen, bis es zertreten war, nur noch Unrat am Straßenrand. Tauber wusste, was der Traum bedeutete, obwohl er sich den ganzen Morgen gegen die Erkenntnis gewehrt hatte. Zu groß war seine Furcht, dass sie ihn auslachen oder gleich in eine Anstalt für alte Leute einliefern würden, die irgendwelchen Müll in ihren Regalen sammelten. Fremde Menschen. In seiner Wohnung. Er sah schon ihr schlecht überspieltes Erschrecken, wie sie ihm zuhörten, hin und wieder nickten und dabei ihre Blicke vor Scham in den Teppich bohrten. Aber er wusste, es gab keinen anderen Weg, wenn er das Einzige bewahren wollte, das er in all den langen, leeren Jahren geschaffen hatte. Er begann also mit der alten Frau Schneider. Sie war immer so nett zu ihm, das musste reichen. Er traf sie, als sie mit zwei Plastiktüten von Aldi nach Hause kam, trug ihre Tüten die Treppe hinauf. Er hatte das noch nie getan, also schöpfte sie Verdacht. Ihre Augenbrauen zogen sich zusammen, als er sie fragte, ob er ihr etwas zeigen dürfe. „Was denn?" „Es ist nur … eine Sammlung."

Da musste sie lachen. „Doch nicht etwa eine Briefmarkensammlung? Mein Herbert hat Briefmarken gesammelt, wissen Sie. So haben wir uns kennengelernt. Er hat gefragt, ob er mir seine Briefmarkensammlung zeigen dürfte. Und er hat das wirklich so gemeint." Sie lächelte, und die junge, anmutige Frau, die noch immer unter all der überschüssigen Haut steckte, lugte aus ihren Augen.

Er führte sie in seine Wohnung. Einen Moment lang standen sie vor dem Regal und wussten beide nicht, was sie sagen sollten. Dann fasste sich Tauber ein Herz und begann zu erzählen. Erst, als der tiefgefrorene Fisch in der Aldi-Tüte in ihrer Wohnung längst aufgetaut war, schloss er: „Das ist sie nun also, meine Sammlung." Er zwang sich, sie anzusehen. Sie stand nur da, schluckte ein-, zweimal, fasste sich ans Auge, als sei ihr ein Insekt hineingeflogen. Dann ging sie, wortlos. Wenige Minuten später befreite die Türglocke Tauber von seiner Enttäuschung. Frau Schneider hielt einen vergilbten Briefumschlag in beiden Händen. „Ein Liebesbrief. Der erste von meinem Herbert. Er hat eine französische Sondermarke, sehen Sie? Obwohl der Brief in Kaufbeuren abgestempelt ist. Die bei der Post haben es nicht gemerkt!" Sie lächelte. „Das war dann immer ein Spiel

zwischen uns: Er schrieb mir Briefe mit Marken aus Marokko oder Bolivien oder Neuseeland. Ein paar Mal habe ich Nachporto zahlen müssen, aber meistens nicht, und dann haben wir uns immer gefreut.“ Eine kurze Pause entstand. „Ich dachte, vielleicht, für Ihre Sammlung …“ Es gab nichts, was sich in diesem Moment zu sagen gelohnt hätte. Tauber nahm den Brief mit zitternden Händen und legte ihn neben das rote Spielzeugauto. Er sah ihre Freude, und ehe er es verhindern konnte, zogen sich auch seine Mundwinkel nach oben. Es war ein ungewohntes Gefühl.

Ein paar Tage später klingelte Frau Henke aus dem dritten Stock. Frau Schneider hatte ihr von Taubers Sammlung erzählt, genau wie Herrn Breitkamm. So fing es an.

Immer häufiger ertönte Taubers elektronischer Gong, der so lange unbenutzt gewesen war. Die meisten wollten nur mal gucken und gingen rasch wieder. Manche grinsten, manche lachten, manche machten Witze, manche klopften Tauber auf die Schulter. Doch manchmal hörte auch jemand einfach nur zu. Und verstand.

Einige von diesen kamen zweimal, und beim zweiten Mal brachten sie selbst etwas mit: unscheinbare kleine Dinge, nur Müll in den Augen vieler. Sie lächelten, wenn sie ihre eigenen Geschichten vom Glück erzählten. Und manchmal lächelte Tauber mit. An einem Dienstag im Mai, draußen herrschte Schmetterlingsluft, fühlte er sich stark genug. Er holte den Pappkarton hervor, der all die Jahre ganz hinten in der Abstellkammer auf diesen Tag gewartet hatte. Das war noch übrig von seinem eigenen Glück: ein Fotoalbum. Eine Mappe, darin Geburtsurkunden, Schreiben von der Versicherung, das Familienstammbuch. Ein Hase aus abgegriffenem Plüsch. Und das Foto, das Sophie mit den Zwillingen zeigte, ein Picknick am See, in der Woche vor dem Unfall. Lange saß Tauber auf dem Boden, zwischen Eimer und Staubsauger, und hielt sich mit beiden Händen an dem schmalen Silberrahmen fest. Endlich stand er auf und stellte das Bild in seine Sammlung.

3

Aufgaben: Seite 233

Reinhold Ziegler

Die Brücke

Sie hatten nicht erwartet, dass es über eine solch gigantische Brücke auch einen Fußweg geben könnte. Schon aus mehreren Kilometern Entfernung sah man die Pfeiler in den Himmel stechen, die baumdicken Kabel bildeten ein Netz, als wollte die Brücke nicht nur im hohen Bogen die Seinemündung überqueren, sondern auch noch die Luft sieben, die von Paris aus übers Meer entlassen wurde.

Doch Jans Mutter litt unter solcher Höhenangst, dass selbst ein Kaffeetrinken auf dem häuslichen Balkon für sie mehr Stress als Erholung bedeutete, für sie kam die Brücke nicht in Frage. Susan, Jans Schwester, schmollte seit Paris, wo sie gerne noch ein paar Tage länger geblieben wäre, pubertierend vor sich hin und zog beleidigt eine Stunde auf dem brütend heißen Parkplatz der kleinen Wanderung zum Scheitel der Riesenbrücke vor.

Jan hatte nichts übrig für solche Kindereien. Mit frischem Abitur in der Tasche hatte er dem letzten gemeinsamen Urlaub mit den Eltern zugestimmt, nun wollte er auch zeigen, dass es ihm ernst war, mit „gemeinsam". „Ich bin dabei!", sagte er deswegen, als ihn der Vater fragte, ob wenigstens er mitkäme, denn der ließ nur ungern eine Gelegenheit aus, technische Großtaten im Detail zu besichtigen.

Der Weg neben den Fahrspuren war zu schmal, um nebeneinander laufen zu können. Jan folgte dem Rücken seines Vaters, bemerkte, wie zum ersten Mal, auch bei ihm dieses merkwürdige Schlenkern der Arme, für das er selbst so oft gehänselt wurde. Er versuchte seine Arme unter Kontrolle zu bringen, aber es war nur möglich, wenn er bewusst daran dachte. Sobald seine Gedanken sich mit anderen Dingen beschäftigten, mit dem leichten Beben, das jeder Lastwagen verursachte, oder mit dem ohrenbetäubendem Lärm, den die Fahrzeugflut von und nach Le Havre hier oben erzeugte, begannen seine Arme wieder zu pendeln wie die Seile, die sie manchmal in der Turnstunde von der Hallendecke gelassen hatten.

Jan musste lachen beim Gedanken daran, dass es ein Gen geben könnte, das für unkontrolliertes Schlenkern von Unterarmen zuständig war. Es gab mehr in diesen 75 Kilo Körpermasse, als die zwei Jahre Biochemie-Leistungskurs vermitteln konnten, und für einen Augenblick dachte er an das, was er unter Gott verstand oder verstehen wollte. Mit dem da vorne hatte er nie über Gott gesprochen. Merkwürdig, er teilte sich mit ihm das Schlenkern der Arme, aber jeder hatte seinen eigenen Gott, wenn überhaupt.

Plötzlich drehte sich der Vater um, sah ihn an, lachte. So etwas wie Kleinbubenglück leuchtete für einen Moment in seinen Augen auf. „Wir sind gleich oben!", schrie er durch den Lärm der Autos, die dicht an dicht die Fahrbahn hinaufdrängten, und zeigte auf den Punkt, an dem sie die Mitte der Brücke erreichen würden. Jan nickte, vielleicht lachte er auch zurück, obwohl es ihm merkwürdig vorkam, seinen Vater lachen zu sehen. Oben blieb der Vater stehen, stellte sich breitbeinig über die Dehnfuge, die den Scheitel der Brücke markierte, und schaute aufs Meer hinaus. „Hättest du gedacht, dass es so schaukelt?“, schrie er. Jan schüttelte den Kopf. Jeder Lastwagen brachte die Brücke zum Schwingen und wenn er abwärts schaute, auf diese eine Ewigkeit tief unter ihm liegende Wasserfläche, konnte er die genetischen Bestandteile der mütterlichen Höhenangst im Bauch spüren. „Ob man heil bleibt, wenn man runterjumpt?“, fragte er. „Ich würde es dich nicht probieren lassen!“, rief der Vater zurück. „Manchmal meine ich, ich müsste so etwas probieren!“ Jan wollte ihm Angst machen, aber der Vater nickte. „Manchmal meine ich, ich könnte keine Sekunde mehr weiterleben, wenn ich nicht sofort so was probiere – kannst du dir das vorstellen?“ Der Vater sah ihn an, zog die Unterlippe zwischen die Zähne, wie er es immer tat, wenn er nicht wusste, ob es klug war, etwas auszusprechen. „Ich war nicht immer dreiundfünfzig, Jan, ich kenne das, ja!“

„Es ist nur die Angst, die einen zurückhält, oder?“

„Am Anfang, denke ich, ist es nur die Angst zu sterben, später ist es auch die Angst, jemanden im Stich zu lassen, zu versagen, wegzulaufen. Die Angst zu sterben lässt nach, je näher du dem Tod kommst. Du begreifst mit der Zeit, dass du nicht drum herum kommst. Dann gibt es Nächte, in denen du glaubst, verrückt zu werden, weil schon so viel vorbei ist vom Leben, und dann kommt ein Morgen und ein Tag und du verlierst die Angst wieder.“ Er sah Jan an, zuckte die Schultern. So ist es eben, hieß das, kein Grund sich aufzuregen. „Ich wusste nicht, dass du solche Gedanken hast“, sagte Jan. Wieder zuckte der Vater die Schultern, dann ging er ganz nach vorne ans Geländer, neigte sich weit drüber, als wollte er sich in den weiten Luftraum zwischen Brücke und Wasser hineingleiten lassen.

„Wär’ doch ’n cooler Abgang, was?“, schrie er. Normalerweise hasste es Jan, wenn sein Vater so zu reden versuchte, wie er dachte, dass Jugendliche es täten. Das klang so nach Pädagogik, so nach trickreichem Einschleusen wohlüberlegter Erziehungskonzepte – in jedem Fall ein Grund, auf Abstand zu gehen. Aber diesmal ging er ohne darüber nachzudenken auf das Spiel ein, schnappte seinen Vater bei der Jacke, zog ihn mit einem Ruck zurück – vielleicht war es auch wirkliche Angst um ihn –, umgriff ihn von hinten mit beiden Armen und drückte ihn an sich. Sein Vater war einen Kopf kleiner als er, inzwischen bestimmt auch schwächer, sie hatten schon vor Jahren damit aufgehört, im spielerischen Raufen ihre Kraft zu messen. „Lass mich, lass mich!", schrie der Vater albern und wand sich hin und her. „Ich muss es tun, ich kann nicht anders!" Aber Jan hielt ihn hart im Klammergriff, bis der Vater seinen gespielten Widerstand aufgab. Für einen endlosen Augenblick unerwarteten Glücks standen sie bewegungslos, dann drehte der Vater den Kopf zu ihm um, strahlte ihm ins Gesicht. Jan lachte zurück. „Früher habe ich dich oft so festgehalten, wenn du wütend warst und rumgetobt hast – weißt du noch?" Jan nickte. „Ich hab es gehasst, glaube ich."

„Schon möglich, aber ich hatte immer den Eindruck, du hast es auch irgendwie gebraucht – ist schon lange her, das letzte Mal, was?"

„Ich wüte nicht mehr."

Jan hatte immer noch die Arme um seinen Vater geschlungen. Auf dessen Kopf, der direkt unter seinem Kinn lag, konnte er die kahlen Stellen der Kopfhaut sehen, fühlte unter seines Vaters Jacke den weichen Bauchansatz. Jetzt wäre der Moment, loszulassen, dachte er, doch er zog ihn noch fester an sich heran.

„Wenn du mal nicht mehr da bist, wird ein Loch in meinem Leben sein", sagte er leise.

„Was ist?", schrie der Vater nach hinten.

Jan wusste nicht, ob er den Satz wiederholen sollte. Wusste nicht, ob es nicht lächerlich war, so etwas zu sagen, zu seinem Vater zu sagen, wenn man schon fast neunzehn war und im Begriff, das Haus zu verlassen. „Was ist?", rief der Vater wieder. „Wenn du mal nicht mehr da bist, wird ein riesiges, verdammtes Loch in meinem Leben sein!", schrie er. Der Vater wand sich aus Jans Armen und drehte sich zu ihm um, wischte sich mit einer Handbewegung die windzerzausten Haare nach hinten. Dann griff er hoch und strich auch seinem großen Sohn eine Strähne aus dem Gesicht. „Das ist in Ordnung so", sagte er glücklich und nickte dabei, „das muss so sein." Noch einen Moment blieben sie ganz vorne an der Brüstung stehen, dann zog der Vater Jan weg. „Lass uns zurückgehen, die Mädels warten unten in der Hitze."

Langsam liefen sie den schmalen Fußpfad zurück, der Vater mit schlenkernden Armen vorne, Jan mit seinen schlenkernden Armen hinterher. Als sie auf dem Weg zum Parkplatz waren, konnten sie wieder nebeneinander gehen.

Die Mutter hatte sich mit Susan hinter dem Auto in den schütteren Schatten eines frisch gepflanzten Bäumchens gesetzt. Als die beiden antrotteten, sprang sie auf. „Was habt ihr da oben denn so lange gemacht?", fragte sie ihren Mann ein wenig gereizt. „Runtergeguckt", sagte der Vater.

Sie verdrehte die Augen, schüttelte genervt den Kopf. Dann sah sie Jan fragend an. „Runtergeguckt!", sagte Jan und grinste.

Gottfried Benn, **Ein Wort** *(Seite 223)*

1. Benn hat sein Gedicht „Ein Wort" genannt. Erkläre, welche Bedeutung für ihn das Wort hat.

2. Bereite das Gedicht für einen Vortrag vor. Markiere im Gedicht, wo du Pausen machst, wo du langsam oder schnell sprechen willst. Beim Vortrag solltest du Blickkontakt zur Klasse halten und nicht die ganze Zeit vom Blatt ablesen.

1 *Marlene Röder,* **Mitternachtspartys** *(Seite 224)*

1. Stelle in einem Flussdiagramm dar, welche unterschiedlichen Gefühle die Ich-Erzählerin an diesem Abend gegenüber Frauke hegt.

2. Überlege, warum die Ich-Erzählerin sich dafür entschieden hat, den Abend mit Janina zu verbringen und nicht mit Frauke.

3. Beschreibe, wie die Disco und die Besucher dargestellt werden.

4. Schreibe die Geschichte um und erzähle sie aus Fraukes Perspektive.

2 *Karl Olsberg,* **Taubers Sammlung** *(Seite 227)*

1. Arbeite am Text heraus, nach welchen Kriterien Tauber seine Sammlung anlegt. Inwiefern passt der Streifen Silberpapier in seine Sammlung?

2. Erläutere die Bedeutung von Taubers Traum.

3. Stelle dar, wie die Menschen auf Taubers Sammlung reagieren. Inwiefern beeinflusst ihre Reaktion auch Taubers Verhalten?

4. Bestimme, wo sich der Wendepunkt in der Geschichte befindet, und begründe deine Meinung.

3 *Reinhold Ziegler,* **Die Brücke** *(Seite 230)*

1. Stelle dar, was du am Anfang des Textes (bis Z. 25) über Jan erfährst.

2. Analysiere das Gespräch und die Körpersprache zwischen Vater und Sohn: Worüber reden sie? Was wird Jan im Verlauf des Gesprächs klar?

3. Untersuche den Schluss der Geschichte und erkläre, warum Vater und Sohn der Mutter nicht die Wahrheit sagen.

4. Vater und Sohn wandern bis zum „Scheitel der Riesenbrücke". Erläutere, welche symbolische Bedeutung dieser Punkt für die Vater-Sohn-Beziehung hat.

Inhaltsangabe eines Erzähltextes

Eine Inhaltsangabe vorbereiten

1. Manche aus deiner Klasse fahren vielleicht täglich mit öffentlichen Verkehrsmitteln wie Bus oder Bahn zur Schule. Erzählt: Begegnen einem immer wieder dieselben Leute, die einem eigentlich unbekannt sind? Erscheinen manche besonders unsympathisch oder sympathisch und worauf beruht der Eindruck?
2. In dem folgenden Erzähltext geht es um eine solche Situation. Lest den Text und tauscht eure Gedanken darüber aus, worin die Pointe der Handlung besteht.

Michaela Seul
Allmorgendlich

Jeden Morgen sah ich sie. Ich glaube, sie fiel mir gleich bei der ersten Fahrt auf. Ich hatte meinen Arbeitsplatz gewechselt und fuhr vom Ersten des Monats an mit dem Bus um 8.11 Uhr.
Es war Winter. Jeden Morgen trug sie den kirschroten Mantel, weiße, pelzbesetzte Stiefel, weiße Handschuhe, und ihr langes, dunkelbraunes, glattes Haar war zu einem ungewöhnlichen, aber langweiligen Knoten aufgesteckt. Jeden Morgen stieg sie um 8.15 Uhr zu und ging mit hocherhobenem Kopf auf ihren Stammplatz, vorletzte Reihe rechts, zu.
Das Wort mürrisch passte gut zu ihr. Sie war mir sofort unsympathisch. So geht es mir oft: Ich sehe fremde Menschen, wechsle kein Wort mit ihnen und fühle Ablehnung und Ärger bei ihrem bloßen Anblick. Ich wusste nicht, was mich an ihr so störte, denn ich fand sie nicht schön; es war also kein Neid.
Sie stieg zu, setzte sich auf ihren seltsamerweise immer freien Platz, holte die Zeitung aus ihrer schwarzen Tasche und begann zu lesen. Jeden Morgen ab Seite drei. Nach der dritten Station griff sie erneut in die Tasche und holte – ohne den Blick von der Zeitung zu wenden – zwei Brote hervor. Einmal mit Salami und einmal mit Mettwurst. Lesend aß sie. Sie schmatzte nicht und trotzdem erfüllte mich ihr essender Anblick mit Ekel.
Die Brote waren in einem Klarsichtbeutel aufbewahrt und ich fragte mich oft, ob sie täglich einen neuen Beutel benutzte oder denselben mehrmals verwendete.
Ich beobachtete sie ungefähr zwei Wochen, als sie mir gegenüber das erste Mal ihre mürrische Gleichgültigkeit aufgab. Sie musterte mich prüfend. Ich wich ihr nicht aus. Unsere Feindschaft war besiegelt. Am nächsten Morgen setzte ich mich auf ihren Stammplatz. Sie ließ sich nichts anmerken, begann wie immer zu lesen. Die Stullen[1] packte sie allerdings erst nach der sechsten Station aus.
Jeden Morgen vergrämte sie mir den Tag. Gierig starrte ich zu ihr hinüber, saugte jede ihrer mich persönlich beleidigenden, sich Tag für Tag wiederholenden Hantierungen auf, ärgerte mich, weil ich vor ihr aussteigen musste und sie in den Vorteil der Kenntnis meines Arbeitsplatzes brachte.

[1] *die Stullen:* berlinerisch für belegte Brote

Erst als sie einige Tage nicht im Bus saß und mich dies beunruhigte, erkannte ich die Notwendigkeit des allmorgendlichen Übels. Ich war erleichtert, als sie wieder erschien, ärgerte mich doppelt über sie, den Haarknoten, der ungewöhnlich und trotzdem langweilig war, den kirschroten Mantel, das griesgrämige Gesicht, die Salami, die Mettwurst und die Zeitung.
Es kam so weit, dass sie mir nicht nur während der Busfahrten gegenwärtig war, ich nahm sie mit nach Hause, erzählte meinen Bekannten von ihrem unmäßigen Schmatzen, dem Körpergeruch, der großporigen Haut, dem abstoßenden Gesicht. Herrlich war es mir, mich in meine Wut hineinzusteigern; ich fand immer neue Gründe, warum ihre bloße Gegenwart mich belästigte.
Wurde ich belächelt, beschrieb ich ihre knarzende Stimme, die ich nie gehört hatte, ärgerte mich, weil sie die primitivste Boulevardzeitung las und so fort.
Man riet mir, einen Bus früher, also um 8.01 Uhr zu fahren, doch das hätte zehn Minuten weniger Schlaf bedeutet. Sie würde mich nicht um meinen wohlverdienten Schlaf bringen! Vorgestern übernachtete meine Freundin Beate bei mir. Zusammen gingen wir zum Bus.
SIE stieg wie immer um 8.15 Uhr zu und setzte sich auf ihren Platz. Beate, der ich nie von IHR erzählt hatte, lachte plötzlich, zupfte mich am Ärmel und flüsterte: „Schau mal, die mit dem roten Mantel, die jetzt das Brot isst, also ich kann mir nicht helfen, aber die erinnert mich unheimlich an dich. Wie sie isst und sitzt und wie sie schaut.“

Edward Hopper (1882–1967), Compartement C, Car 293

3. Bezeichne, was die Ich-Erzählerin möglicherweise plötzlich erkennt. Du kannst über den Text hinausgehende, eigene Überlegungen anstellen.

4. Bereite eine Inhaltsangabe der Kurzgeschichte vor, indem du den Text in Sinnabschnitte gliederst. Vergleicht eure Einteilungen und diskutiert die Unterschiede.

5. Unterstreiche in einer Kopie des Textes die Passagen, die für das Verständnis des Handlungsverlaufs und der Pointe wichtig sind. Vergleicht eure Unterstreichungen und diskutiert wiederum die Unterschiede.

Eine Inhaltsangabe schreiben

1. Die Inhaltsangabe ist nicht die bloße Wiedergabe eines Textes in einer anderen Form, sondern ein Text *über* einen Text. Deshalb muss sich notwendigerweise etwas an der sprachlichen Gestaltung ändern. Erinnere dich an das, was du in der 8. Jahrgangsstufe gelernt hast, und ergänze mündlich:

- In der Vorlage (Seuls „Allmorgendlich") steht die Hauptperson in der 1. Person Singular. In der Inhaltsangabe wird über die Hauptperson berichtet; sie steht deshalb in ...
- In der Vorlage berichtet die Ich-Erzählerin in Z. 47 ff., was aus ihrer Sicht „vorgestern" geschah. In der Inhaltsangabe wird daraus: ...
- In der Vorlage wird das, was die Freundin sagt, in direkter Rede wiedergegeben. Bei einer mündlichen Nacherzählung würde man vielleicht sagen: „Die Freundin lacht und flüstert: ‚Die Frau mit dem roten Mantel erinnert mich in ihrer ganzen Art sehr an dich.'" Bei einer schriftlichen Inhaltsangabe wird daraus: ...
- In der Vorlage steht: „Lesend aß sie. Sie schmatzte nicht und trotzdem erfüllte mich ihr essender Anblick mit Ekel." Bilde für die Inhaltsangabe ein Satzgefüge.

2. Welche Informationen in der Einleitung zur Inhaltsangabe immer vorhanden sein müssen, hast du schon in der 8. Klasse gelernt.

„In der Kurzgeschichte	‚Allmorgendlich'	von Michaela Seul	wird dargestellt, wie ..."
Textsorte	Titel	Autorin/Autor	?

Die folgenden Beispiele sind Vorschläge, wie der Einleitungssatz fortgeführt werden könnte. Mache dir klar, wofür im Schema das ? steht. Welche der folgenden Vorschläge treffen den Inhalt der Kurzgeschichte am besten?

a) ... eine Frau mit dem Bus fährt und sich dabei Gedanken über eine fremde Frau macht, die schließlich zur Selbsterkenntnis führen.
b) ... eine junge Frau sich in die Abneigung gegen eine Unbekannte hineinsteigert.
c) ... eine Frau bei der allmorgendlichen Fahrt mit dem Bus eine Abneigung gegen eine ihr unbekannte Mitfahrerin entwickelt und am Schluss erkennen muss, dass sie selbst dieser ähnlich ist.
d) ... eine Frau, die jeden Morgen mit dem Bus zur Arbeit fährt, eine Fremde beobachtet und dabei etwas über sich selbst erfährt.
e) ... eine Frau von ihrer Abneigung gegen eine Unbekannte geheilt wird.
f) ... einer Frau von einer Freundin die Wahrheit ins Gesicht gesagt wird.
g) ... die Autorin jeden Morgen zur Arbeit fährt, immer dieselbe Frau dabei trifft und diese nicht leiden kann.

3. Vergleiche das Tempus dieser Einleitungssätze mit dem Tempus der Vorlage und formuliere die Regel für das Verfassen von Inhaltsangaben.

4. Verfasse eine Inhaltsangabe der Kurzgeschichte mit Einleitungssatz.

Eine Inhaltsangabe überarbeiten

1. Setzt euch in Schreibkonferenzen zusammen und überarbeitet einige Inhaltsangaben anhand der folgenden Checkliste.

Checkliste für eine Inhaltsangabe

Eine Inhaltsangabe **informiert** über den Inhalt eines anderen Textes und hat nicht die Absicht zu unterhalten. Deshalb erfüllt meine Inhaltsangabe folgende Merkmale:

- Sie gibt nur das wieder, was zum Verständnis des Handlungsverlaufs notwendig ist. Ausschmückungen lässt sie weg. ☐
- Sie baut keine Spannung auf. ☐
- Sie ist im Sachstil geschrieben und enthält keine Bewertungen. ☐
- Sie löst sich vom Wortlaut der Vorlage und gibt den Inhalt in eigenen Worten wieder. ☐
- Sie fasst direkte Rede berichtend zusammen oder gibt sie in der indirekten Rede wieder. ☐

Die Inhaltsangabe ist ein **Text über einen anderen Text.** Deshalb weist meine Inhaltsangabe folgende weiteren Merkmale auf:

- Die Perspektive bei Personen-, Orts- und Zeitangaben verändert sich, z.B. wird aus der 1. Person die 3. Person, aus *gestern* wird *am Tag zuvor*, aus *hier* wird *dort* usw. ☐
- Das Tempus der Inhaltsangabe ist das Präsens. Vorzeitiges steht im Perfekt. ☐

Die Inhaltsangabe wendet sich an einen **Leser, der den Text nicht kennt.** Deshalb sind folgende Merkmale meiner Inhaltsangabe vorhanden:

- Bei der ersten Erwähnung einer Person wird der unbestimmte Artikel verwendet („*Eine junge Frau fährt ...*"). ☐
- Sätze sind zu Satzgefügen verbunden, weil durch Konjunktionen der Zusammenhang der Handlungsschritte klarer wird. ☐

2. Überarbeite deine eigene Inhaltsangabe, sofern sie nicht schon in der Konferenz besprochen wurde.

Untersuchung und Interpretation von Erzähltexten

Die Erzählweise untersuchen

Bei Erzähltexten ist es wichtig, den Erzähler nicht mit dem Autor gleichzusetzen und die Erzählweise des Textes zu beachten.

1. Untersuche, welche Erzählform bei „Allmorgendlich" und „Die Brücke" vorliegt und wie sich das Verhältnis zum Geschehen dadurch verändert.

2. Erläutere, inwiefern der Erzähler in „Die Brücke" die Gefühle und Wünsche der Figuren darstellt.

3. Analysiere, welche Haltung der Erzähler dem Geschehen in „Allmorgendlich" gegenüber einnimmt.

Die **Erzählweise** wird bestimmt durch

- die **Erzählform**: Es wird zwischen der Er-/Sie-Form und der Ich-Form unterschieden. In einer Er-Erzählung kann der Erzähler im Hintergrund bleiben, in einer Ich-Erzählung tritt das Ich sowohl als handelnde wie auch als erzählende Person auf.
- die **Erzählperspektive**: Die Erzählperspektive beantwortet die Frage, ob der Erzähler Wünsche, Gefühle und Gedanken der Figuren kennt, ob er also aus der Innenperspektive erzählt oder ob er das Geschehen von außen betrachtet.
- die **Erzählsituation**: Bei der *auktorialen Erzählsituation* tritt der Erzähler deutlich in Erscheinung, indem er die Handlung oder das Verhalten der Figuren kommentiert, den weiteren Verlauf des Geschehens andeutet, vorwegnimmt oder Erklärungen liefert.
  Bei der *personalen Erzählsituation* wird das Geschehen aus der Sicht einer oder abwechselnd mehrerer Figuren erzählt, ohne dass der Erzähler durch Wertungen, Kommentare und Reflexionen hervortritt. Personales Erzählen ist sowohl in der Ich-Form wie auch in der Er-Form möglich.
  Bei der *neutralen Erzählsituation* tritt der Erzähler weder durch kommentierende Äußerungen hervor noch wird das Geschehen aus der Sicht einer Figur erzählt. Der Erzähler erzählt aus der Distanz und bezieht keine Stellung.
- die **Erzählhaltung**: Die Erzählhaltung wiederum zeigt dem Leser, welche Einstellung der Erzähler zu den Geschehnissen der Handlung hat (neutral, kritisch, ironisch, zustimmend etc.).

4. Untersuche die Erzählweise (Erzählform, Erzählperspektive, Erzählsituation und Erzählhaltung) von „Taubers Sammlung".

5. Verändere den Beginn von „Mitternachtspartys", indem du die auktoriale Erzählsituation und die Innenperspektive wählst.

6. Lies den Text „Taubers Sammlung" und unterstreiche dabei Rückblenden und Vorausdeutungen auf kommendes Geschehen.

Für das Textverständnis ist es manchmal wichtig, die **Zeitstruktur** zu beachten.
Oft enthalten Texte *Rückblenden* auf vergangenes Geschehen oder *Vorausdeutungen* auf kommendes Geschehen.
Stimmen die *Erzählzeit*, also die Zeit, die für das Erzählen benötigt wird, und die *erzählte Zeit*, also der Zeitraum, über den erzählt wird, überein, so spricht man von *Zeitdeckung*.
Fasst der Erzähler hingegen längere Zeiträume zusammen, dauert also die erzählte Zeit länger als die Erzählzeit, spricht man von *Zeitraffung*.
Wird das Geschehen wie in Zeitlupe dargestellt, spricht man von *Zeitdehnung*.

7. Analysiere die Zeitstruktur in „Die Brücke".

Die Personengestaltung untersuchen

1. Markiere in der Kurzgeschichte „Allmorgendlich" alle Textstellen, die dir Informationen über die Hauptfigur geben, z. B. über die äußere Erscheinung, die Selbstdarstellung oder die Darstellung aus dem Blickwinkel anderer Figuren, die gesellschaftliche Situation ...

2. Schreibe eine Fortsetzung, in der du beachtest, ob sich das Verhalten der Figur nach diesem Erlebnis verändert.

Erzählfiguren können unterschiedlich dargestellt und **charakterisiert** werden:
Bei der *direkten Charakterisierung* äußert der Erzähler sich mit Beschreibungen und Kommentaren direkt über eine Figur. Auch die Figur selbst oder andere Figuren aus ihrem Umfeld können sich wörtlich oder in Gedanken über die Figur äußern. Diese Darstellung der Figur bleibt subjektiv.
Bei der *indirekten Charakterisierung* werden Rückschlüsse aus dem, was die Figur über sich selbst sagt, oder aus dem, was andere über sie erzählen, geschlossen. Der Leser muss die Wesenszüge der Figur selbst erschließen.

Folgende Aspekte können bei einer Kurzgeschichte untersucht werden:

Aspekte der Interpretation

Textsorte
Um welche Textart handelt es sich? Gedicht, Ballade, Kurzgeschichte …

Erzählweise
Um welche Erzählform handelt es sich? Welche Erzählperspektive wird gewählt? In welcher Erzählsituation befindet sich der Erzähler? Welche Einstellung hat der Erzähler zum Geschehen? Wie werden die Gedanken der Figuren wiedergegeben? …

Inhalt
Worum geht es im Text? Welche Konflikte werden thematisiert? …

Figuren
Was erfährt man über die Figuren? Wie werden sie dargestellt? In welcher Beziehung stehen sie zueinander? …

Ort und Zeit
Wo ereignet sich das Geschehen? Vor welchem zeitlichen Hintergrund spielt das Geschehen? Welche Bedeutung haben Ort und Zeit für die Handlung? …

Zeitstruktur
Wird chronologisch erzählt oder gibt es Zeitsprünge? …

Sprache
Welche Sprachebene wird gewählt? Welcher Satzbau herrscht vor? Welche stilistischen Mittel werden eingesetzt? …

Aufbau
Wie ist der Text gegliedert? Wo gibt es Höhe-/Wendepunkte? Welche Funktion erfüllen Anfang und Ende des Textes? …

Eigene Deutung
Wie wirkt der Text auf den Leser? Welche Textstellen fallen auf? Wie ist der Text zu verstehen? Welche Aussage enthält der Text? Welche Fragen bleiben offen? …

PROJEKT

Kreativer Umgang mit Kurzgeschichten

- Schreibe nun eigene Kurzgeschichten oder verändere sie:
  - Wähle eine Kurzgeschichte aus und erzähle sie neu, indem du eine andere Perspektive wählst.
  - Gib der Erzählung nach dem Wendepunkt eine andere Richtung.
  - Ersetze den offenen Schluss durch eine Fortsetzung der Geschichte.
  - Schreibe eine Geschichte zu dem Bild von Hopper auf Seite 235.
- Du kannst auch eine eigene Kurzgeschichte erfinden. Überlege zunächst, welches Thema du behandeln möchtest. Entscheide dich dann für das passende **Setting**, bestimme also Ort, Zeit und Atmosphäre des Geschehens.
  Wähle nun passende **Figuren** aus und überlege, in welchem Verhältnis sie zueinander stehen. Fertige dann eine **Handlungsskizze** an, in der du die wichtigsten Erzählschritte festhältst. Überlege, wie du den Anfang und das Ende gestalten willst. Verwende bei der Niederschrift passende sprachliche Mittel.

Unterschiedliche Arten von Nebensätzen

Subjektsätze und Objektsätze

1. Vergleiche folgende Sätze miteinander und notiere, welche Satzglieder die Nebensätze ersetzen.

- Wer sich und seinen Körper verändern will, kann dazu ein Tattoo- oder Piercing-Studio aufsuchen.
- Experten streiten jedoch darüber, ob Körperschmuck völlig ungefährlich ist.
- Wer sich ein Tattoo stechen lässt, macht sich oft keine Gedanken darüber, dass es ihm irgendwann nicht mehr gefallen könnte.
- Mediziner beklagen, dass die Folgekosten von Tattoos der Allgemeinheit aufgebürdet werden.
- Zahnärzte kritisieren vor allem, dass Zungenpiercings den Zahnschmelz gesunder Zähne zerstören können.

Subjekt- und Objektsätze
Nicht nur einzelne Wörter können ein Subjekt bilden, sondern auch ganze Sätze. Es handelt sich dabei um **Subjektsätze**: ***Wer anderen eine Grube gräbt**, fällt selbst hinein.*
Nebensätze, die an die Stelle eines Objektes treten, werden als **Objektsätze** bezeichnet: *Max zeigt, **dass er auch pünktlich sein kann.***

2. Forme die markierten Subjekte bzw. Objekte in entsprechende Nebensätze um.

- Prinzipiell dürfen die Eltern **die Kleidung ihrer Kinder** bestimmen.
- **Die Einmischung der Eltern bei der Entwicklung des eigenen Kleidungsstils** ist vielen Jugendlichen peinlich.
- Eltern handeln verantwortungsbewusst, wenn sie dem Sohn **das Tragen von T-Shirts mit Hakenkreuzsymbolen** verbieten.
- Eltern können ihren Kindern **den Umgang mit zwielichtigen Personen** verbieten.
- Jugendliche üben an den Verboten ihrer Eltern **das Hinterfragen bestehender Regeln**.
- Eltern lernen mühsam **das Akzeptieren eigener Lebens- und Wertvorstellungen ihrer Kinder**.

Adverbialsätze (☞ S. 29)

1. Bestimme in folgendem Text die fettgedruckten Adverbialsätze.

Tätowierung und Piercing – nur eine Frage des Geschmacks?

Ringe, Stäbchen und Schmucksteine durch Ohren, Lippen, Zunge, Augenbrauen, Bauchnabel und andere Körperstellen sind seit Jahren in. **Obwohl sie noch klein sind**, bringen viele Eltern ihre Kinder bereits im Säuglingsalter zum Ohrlochstechen. Auch mit Tätowierungen lassen viele Menschen ihren Körper verändern. Doch was sind eigentlich Piercings und Tattoos und warum sind sie so verbreitet?

Piercing kommt vom englischen Verb „to pierce“, das „durchbohren, durchstechen“ bedeutet. Es handelt sich dabei um Schmuck in Form von Ringen oder Stäben, meist mit kleinen Kugeln an den Enden, die durch Haut oder das Knorpelgewebe gezogen werden, **nachdem die betreffende Stelle mit einer speziellen Nadel durchstochen wurde**.

Beim Tätowieren wird Farbe mit Nadeln oder einer Tätowiermaschine unter die dritte Hautschicht aufgetragen, **sodass ein Bild oder ein Schriftzug entsteht**. Solche Tattoos halten normalerweise ein Leben lang.

Nach dem Fund von jahrtausendealten Mumien, die eine Tätowierung trugen, weiß man, dass es beide Formen der Körperveränderung schon lange gibt. Traditionelle Piercings waren und sind bei den Ureinwohnern Afrikas, Asiens und Amerikas verbreitet und haben zum Teil religiöse Bedeutung. In Mitteleuropa waren bis in die 1970er Jahre nur Ohrringe üblich, Tätowierungen wurden verwendet, **damit man Randgruppen wie Seeleute und Häftlinge erkennen konnte**. **Indem sie sich in der Punkszene verbreiteten**, fanden diese Arten des Körperschmuckes Eingang in die Jugendkulturen. Heute sind Piercings und Tattoos meist eine Frage der Mode. An welchen Stellen man sich tätowieren lässt und welche Motive man bevorzugt, hängt häufig davon ab, was Stars aus Musik- und Showbusiness oder Sport vormachen.

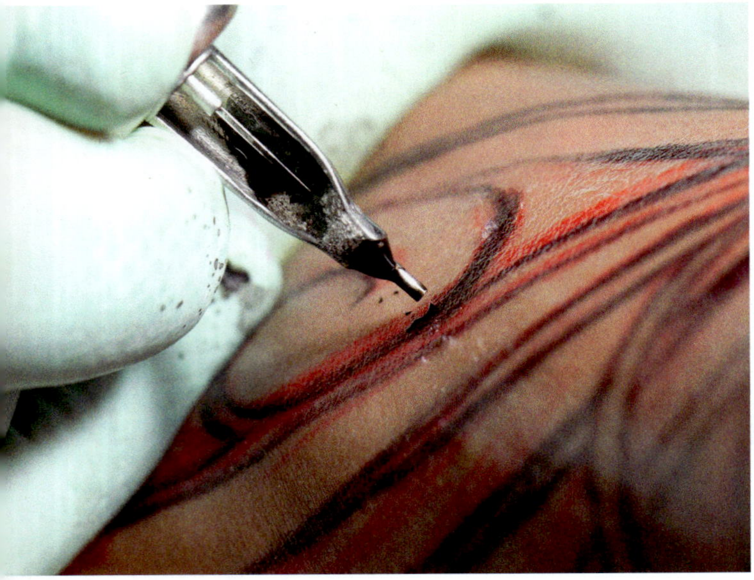

Wegen der fehlenden Regelung der Ausbildung von Piercern und Tätowierern ist oft nicht klar erkennbar, wie qualifiziert derjenige ist, von dem man sich ein Loch oder ein Tattoo stechen lässt. **Wenn der Tätowierer seine Geräte**

nicht sterilisiert, kann es zu Infektionen kommen, schlimmstenfalls erkrankt man sogar an Hepatitis oder AIDS.

Da es kaum Regelungen bezüglich der Tätowierfarben gibt, sind allergische Reaktionen und andere Hautkrankheiten möglich. Wer sich ein Piercing stechen lässt, muss damit rechnen, dass es mehrere Wochen bis Monate dauert, bis die Wunde an dieser Stelle verheilt ist. Ringe oder Stäbchen durchbohren die Lippen oder die Zunge, **sodass die Zähne oder das Zahnfleisch geschädigt werden**. Trotz aller Vorsichtsmaßnahmen sind Infektionen keine Seltenheit.

Wer unter 18 Jahre alt ist, muss eine Einwilligung der Eltern mitbringen, **wenn er sich ein Tattoo oder Piercing machen lassen will**. Doch den Kinderärzten geht das nicht weit genug. Sie fordern ein generelles Verbot von Piercings und Tattoos für Minderjährige.

2. Adverbialsätze können wie die Objekt- und Subjektsätze in entsprechende Satzglieder umgewandelt werden:

Beispiel: ***Indem sie sich in der Punkszene verbreiteten***, *fanden diese Arten des Körperschmuckes Eingang in die Jugendkulturen.*

Durch die Verbreitung in der Punkszene *fanden diese Arten des Körperschmuckes Eingang in die Jugendkulturen.*

Wandle die im Text fettgedruckten Adverbialsätze in Satzglieder um. Auf welche Schwierigkeiten stößt du dabei? Welche Sätze sind stilistisch besser?

3. Ebenso können Satzglieder in Adverbialsätze umformuliert werden: Wandle die grün unterlegten Satzglieder aus dem Text in einen Nebensatz um.

Adverbialsätze

Nebensätze, die an die Stelle einer adverbialen Bestimmung treten, heißen **Adverbialsätze**. Adverbialsätze können nach dem Inhalt eingeteilt werden in Temporalsätze, Kausalsätze, Finalsätze, Modalsätze, Konsekutivsätze, Konditionalsätze, Konzessivsätze und Adversativsätze (☞ S. 29).

Bei der Umwandlung von Satzgliedern in Adverbialsätze wird aus einer Nominalstruktur eine Verbalstruktur, d. h. von einem Nomen ausgehend muss das entsprechende Verb ermittelt und ein Subjekt ergänzt werden:

Vor einer Tätowierung *sollten Jugendliche sich gründlich über die möglichen Folgen informieren.*

Bevor Jugendliche sich tätowieren lassen, *sollten sie sich gründlich über die möglichen Folgen informieren.*

Attributsätze

1. Halte fest, auf welches Bezugswort sich die folgenden Nebensätze beziehen:

- Piercing kommt vom englischen Verb „to pierce", das „durchbohren, durchstechen" bedeutet.
- Kinderärzte fordern ein Verbot von Piercings und Tattoos, das alle Minderjährigen betrifft.

Attributsätze
Genau wie das Attribut geben **Attributsätze** nähere Informationen zu ihrem Bezugswort. Man kann sie mit *Was für ein? Welcher? Welche? Welches?* erfragen. Attributsätze können mit *dass* eingeleitet werden:
*Die Tatsache, **dass der Schüler wieder zu spät kommt**, ärgert mich.*
Beginnt der Attributsatz mit einem *Relativpronomen* oder einem *Pronominaladverb*, handelt es sich um einen *Relativsatz*:
*Der Schüler, **der zu spät kommt**, wird vom Unterricht ausgeschlossen.*
*Seine Verspätung ist das, **worüber sich die Lehrer am meisten ärgern**.*

2. Wandle die markierten Satzglieder bzw. Satzgliedteile in Nebensätze um.

Warum wollen sich Jugendliche piercen oder tätowieren lassen?

In der Pubertät werden Gleichaltrige für Jugendliche deutlich wichtiger. **Durch die Beeinflussung von anderen Jugendlichen** verliert das Elternhaus zunehmend an Bedeutung. **Auf der Suche nach sich selbst** setzen sich Jugendliche vermehrt mit den bisher unwidersprochenen Werten der Eltern auseinander. **Wegen des großen Einflusses der Clique** passen die Jugendlichen auch ihr Erscheinungsbild den Freunden an. Gerade in der frühen Pubertät ist das Selbstwertgefühl noch sehr labil und hängt **vom Urteil der Freunde** ab. Der äußere Schein spielt **bei der Beurteilung der Altersgenossen** eine große Rolle. Attraktive Teenager sind **nach Ansicht vieler Jugendlicher** beliebter als unattraktive Gleichaltrige. Und so versucht man, Aufmerksamkeit und Anerkennung **durch spektakuläre Veränderungen des Äußeren** zu gewinnen. Kleidung, Sprache, Frisuren oder Manieren sind die wenigen Felder **der Experimente Jugendlicher**. Durch bunt gefärbte Haare, Piercings oder Tattoos versuchen Jugendliche sich an die Peergroup anzupassen. Als Alternative gibt es in jedem Schmuckgeschäft Schmuck **zum Anklammern oder Ankleben** zu kaufen. So kann man das Äußere **ohne großen Eingriff in die Hautfunktion** nach Lust und Laune verändern. **Ohne Beschädigung der Zähne** können Schmucksteine auf die Zähne geklebt werden. **Nach dem Ende der Pubertät** kann dieser Schmuck problemlos entfernt werden.

3. Wandle die markierten Nebensätze in folgendem Text in Satzglieder um und überlege jeweils, was stilistisch besser klingt.

Der Wunsch, **dass man den eigenen Körper verändern will**, ist schon sehr alt. **Nachdem Wissenschaftler das Leben der Urmenschen erforscht haben**, vermutet man, dass diese nicht nur ihre Höhlen, sondern auch ihre Haut bemalten. **Dadurch dass Körperbemalungen und Tätowierungen auf der ganzen Welt verbreitet waren und sind**, haben sie auch die unterschiedlichsten Bedeutungen. Stammeskrieger malten sich, **bevor sie kämpften**, an, um ihre Gegner mit Furcht erregenden Fratzen einzuschüchtern. Bestimmte Ornamente und Motive wurden gewählt, **weil sie Gruppenzugehörigkeit und Rang darstellten**. **Indem die Menschen ihren Körper schmückten**, drückten sie Trauer aus. In vielen Völkern Afrikas gehörte und gehört die Tätowierung zum sogenannten Übergangsritual: **Bevor der Jugendliche in das Erwachsenenalter eintritt**, wird er mit einem Zeichen versehen. Dabei kennzeichnet nicht nur das Zeichen an sich den Erwachsenen. **Damit der Jugendliche der Erwachsenenwelt zugehört**, muss er ein Ritual über sich ergehen lassen. Erst das Ritual mit den damit verbundenen Schmerzen lassen das Kind zum Mann oder zur Frau werden. **Obwohl im vorchristlichen Europa die Kunst des Tätowierens verbreitet ist**, werden die Zeichen auf der Haut meist verboten, **nachdem das Christentum sich durchgesetzt hat**.

4. Beurteile den folgenden Brief stilistisch. Schreibe den Brief neu, indem du die Nominalisierungen möglichst auflöst.

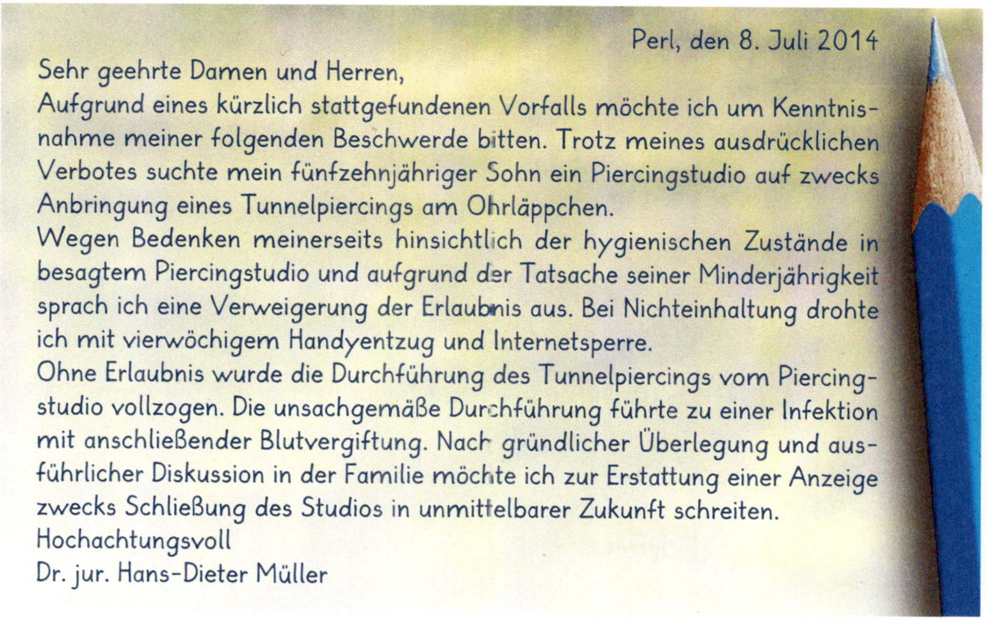
Perl, den 8. Juli 2014

Sehr geehrte Damen und Herren,

Aufgrund eines kürzlich stattgefundenen Vorfalls möchte ich um Kenntnisnahme meiner folgenden Beschwerde bitten. Trotz meines ausdrücklichen Verbotes suchte mein fünfzehnjähriger Sohn ein Piercingstudio auf zwecks Anbringung eines Tunnelpiercings am Ohrläppchen.

Wegen Bedenken meinerseits hinsichtlich der hygienischen Zustände in besagtem Piercingstudio und aufgrund der Tatsache seiner Minderjährigkeit sprach ich eine Verweigerung der Erlaubnis aus. Bei Nichteinhaltung drohte ich mit vierwöchigem Handyentzug und Internetsperre.

Ohne Erlaubnis wurde die Durchführung des Tunnelpiercings vom Piercingstudio vollzogen. Die unsachgemäße Durchführung führte zu einer Infektion mit anschließender Blutvergiftung. Nach gründlicher Überlegung und ausführlicher Diskussion in der Familie möchte ich zur Erstattung einer Anzeige zwecks Schließung des Studios in unmittelbarer Zukunft schreiten.

Hochachtungsvoll

Dr. jur. Hans-Dieter Müller

Der Wissensspeicher

1. Sprechen und Zuhören

S. 203 ff.

1.1 Präsentieren – Referate halten

Vorbereitung

- Material suchen
- Material auswählen nach den Kriterien *Aufgabenstellung, Zeit* und *Anschaulichkeit*
- Medien auswählen, z. B. Tafel, Folie, Thesenpapier, realer Gegenstand, Abbildung, computergestützte Präsentation
- Konzept (Stichwortzettel) sinnvoll gestalten: nur das Wichtigste, übersichtlich, durchnummerieren
- richtige Stilebene wählen:
  - Absicht „informieren" → sachlicher Stil
  - Absicht „unterhalten" → Erzählstil
- Anfang und Schluss vorformulieren
- auf Pannen vorbereitet sein

Referat halten

- anhand eines Stichwortzettels möglichst frei sprechen
- Arme frei haben für natürliche Gestik
- Blickkontakt herstellen
- so wenig wie möglich zur Tafel/Wand schauen

2. Schreiben

S. 119 ff.

2.1 Schreiben als Prozess

Der Schreibprozess besteht aus den Phasen:

- Themenerfassung durch genaues Lesen des Themas
- Stoffsammlung, z. B. durch Brainstorming, Cluster, Mind-Map
- Stoffgliederung
- Schreibplan
- Schreiben
- Überarbeiten, z.B in der Schreibwerkstatt

S. 208 ff.

2.2 Zitieren und Quellen angeben

Zitate:

- die Übernahme fremder Texte/Gedanken in einen eigenen Text und deren Kenntlichmachung
- wörtlich oder sinngemäß
- stets mit einer Quellenangabe versehen
- folgen in ihrer Form festen Zitierregeln (z. B. Anführungszeichen beim wörtlichen Zitat, Zeilenangabe, gekennzeichnete Auslassungen, korrekte Syntax)

Quellenangaben:
- nennen die Bücher und/oder Aufsätze und/oder Internetseiten, aus denen Zitate entnommen wurden,
- folgen in ihrer Form Regeln, die unterschiedlich sein können, aber innerhalb einer Arbeit einheitlich gehandhabt werden müssen.

☞ S. 234 ff.
2.3 Eine Inhaltsangabe schreiben

Inhaltsangaben wollen jemanden über den Inhalt eines Textes informieren.

Was? (Inhalt):
- verkürzter Inhalt
- W-Fragen beantworten
- Zusammenhänge verdeutlichen

Wie? (Aufbau und Darstellungstechnik):
- Basissatz: Autor, Textsorte, Titel, Thema
- verkürzen und zusammenfassen
- Zusammenhänge verdeutlichen (Hypotaxen)

Sprache:
- sachlich: keine Spannung, keine persönlichen Wertungen
- direkte Rede zusammenfassend wiedergeben oder in indirekte Rede verwandeln
- Präsens, Vorzeitiges im Perfekt
- standardsprachlich
- indirekte Rede: Konjunktiv I, Ersatzform Konjunktiv II

☞ S. 164 ff.
2.4 Schildern

Schildern heißt Lebewesen, Gegenstände, Orte und Situationen aus subjektiver Sicht anschaulich und lebendig darzustellen.

Was? (Inhalt):
- Lebewesen, Gegenstände, Orte und Situationen beschreiben
- persönliche Eindrücke und Stimmungen wiedergeben
- die herrschende Atmosphäre widerspiegeln

Wie? (Aufbau und Darstellungstechnik):
- Sinneseindrücke
- anschauliche Adjektive und Verben
- Vergleiche, Metaphern und Personifikationen

Sprache:
- bilderreiche Sprache
- Tempus angepasst an den textlichen Zusammenhang

☞ S. 164 ff.
2.5 Charakterisieren

Die Charakterisierung oder Charakteristik versucht, die individuellen Merkmale einer literarischen Figur darzustellen.

Was? (Inhalt):

- Figurenanalyse unter folgenden Aspekten:
  - äußere Merkmale
  - persönliche Lebensumstände
  - Verhältnis zu anderen Personen, die im Text eine Rolle spielen
  - Verhalten in bezeichnenden Situationen oder bei Konflikten
  - Gedanken und Gefühle
  - evtl. Darstellung der Entwicklung der Figur im Verlauf der Handlung

Wie? (Aufbau und Darstellungstechnik):

- Einleitung: eingehen auf den zugrunde liegenden Text, den Autor sowie die zu charakterisierende Figur
- Hauptteil: die Figur ausführlich darstellen
- Schluss: den Charakter der Figur zusammenfassen und evtl. bewerten bzw. die Bedeutung der Figur für die gesamte Handlung hervorheben
- Aussagen und Deutungen zur Figur durch entsprechende Textzitate belegen

Sprache:

- sachlich
- direkte Rede zusammenfassend wiedergeben
- standardsprachlich
- Präsens, Vorzeitiges im Perfekt

☞ S. 118 ff.
2.6 Erörtern

Erörtern bedeutet, über ein Thema mündlich oder schriftlich nachzudenken.

Was? (Inhalt):

- Standpunkte (Thesen) darlegen und begründen (argumentieren)
- lineare Erörterung: für *oder* gegen etwas Stellung nehmen
- dialektische Eröterung: Vor- *und* Nachteile eines Sachverhalts darlegen
- Erörterung im Anschluss an einen Text: erst Inhaltsanalyse des Textes, dann Erörterung der im Text vertretenen Thesen

Wie? (Aufbau und Darstellungstechnik):

- Gliederung: formal einheitlich, Übereinstimmung mit Erörterungstext
- Einleitung: führt zum Thema hin, endet mit Themafrage
- Hauptteil: steigernd: vom schwächsten zum stärksten Argument
- Schluss: rundet ab, enthält kein neues Argument
- Argumentation: Behauptung – Begründung – Beispiel
- Argumente durch Überleitungen verknüpfen

Sprache:

- sachlich
- im Allgemeinen Präsens

☞ S. 70 ff.
2.7 Eine Sachtextanalyse schreiben, auch vergleichend

Ziel: Untersuchung eines Textes mittels Fachbegriffen in Form eines Textes über den Text, ggf. auch über mehrere Texte zum gleichen Thema

Was? (Inhalt):
- Wiedergabe des Inhalts (→ gleiche Regeln wie unter 2.3)
- Herausarbeitung des Aufbaus/Argumentationsverlaufs
- Untersuchung der Sprache und des Stils
- Klärung der Wirkungsabsicht
- ggf. Herausarbeitung der Gemeinsamkeiten und Unterschiede zweier Texte im Hinblick auf Inhalt, Aufbau/Argumentation, Sprache, Stil, Wirkungsabsicht

Wie? (Aufbau und Darstellungstechnik):
- Reihenfolge wie unter „Was?", Betonung des wechselseitigen Zusammenhangs der einzelnen Aspekte
- Beleg der Aussagen mithilfe von Textstellen
- korrekte Form des Zitierens und der Quellenangabe

Sprache:
- Fachsprache
- Präsens, Vorzeitiges im Perfekt
- im Prinzip sachlich; eigene Ansichten werden als solche kenntlich gemacht: z. B. *Meiner Meinung nach ...*

3. Sprachgebrauch und Sprachreflexion

3.1 Verben

Verben
- sind Träger der „Satzaussage"
- man unterscheidet:
  - Vollverben vs. Hilfsverben (*haben, sein, werden*)
  - Verben mit einem Akkusativ-Objekt = transitive Verben (*Julia schreibt einen Brief.*) vs. solche ohne Akkusativ-Objekt = intransitive Verben (*Hanna lacht.*)
  - nicht gebeugte (infinite) Formen: Grundform = Infinitiv (*schreiben*), Partizip I und II (*denkend, gedacht*) vs. gebeugte (konjugierte oder auch finite) Formen = Personalformen (*ich schreibe, du schreibst ...*)
  - drei Modi (Sg.: Modus): Indikativ (Wirklichkeitsform), Konjunktiv (Möglichkeitsform), Imperativ (Befehlsform)
  - zwei Genera (Sg. Genus): Aktiv vs. Passiv
  - sechs Tempora (Zeiten, Sg.: Tempus), die sich auf drei Zeitstufen verteilen:
    Gegenwart: Präsens
    Vergangenheit: Präteritum, Perfekt (vorzeitig zum Präsens), Plusquamperfekt (vorzeitig zum Präteritum)
    Zukunft: Futur I, Futur II (vorzeitig zum Futur I)

S. 22ff. Konjunktiv
- Möglichkeitsform
- einer der drei Modi des Verbs
- unterteilt in K I und K II
- Die Formen des K I bezeichnen eine Möglichkeit, eine Vermutung oder eine indirekte Rede und werden vom Infinitivstamm des Verbs abgeleitet (*er gehe*).
- Die Formen des K II stellen eine Möglichkeit in Frage, lassen eine Aussage als unwirklich erscheinen oder bezeichnen in bestimmten Fällen die indirekte Rede und werden vom Präteritumstamm des Verbs abgeleitet (*er ginge*).

S. 26ff. Indirekte Rede
- wird verwendet, um Aussagen von Personen nicht direkt (also nicht in wörtlicher Rede) wiederzugeben
- ihr Modus ist:
  - der Konjunktiv I
  - der Konjunktiv II bei Gleichlautung des Konjunktivs I mit dem Indikativ Präsens
- würde-Ersatzform wird verwendet bei Gleichlautung des Konjunktivs II mit dem Indikativ Präteritum oder bei veralteten Konjunktiv-Formen
- Imperative werden mit „sollen" umschrieben: *Sie sagt, er solle sie am Bahnhof abholen.*
- Wortfragen werden in den Konjunktiv gesetzt, Satzfragen zusätzlich mit *ob* eingeleitet: *Was das solle, fragte er. Ob sie über Nacht blieben, wollte er wissen.*

Modalität
- Art und Weise, in der ein Sprecher seine Einschätzung einer Situation zum Ausdruck bringt (als wahr, als möglich, als unwahrscheinlich, als wünschenswert, als unwahr ...).
- sprachliche Mittel:
  - S. 24 drei Modi
  - Modalverben: *sollen, können, dürfen, müssen, mögen, wollen*
  - Modaladverbien: z. B. *anstandslos, vergebens, besonders, beinahe ...*
  - Potentialis: Ausdruck von Möglichem, gebildet mit dem Konjunktiv II der Gegenwart oder Ersatzform
  - Irrealis: Ausdruck von Unmöglichem, gebildet mit dem Konjunktiv II der Gegenwart oder der Vergangenheit (je nach Inhalt)

3.2 Satz und Satzglieder

Unterscheide drei **Satzarten**:

- Aussagesatz (*Claudia geht gerne ins Kino.*)
- Fragesatz (Wortfrage: *Wer bist du?* oder Satzfrage: *Kommst du heute ins Freibad?*)
- Ausrufe- und Aufforderungssatz (*Komm nicht so spät nach Hause!*)

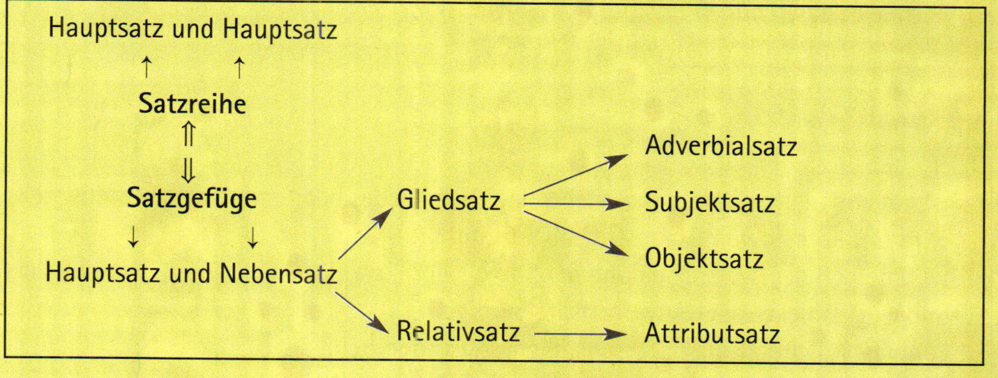

Unterscheide:

- **Satzreihe (Parataxe)** = Verbindung von Hauptsätzen
- **Satzgefüge (Hypotaxe)** = Verbindung von Haupt- und Nebensätzen, erkennbar an der Stellung des konjugierten Verbs (Endstellung im Nebensatz)

☞ S. 51 ff. **Satzglieder:**

- sind die grammatischen Gliederungseinheiten des Satzes
- Man erkennt sie daran, dass man sie im Satz verschieben kann (**Verschiebe- oder Umstellprobe**), ohne dass er grammatisch falsch wird.
- Dazu gehören das Subjekt, das Objekt, das Prädikat, die adverbiale Bestimmung.

Das **Prädikat**

- ist die Satzaussage (*Anna **schreibt** Thomas eine Postkarte nach Hamburg.*)

Das **Subjekt**

- ist der Satzgegenstand (***Anna** schreibt Thomas eine Postkarte nach Hamburg.*)
- wird erfragt mit „Wer oder Was?"
- steht im Nominativ

Die **Objekte**

- sind Satzergänzungen
- hängen vom Prädikat ab (z.B. *Wem schreibt Anna? Wen oder Was schreibt Anna?*)
- sind entweder Genitiv-, Dativ-, Akkusativ- oder Präpositionalobjekt

Die **Adverbiale** geben die näheren Umstände eines Geschehens oder Sachverhalts an. Man unterscheidet u.a.:

- das Temporaladverbial (Adverbial der Zeit): *nach mehreren Jahren*
- das Lokaladverbial (Adverbial des Ortes): *auch in Deutschland*
- das Modaladverbial (Adverbial der Art und Weise): *erneut*
- das Kausaladverbial (Adverbial des Grundes): *aufgrund der Niederlagen in Russland*

S. 55 ff. Das **Attribut**

- ist ein Satzgliedteil
- erläutert als Beifügung ein Bezugswort
- kann nur zusammen mit seinem Bezugswort verschoben werden
- kann vor oder nach dem Bezugswort stehen
- Beispiele: *das **schöne** Buch* (Adjektiv)
  *das Fahrrad **meines Bruders*** (Nomen im Genitiv)

3.3 Nebensätze

S. 28 ff. u. S. 241 ff. **Der Nebensatz**

- ist ein abhängiger Satz, der anstelle eines Satzgliedes oder eines Satzgliedteils steht
- wird mit Komma vom Hauptsatz abgetrennt
- wird gemäß der Unterscheidung der Satzglieder (Subjekt, Objekt und Adverbiale) als Subjekt-, Objekt- oder Adverbialsatz bezeichnet
- kann als Adverbialsatz unterschiedliche Aussagen beinhalten:
  - Zeit (Temporalsatz)
  - Art und Weise (Modalsatz)
  - Mittel (Instrumentalsatz)
  - Ort (Lokalsatz)
  - Grund oder Ursache (Kausalsatz)
  - Folge (Konsekutivsatz)
  - Zweck oder Absicht (Finalsatz)
  - Bedingung (Konditionalsatz)
  - Einräumung (Konzessivsatz)
  - Gegensatz (Adversativsatz)
- Beispiele: ***Wer keine Fehler macht**, schreibt eine Eins.* (Subjektsatz)
  *Wir warten darauf, **dass du zurückkehrst**.* (Objektsatz)
  *Ich schlafe, **wo immer ich kann**.* (Lokalsatz)

S. 30 ff. Der **Infinitivsatz**

- drückt den Zusammenhang zwischen zwei Handlungen aus
- dient der verkürzten Ausdrucksweise
- funktioniert nur, wenn das Subjekt des übergeordneten Satzes gleich dem mitgedachten Subjekt des Infinitivsatzes ist
- Beispiel: *Er ging ins Kino, um sich zu unterhalten.*

S. 30 ff. Der **Partizipialsatz**

- Unterscheide:
  - **Partizip I** = Partizip Präsens: lesen > *lesend*, z. B. *Der lesende Schüler lässt sich durch nichts ablenken.*
  - **Partizip II** = Partizip Perfekt: lesen > *gelesen*, z. B. *Das mehrfach gelesene Buch ist schon ganz zerfleddert.*
- drückt den Zusammenhang zwischen zwei Handlungen aus
- dient der verkürzten Ausdrucksweise
- funktioniert nur, wenn der Handlungsträger des übergeordneten Satzes (Subjekt) der gleiche wie im Partizipialsatz ist

S. 244 f. Der **Attributsatz**

- ist ein Nebensatz, der für ein Attribut steht
- ist kein selbstständiges Satzglied
- Beispiele: *Die Befürchtung, **dass sie einen Test schreiben würden**, war leider richtig.*
  *Julia fand die Arbeit, **die sie erwartete**, nicht schwer.*

S. 191 ff. **3.4 Wortschatz und Wortbedeutung**

Der **Bedeutungswandel**
meint die historische Veränderung dessen, was ein Wort bezeichnet. Zu unterscheiden sind: Bedeutungsverengung, Bedeutungserweiterung, Abwertung, Aufwertung.

Unterscheide:

- **Fremdwort**: Ausdruck, der aus einer anderen Sprache übernommen wurde, bei dem meist Aussprache und Schreibweise der Herkunftssprache erhalten geblieben sind
- **Lehnwort**: aus einer fremden Sprache entlehntes Wort, das sich lautlich und in der Flexion der einheimischen Sprache angepasst hat (*Fenster* < lat. *fenestra*)
- **Erbwort**: gehört zum ursprünglichen Bestand des Deutschen

„Falsche Freunde" (faux amis)
Wörter, die in zwei Sprachen sehr ähnlich oder gleich klingen, aber eine unterschiedliche Bedeutung haben (z. B. *lues goen* > *langsam gehen* oder *leise gehen* ; *parler d'un ami* > *über einen Freund sprechen*)

S. 192 ff. Die Wortbedeutung

- **Denotation**: Grundbedeutung eines Begriffs
- **Konnotation**: zusätzliche, assoziative Bedeutung eines Begriffs

Der **Stil**: besondere Ausdrucksweise, zurückzuführen auf

- verschiedene Sprachebenen
- individuelle Eigenheiten (z. B. der Stil eines bestimmten Autors)
- jeweilige Situation, Zeit, jeweiligen Kulturraum

☞ S. 193 Die **Sprachkritik**
- untersucht Sprachverwendung im Hinblick auf vertuschte negative Absichten
- prangert „Unwörter" an, die inhumanes Denken spiegeln
- legt Wert auf „Political Correctness", d. h. nicht diskriminierenden Sprachgebrauch
- mahnt Sprachpflege an

☞ S. 192 Der **Euphemismus**
- indirekte, beschönigende Umschreibung eines Sachverhalts
- durch Tabus (gesellschaftliche Sprachverbote) bedingt

☞ S. 217 ff.,
3.5 Zeichensetzung

S. 31 ff. Ein **Komma** steht
- bei Aufzählungen, wenn die einzelnen Glieder der Aufzählung nicht durch *und* oder *oder* verbunden sind (*Äpfel, Birnen, Pfirsiche und Bananen*)
- bei der Anrede (*Paul, kommst du endlich?*)
- bei Datums- und Zeitangaben (*Wir sehen uns am Freitag, den 11. Oktober, um 20.00 Uhr*)
- bei Ausrufen (*Ach, das ist aber schade!*)
- vor und nach Einschüben, also:
  - Appositionen (*Oliver, ein guter Schüler, lernt leicht.*)
  - Partizipien (*Sie konnte, durch den Kakao erfrischt, gut lernen.*)
- zwischen Hauptsatz und Nebensatz (*Claudia arbeitete, während Annalena schlief.*)
- zwischen Hauptsatz und Hauptsatz, wenn diese nicht durch *und* oder *oder* verbunden sind (*Stefan schlief, Dennis bastelte und Simone hörte Musik.*)
- vor erweiterten Infinitiven,
  - wenn diese mit *um, ohne, statt, anstatt, außer* oder *als* eingeleitet werden (*Sie öffnete das Fenster, um frische Luft hereinzulassen.*)
  - wenn diese von einem Nomen abhängen (*Der Versuch, ihr zu helfen, gelang.*)
  - wenn im übergeordneten Satz ein Stellvertreterwort auf den Infinitiv hinweist (*Sie freute sich schon lange darauf, ihre Eltern endlich wiederzusehen.*)

☞ S. 217 Ein **Doppelpunkt**
- steht vor:
  - angekündigter wörtlicher Rede
  - angekündigten Gedanken
  - wörtlich zitierten Textstellen
  - angekündigten Aufzählungen, Angaben, Erläuterungen
  - Sätzen, die das vorher Gesagte zusammenfassen
  - Sätzen, die eine Schlussfolgerung ziehen
- zieht folgende Schreibung nach sich:
  - vollständige Sätze werden großgeschrieben
  - unvollständige Sätze werden kleingeschrieben

S. 218 Der **Gedankenstrich**

- wird häufig dort gemacht, wo in der gesprochenen Sprache eine deutliche Pause vorkommt
- steht frei zwischen den Wörtern (hat vor und nach sich eine Leerstelle)
- ist meist durch andere Zeichen ersetzbar:
  - der einfache Gedankenstrich durch Doppelpunkt:
    Großartig: ein voller Erfolg, der uns als Klasse zusammengeschweißt hat.
  - der doppelte Gedankenstrich durch eine Klammer oder Kommas:
    Meine Freundin (sonst eher unsportlich) war begeistert bei der Sache. Meine Freundin, sonst eher unsportlich, war begeistert bei der Sache.

4. Umgang mit Texten und Medien

4.1 Wichtig für alle Textsorten

S. 163 Motiv:

- in Literatur und Musik: Leitgedanke, wiederkehrendes Element
- in bildender Kunst: Gegenstand der Darstellung
- allgemein: Beweggrund

Thematische Literaturbetrachtung:

- untersucht inhaltliche und formale Gestaltung eines bestimmten Themas in verschiedenen Texten (auch Filmen) im Hinblick auf Gemeinsamkeiten und Unterschiede

S. 16ff. Satire:

- literarische Darstellungsform, die durch spöttische Über- und Untertreibung oder Ironie etwas kritisiert
- kann sowohl als epischer, als lyrischer, als dramatischer Text oder als Sachtext auftreten

S. 100ff.

Szenische Interpretation eines Textes:
Ziel: Deutung eines Textes mittels eigener Beteiligung in Form einer Aufführungssituation (künstlerische Konkretisierung)
Was? (Inhalt):

- Darstellung einer bestimmten Textdeutung

Wie? (Darstellungstechnik): z. B.

- lauter Vortrag
- szenisches Spiel
- mediale Umsetzung

Sprache:

- sprachgestaltend (Modulation usw.)
- Emotionen/Subjektivität zulassend
- der Textdeutung angepasst

S. 43 ff. u. S. 144 ff. u. S. 238 ff.

4.2 Umgang mit Erzähltexten

Untersuchungsaspekte: z. B.

- Figuren
- Ort
- Erzählperspektive
  - Außensicht: Darstellung des äußeren Geschehens
  - Innensicht: Darstellung der Gedanken und Gefühle der Figuren
- Erzählform: Er-Form, Ich-Form
- Erzählsituation: auktorial, personal, neutral
- Darstellungsweise, z. B.:
  - Erzählerbericht: Geschehen wird deutlich von einem Erzähler dargestellt
  - szenische Darstellung: erweckt den Eindruck der Unmittelbarkeit
- Figurenrede:
  - direkte Rede: Gedanken der Figuren werden unmittelbar wiedergegeben
  - indirekte Rede
  - erlebte Rede: das innere Geschehen wird in der 3. Person Singular Präteritum, manchmal auch im Präsens dargestellt
  - innerer Monolog: das innere Geschehen wird in der 1. Person Singular Präsens dargestellt
- Aufbau
- Sprache
- Stilmittel
- Textsorte
- Überschrift

S. 47 ff.

Kurzgeschichte

- epische Kurzform
- unvermittelter Anfang
- offenes Ende
- alltägliche Figuren und alltägliches Geschehen
- Wendepunkt im Leben einer Figur
- einfache, schlichte Sprache

Parabel

- epische Kurzform
- lehrhaft
- allgemeine Erkenntnis in Form eines Gleichnisses, vom Leser zu erschließen

Anekdote

- epische Kurzform
- besonderer Vorfall, durch den eine Person/eine Gruppe/ein historisches Ereignis treffend charakterisiert wird
- enthält eine Pointe

S. 152 ff. Novelle: epische Form mittlerer Länge, die

- das Verhalten von Personen in einer inneren oder äußeren Krise darstellt
- oft ein besonderes Ereignis schildert, durch welches das Leben des „Helden" eine entscheidende Wendung nimmt
- sich durch straffe Handlungsführung und konzentrierte Darstellung vom längeren Roman unterscheidet

Roman: epische Langform, die

- ein umfassenderes Bild der Welt entwirft
- oft mehrere Themenstränge hat
- komplexere Personenkonstellationen enthält

S. 134 ff.

4.3 Umgang mit Gedichten

Untersuchungsaspekte

- lyrisches Ich: das „Ich" im Gedicht, nicht zu verwechseln mit dem Verfasser
- Sprachliche Bilder:
  - Vergleich: Ding und Bild werden durch das Wörtchen *wie* in Beziehung gesetzt. (*Blitze schossen wie Speere vom Himmel.*)
  - Metapher: Das Bild steht für das Ding. (*Speere schossen vom Himmel.*)
  - Synästhesien: Bilder, in denen mehrere Sinneseindrücke verschmelzen (*kaltes Licht, helle Klänge*)
  - Personifikation/Personifizierung: Vermenschlichung von Unbelebtem (*Die Bäume sind weise.*)
- Zeilenstil/Hakenstil:
  - Beim Zeilenstil fallen Satz- und Vers-(Zeilen-)ende zusammen.
  - Beim Hakenstil geht der Satz über das Vers- (Zeilen-)ende hinaus = Zeilensprung (Enjambement).
- Reimarten:
  - Kreuzreim: a b a b / c d c d / usw.
  - Paarreim: a a / b b / c c / usw.
  - umschließender Reim: a b b a / c d d c / usw.
- Versmaß:
  - Kombination von unbetonten (Senkungen) und betonten Silben (Hebungen)
  - häufig: Jambus (unbetont, betont), Trochäus (betont, unbetont), Anapäst (unbetont, unbetont, betont), Daktylus (betont, unbetont, unbetont). Die Anzahl der Betonungen in einer Zeile bestimmen das Versmaß (Metrum).
- Klänge:
  - Alliteration: Mehrere Wörter, die nahe beieinander stehen, fangen mit dem gleichen Laut an. (*Des Wassers weiche Wellen*)
  - Anapher: Mehrere Sätze oder Zeilen beginnen mit dem gleichen Wort.
- Satzbau:
  - Ellipse: unvollständiger Satz

S. 91 ff.

4.4 Umgang mit dramatischen Texten

Gliederung in:

- **Akte** = Aufzüge, Gliederungseinheit eines Theaterstücks, so benannt, weil ursprünglich vom Öffnen und Schließen des Bühnenvorhangs begrenzt
- **Szenen** = Auftritte: kleinste Gliederungseinheiten eines Theaterstücks oder Drehbuchs, durch Auf- und Abtreten einer Person begrenzt

Textelemente des Dramas:

- **Figurenrede:** Es sprechen die Darsteller, teils in **Dialogen** (Zwiegespräche), teils in **Monologen** (Selbstgespräche, längere Redeanteile einer Person)
- **Szenen- oder Bühnenanweisung:** gibt Hinweise darauf, was die Figuren in einem Theaterstück tun sollen und wie die Bühne aussehen soll
- **Personenverzeichnis:** gibt an, welche Figuren im Drama vorkommen

Hilfsmittel zur Interpretation eines Dramas:

- **Szenenübersicht:** gibt Ort, Zeit und Personen aufeinander folgender Szenen an
- **Nebentext:** Gedanken, Gefühle und Absichten der Figuren, die so nicht im Text stehen, sondern vom Leser erschlossen werden und dem Darsteller als Orientierungshilfe dienen

Die **handlungsorientierte und kreative Erschließung eines Dramas** ist eine besondere Form der Interpretation, oft mit folgenden typischen Elementen:

- Figuren werden mittels Rollenbiografien erarbeitet
- Innere Vorgänge werden mit der Freeze-Methode dargestellt
- Bei der szenischen Erarbeitung spielen Körperhaltungen, Sprechhaltungen eine Rolle und bilden Bestandteile der Inszenierung
- Eine zusätzliche Szene wird entworfen
- Man kommt mit einer Figur ins Gespräch (z. B. fiktives Interview)

S. 70 ff.

4.5 Umgang mit Sachtexten

Lesestrategien

- überfliegendes Lesen: sich einen Überblick verschaffen
- selektives (auswählendes) Lesen: gezielt eine bestimmte Information suchen
- gründliches Lesen: den Aufbau und Gedankengang eines Textes nachvollziehen
- Lesen eines Gesamttextes: Erfassen der ganzen Argumentation

Einen Sachtext verstehen

- Vorwissen zum Thema abrufen
- Fragen an den Text stellen
- überfliegendes Lesen
- unbekannte Wörter klären
- gründliches Lesen
- Inhalt in eigenen Worten wiedergeben

Die Struktur eines Sachtextes erfassen
- äußere Gliederungssignale wahrnehmen
- auf sprachliche Gelenkstellen achten
- Sinnabschnitte erkennen
- wichtige Informationen durch Markieren von unwichtigen trennen
- Gedankengang des Textes in Form einer Textskizze wiedergeben

Sachtexte zum gleichen Thema vergleichen
- Untersuchung der inhaltlichen und formalen Gestaltung eines bestimmten Themas in verschiedenen Sachtexten
- im Hinblick auf Gemeinsamkeiten und Unterschiede

Diagramme und Schaubilder verstehen und beschreiben
Leitfragen:
- Was ist das Thema?
- Was sagen die Legenden (Erklärungen) aus?
- Welche Bedeutung haben die Farben/Formen?
- Was bezeichnen die Zahlen?
- Wird eine Entwicklung oder ein Zustand dargestellt?
- Welche Informationen fehlen?

Journalistische Darstellungsformen

☞ S. 181
- Nachricht:
  - informiert über eine Neuigkeit, die wichtig und/oder interessant ist
  - beantwortet zu Beginn die W-Fragen
  - ist sachlich und neutral (frei von Wertungen)
  - stellt das Wichtigste an den Anfang und ordnet die folgenden Teile nach abnehmender Bedeutung (Lead-Stil)
  - heißt in der knappen Fassung „Meldung"
  - heißt in der längeren Fassung „Bericht"

☞ S. 183
- Reportage:
  - schildert ein live miterlebtes Ereignis
  - bietet Information und Unterhaltung
  - mischt Sachinformationen und persönliche Bewertungen
  - bietet in der Regel Hintergrundwissen
  - benutzt eine anschauliche, lebendige Sprache, oft mit direkter Rede
  - enthält meist ein oder mehrere Bilder

☞ S. 184
- Interview:
  - Frage-Antwort-Gespräch
  - oft geführt von einem Journalisten/einer Journalistin mit einer Person von öffentlichem Interesse

S. 185 • Kommentar:
- vermittelt die Meinung des Autors zu einer Nachricht
- die Meinungsbildung des Lesers beeinflussen
- kann im Stil sehr unterschiedlich sein (sachlich-erörternd, emotional-aufrüttelnd usw.)

S. 186 • Glosse:
- setzt sich subjektiv mit Ereignissen und Zeiterscheinungen auseinander
- will auf Missstände hinweisen
- hat oft einen aktuellen Bezug zum alltäglichen Leben
- kann im Stil sehr unterschiedlich sein (angriffslustig, ironisch, satirisch)

S. 20 • Karikatur:
- weist durch eine übertrieben komische oder überspitzte Darstellung von Menschen und gesellschaftlichen Zuständen auf Missstände hin

5. Methoden und Arbeitstechniken

S. 74 → Die Struktur eines Sachtextes erfassen
S. 75 → Lesestrategien
S. 77 → Einen Sachtext verstehen
S. 92 → Eine Szenenübersicht erstellen
S. 98 → Eine Rollenbiografie erstellen
S. 99 → Die Freeze-Methode
S. 105 → Kreuzverhör
S. 119 → Stoffsammlung durch Clustern
S. 136 → Ein Gedicht untersuchen
S. 145 → Produktive Schreibaufgaben bearbeiten
S. 147 → Füllen einer selbst gefundenen Leerstelle
S. 156 → Schilderungen deuten
S. 159 → Personengestaltung untersuchen
S. 162 → Erzähltexte analysieren
S. 168 → Eine Schilderung schreiben
S. 169 → Eine Charakterisierung schreiben
S. 206 → Exzerpieren
S. 214 → Anfertigen von Karteikarten
S. 214 → Anfertigen von Thesenpapieren

Feste Nomen-Verb-Verbindungen

Nomen-Verb-Verbindung	Bedeutung
abgeben	
eine Erklärung abgeben	erklären
den Löffel abgeben	ugs. für sterben
abschließen	
die Tür abschließen	zusperren
einen Vertrag abschließen	unterschreiben
anschneiden	
den Kuchen anschneiden	das erste Stück abschneiden
ein Thema anschneiden	zur Sprache bringen
aufgeben	
einen Brief aufgeben	zur Post bringen
die Hoffnung aufgeben	keine Hoffnung mehr haben
aufnehmen	
einen Kredit aufnehmen	Geld leihen
Fahrt aufnehmen	an Geschwindigkeit gewinnen
es mit einem Gegner aufnehmen	sich einem Kräftemessen stellen
ausüben	
einen Beruf ausüben	etwas beruflich tun
Druck ausüben	jemanden bedrängen
begehen	
einen Geburtstag/ein Jubiläum begehen	einen Geburtstag/ein Jubiläum feiern
einen Fehler/eine Dummheit begehen	einen Fehler/eine Dummheit machen
eine Straftat begehen	etwas Illegales tun
Selbstmord begehen	den Freitod wählen, sich umbringen

bringen	
zur Sprache bringen	etwas ansprechen
zum Ausdruck bringen	ausdrücken, zeigen
in Verlegenheit bringen	verlegen machen
zum Stehen bringen	stoppen
vor Gericht bringen	verklagen
unter Kontrolle bringen	kontrollieren
erheben	
Einspruch erheben	sich entschieden gegen etwas wenden
erleiden	
Schmerzen erleiden	Schmerzen haben
eine Niederlage erleiden	verlieren
erteilen	
eine Rüge erteilen	tadeln, rügen
eine Auskunft erteilen	Auskunft geben
eine Lehre erteilen	belehren
die Erlaubnis erteilen	erlauben
einen Auftrag erteilen	mit etwas beauftragen
einen Rat erteilen	raten
fallen	
zum Opfer fallen	Opfer von etwas werden
zur Last fallen	zu einer Last für jemanden werden
in Ohnmacht fallen	ohnmächtig werden
in Ungnade fallen	nicht mehr geduldet sein
fällen	
einen Baum fällen	einen Baum schlagen
ein Urteil fällen	urteilen

fassen	
ins Auge fassen	in Betracht ziehen
einen Beschluss fassen	zu einer abschließenden Entscheidung gelangen
einen Entschluss fassen	sich zu etwas entschließen
finden	
Anerkennung finden	anerkannt werden
Beachtung finden	beachtet werden
Halt finden	eine Stütze finden
Unterstützung finden	unterstützt werden
Freude an etwas finden	etwas gerne tun/haben
Zustimmung finden	positiv aufgenommen werden
führen	
zu Ende führen	zu Ende bringen
eine Unterhaltung führen	sich unterhalten
ein Unternehmen führen	ein Unternehmen leiten
einen (aussichtslosen) Kampf führen	kämpfen (ohne Aussicht auf Erfolg)
geben	
in Auftrag geben	bestellen
sein Einverständnis zu etwas geben	einverstanden sein mit etwas
die Garantie geben	garantieren
einen Hinweis auf jemanden/etwas geben	auf etwas/jemanden hinweisen
sich Mühe geben	sich bemühen
jemandem/etwas den Vorzug gegeben	bevorzugen
gehen	
zu Ende gehen	enden
zur Neige gehen	bald nicht mehr vorhanden sein

in Erfüllung gehen	sich erfüllen
vor Gericht gehen	klagen, vor Gericht ziehen
gelangen	
zur Einsicht gelangen	einsehen, erkennen
zur Vernunft gelangen	vernünftig werden
zu dem Schluss gelangen	schlussfolgern
geraten	
in Gefahr geraten	gefährdet sein
in Schwierigkeiten geraten	Schwierigkeiten/Probleme bekommen
in Vergessenheit geraten	vergessen werden
in Verlegenheit geraten	verlegen werden
in Wut/Rage geraten	wütend/sehr wütend werden
in Gefangenschaft geraten	gefangen genommen werden
haben	
die Absicht haben	beabsichtigen
eine (keine) Ahnung haben	(nicht) ahnen
Auswirkungen auf etwas haben	sich auf etwas auswirken
Einfluss haben auf etwas/jemanden	etwas/jemanden beeinflussen
zur Folge haben	bewirken
ein Recht auf etwas haben	berechtigte Ansprüche haben
die Hoffnung haben, dass ...	hoffen, dass ...
den Verdacht haben, dass ...	argwöhnisch vermuten
haften	
für Schäden/den Schaden haften	finanziell für Schäden/den Schaden aufkommen
halten	
Abstand halten	auf Distanz bleiben
einen Vortrag halten	vor Zuhörern über etwas reden

ein Versprechen halten	das tun, was man versprochen hat
kommen	
(nicht) in Frage kommen	(nicht) für möglich erachten
in Gang kommen	starten, beginnen
in Fahrt kommen	schneller werden, wütend werden
zum Ausdruck kommen	ausgedrückt werden, gezeigt werden
zur Einsicht kommen	einsehen
zu Ohren kommen	hören
zu Hilfe kommen	helfen
zu dem Schluss kommen, dass	zu einer abschließenden Beurteilung kommen, zur Erkenntnis kommen
zum Schluss kommen	zum Ende kommen, beenden
zur Sprache kommen	angesprochen/besprochen werden
zu Wort kommen (lassen)	reden (lassen)
kehren	
(jemandem) den Rücken kehren	sich abwenden
etwas unter den Teppich kehren	einen Fehler bewusst verschweigen
lassen	
außer Acht lassen	nicht berücksichtigen
in Ruhe lassen	nicht stören, unbehelligt lassen
im Stich lassen	in schwieriger Lage allein lassen
leisten	
einen Beitrag leisten	beitragen
Hilfe leisten	helfen
Erste Hilfe leisten	einen Verletzten notversorgen
jemandem Gesellschaft leisten	Zeit mit jemandem verbringen
Widerstand leisten gegen etwas	aktiv gegen etwas vorgehen

lenken	
ein Fahrzeug lenken	ein Fahrzeug steuern
die Aufmerksamkeit auf etwas lenken	auf etwas aufmerksam machen
liegen	
in der Luft liegen	– konkret: es riecht nach – abstrakt: es deutet sich an
im Argen liegen	ein Missstand sein
zu Grunde/zugrunde liegen	die Grundlage sein für
auf der Hand liegen	offenkundig/offensichtlich sein
im Sterben liegen	bald sterben, dem Tod nahe sein
im Streit/Clinch liegen mit	zerstritten sein
schwer im Magen liegen	ugs. für Unbehagen verursachen
machen	
Examen machen	das Examen ablegen
eine gute Figur machen	sich gut schlagen
Gebrauch machen von etwas	etwas nutzen
jemandem einen Vorwurf machen	jemandem etwas vorwerfen
jemandem ein Kompliment machen	anerkennende Worte finden
jemandem einen Vorschlag machen	jemandem etwas vorschlagen
sich Gedanken über etwas machen	über etwas nachdenken
sich Sorgen über etwas/um jemanden machen	sich wegen etwas sorgen/sich um jemanden sorgen
nehmen	
etwas in Angriff nehmen	beginnen
Abschied nehmen von etwas/jemandem	sich von etwas/jemandem verabschieden
zum Anlass nehmen für etwas	als Grund/Ursache nehmen
Anstoß an etwas nehmen	sich über etwas empören
etwas in Anspruch nehmen	etwas nutzen, von etwas profitieren

in Betrieb nehmen	(eine Maschine, eine Anlage) starten
Einfluss nehmen auf etwas	etwas beeinflussen
jemanden/etwas in Empfang nehmen	entgegennehmen, empfangen
etwas in Kauf nehmen	hinnehmen, dass etwas (Nachteiliges) passiert
Notiz von jemandem/etwas nehmen	jemanden/etwas zur Kenntnis nehmen, beachten
Rücksicht nehmen auf etwas/jemanden	achtgeben auf etwas/jemanden, rücksichtsvoll umgehen mit
schließen	
ein Abkommen schließen mit jemandem	einen Vertrag mit jemandem machen, eine Vereinbarung mit jemandem treffen
einen Kompromiss schließen	eine Einigung finden; sich einigen, indem jeder ein wenig nachgibt
Frieden schließen	den Krieg/den Streit beenden
Freundschaft schließen	Freunde werden
sein	
im Begriff sein (etwas zu tun)	beginnen, auf dem Punkt sein
in Betrieb sein	laufen (Anlage, Maschine)
von Bedeutung sein für etwas	wichtig sein
der Auffassung/Ansicht/Meinung/Überzeugung sein	meinen/überzeugt sein
in Gefahr sein	gefährdet/bedroht sein
bei jemandem zu Besuch sein	jemanden besuchen
in Kraft sein	gelten
in der Lage/im Stande (imstande) sein	befähigt sein
auf dem Laufenden sein	auf dem letzten Stand der Dinge sein, informiert sein
im Recht/Unrecht sein	Recht/Unrecht haben
in Stimmung sein	(gut) gelaunt sein

setzen	
in Kenntnis setzen	informieren
außer Kraft setzen	abschaffen
aufs Spiel setzen	riskieren
sich mit jemandem in Verbindung setzen	Verbindung zu jemandem aufnehmen
in Gang setzen	auslösen, starten
unter Druck setzen	Druck auf jemanden ausüben
sich zur Wehr setzen	sich wehren
sich zum Ziel setzen	anstreben
spielen	
eine/keine Rolle spielen	wichtig/unwichtig sein
Katz und Maus mit jemandem spielen	jemanden hinhalten
stehen	
zur Verfügung stehen	bereit stehen für den Gebrauch
in Konkurrenz zu jemandem stehen	im Wettstreit mit jemandem stehen
unter Strafe stehen	mit einer Strafe belegt sein
zum Verkauf stehen	zum Kauf angeboten werden
zur Wahl stehen	gewählt werden können
im Widerspruch zu etwas stehen	widersprechen
in Zusammenhang mit etwas stehen	in Verbindung mit etwas gebracht werden können
außer Zweifel stehen	nicht zu bezweifeln sein
stellen	
einen Antrag stellen	beantragen
Forderungen/Bedingungen stellen	fordern/zur Voraussetzung machen
in Aussicht stellen	versprechen
auf den Kopf stellen	alles in Unordnung bringen, um etwas zu finden

sich auf den Kopf stellen	sich unmöglich benehmen in der Hoffnung, ein Ziel zu erreichen
zur Diskussion stellen	besprechen lassen
in Frage (infrage) stellen	anzweifeln
auf die Probe stellen	einem Test unterziehen
Anforderungen/Ansprüche stellen	fordern/beanspruchen
stoßen	
an seine Grenzen stoßen	an den Rand seiner Fähigkeiten gelangen
auf Kritik stoßen	kritisiert werden
auf Gegenwehr/Widerstand stoßen	mit Gegenmaßnahmen konfrontiert werden
auf Ablehnung stoßen	abgelehnt werden
treffen	
eine Auswahl treffen	auswählen
eine Absprache treffen	sich absprechen
eine Entscheidung treffen	sich entscheiden
Maßnahmen/Gegenmaßnahmen treffen	sich zum Handeln/zur Gegenwehr entschließen
eine Vereinbarung mit jemandem treffen	ein Abkommen eingehen
Vorbereitungen treffen	sich vorbereiten
treten	
in Kraft treten (Gesetz)	gültig werden
in Aktion treten	aktiv werden
in Streik treten	streiken
in Verhandlungen treten	miteinander verhandeln
üben	
Kritik üben an etwas/jemandem	kritisieren
Zurückhaltung üben	sich zurückhalten
Nachsicht üben	nachsichtig sein

übertreten	
zu einem anderen Glauben übertreten	eine andere Religion annehmen
das Gesetz übertreten	etwas Illegales tun, gegen das Gesetz handeln
die Geschwindigkeit übertreten	zu schnell fahren
unternehmen	
einen Versuch unternehmen	etwas versuchen
Anstrengungen unternehmen	sich anstrengen
versetzen	
in Angst (und Schrecken) versetzen	verängstigen, Angst machen
in (helle) Aufregung/Aufruhr versetzen	Aufregung/Aufruhr auslösen
in Erstaunen versetzen	zum Staunen bringen
in Rage versetzen	sehr wütend machen
ins künstliche Koma versetzen	Bewusstlosigkeit medizinisch herbeiführen
in die nächste Klasse versetzen	zur nächsthöheren Klasse zulassen
vertreten	
die Ansicht/Meinung vertreten	der Ansicht/Meinung sein
den Standpunkt/die Überzeugung vertreten	überzeugt sein
einen Lehrer/Kollegen vertreten	zeitweise die Arbeit für einen Lehrer/Kollegen übernehmen
ziehen	
in Erwägung/Betracht ziehen	erwägen, als Möglichkeit bedenken
zur Rechenschaft/Verantwortung ziehen	verlangen, dass man die Verantwortung für sein Tun übernimmt
die Lehren aus etwas ziehen	Erkenntnisse für künftiges Tun gewinnen
die Konsequenzen (aus etwas) ziehen	schlussfolgernd handeln
einen Schlussstrich unter etwas ziehen	etwas definitiv beenden
um die Häuser ziehen	ugs. für ausgehen und feiern

Autoren- und Quellenverzeichnis

S. 223 **Benn, Gottfried** (geb. 1886; gest. 1956)
Ein Wort, aus: ders., Statische Gedichte, © 1983, 2006 by Arche Literaturverlag AG, Zürich-Hamburg, S. 73

S. 11 **Böll, Heinrich** (geb. 1917; gest. 1978)
Anekdote zur Senkung der Arbeitsmoral, aus: ders., Werke. Band Romane und Erzählungen 4, 1961 - 1970, Kiepenheuer & Witsch Verlag, Köln, 1994, S. 267 - 269
S. 36 Auch Kinder sind Zivilisten, aus: ders., Erzählungen, Kiepenheuer & Witsch, Köln, 2006, S. 180
S. 38 Die Toten parieren nicht mehr, aus: ebd., S. 183

S. 39 **Borchert, Wolfgang** (geb. 1921; gest. 1947)
Das Holz für morgen, aus: ders., Die traurigen Geranien und andere Geschichten aus dem Nachlass, Peter Rühmkorf (Hrsg.), Rowohlt, Reinbek bei Hamburg, 1967
S. 47 Die Küchenuhr, aus: ders., Das Gesamtwerk, Rowohlt, Reinbek bei Hamburg, 1949, S. 201 ff.
S. 35 Lesebuchgeschichte, aus: ders., Das Gesamtwerk, Rowohlt, Reinbek bei Hamburg, 1949, S. 317 ff.

S. 140 **Brecht, Bertolt** (geb. 1889; gest. 1956)
Die Liebenden, aus: ders., Gesammelte Werke, Suhrkamp Verlag, Frankfurt/Main, 1967, S. 138
S. 9 Ich habe gehört, ihr wollt nichts lernen, aus: Werner Hecht u.a. (Hrsg.), Brecht Werke. Große kommentierte Berliner und Frankfurter Ausgabe, Band 4, Gedichte und Gedichtfragmente 1928-1939, Aufbau Verlag und Suhrkamp Verlag, Berlin und Weimar und Frankfurt/Main, 1993, S. 162
S. 129 Morgens und abends zu lesen, aus: Werner Hecht u.a. (Hrsg.), Bertolt Brecht Werke. Große kommentierte Berliner und Frankfurter Ausgabe, Band 14, Gedichte, Berlin/Weimar/Frankfurt/Main, 1993, S. 353
S. 22 Wenn die Haifische Menschen wären, aus: ebd., Band 12, Gedichte 4, 2. Sammlungen 1938-1956, S. 385 f.
S. 132 Wenn Herr K. einen Menschen liebte, aus: ders., Geschichten von Herrn Keuner, Suhrkamp Verlag, Berlin, 1971, S. 33

S. 60 **Brežná, Irena** (geb. 1950 in der ehemaligen Tschechoslowakei)
Die undankbare Fremde, Verlag Galiani, Berlin, 2012 (3. Auflage), S. 5 - 6, S. 16 - 18, S. 22 - 24, Text gekürzt

S. 174 **Domin, Hilde** (geb. 1909; gest. 2006)
Fernsehgedicht, aus: dies., Gesammelte Gedichte, S. Fischer Verlag, Frankfurt/Main, 1987, S. 352 f.

S. 79 **Eschbach, Andreas** (geb. 1959)
Globalisierung, aus: ders., Das Buch der Zukunft. Ein Reiseführer, Rowohlt Verlag, Berlin, 2004, S. 174 f.

S. 172 **Frank, Karlhans** (geb. 1937; gest. 2007)
Schöne neue Welt, aus: Engelmann, Reiner (Hrsg.), Alles so schön bunt hier, Arena Verlag GmbH, Würzburg, 1996, S. 82 f.

S. 132 **Fried, Erich** (geb. 1921; gest. 1988)
Was es ist, aus: http://www.erichfried.de/Was%20es%20ist.htm, zuletzt besucht am 08.05.2013

S. 91 ff. **Frisch, Max** (geb. 1911; gest. 1991)
Biedermann und die Brandstifter, Suhrkamp Verlag, Frankfurt/Main, 1996, S. 6 ff., S. 27 ff., S. 41, S. 53 f.

S. 108 **Garcia, Jan** und **Jana Gioia Baurmann** (ohne Lebensdaten)
„Die Geister der Stadt", aus: http://www.tagesspiegel.de/berlin/ich-bin-ein-berliner-55-die-geister-der-stadt/8189800.html, zuletzt besucht am 15.07.2013

S. 139 **Goethe, Johann Wolfgang** (geb. 1749; gest. 1832)
Willkommen und Abschied, aus: ders., Werke in vier Bänden, Band 3, Caesar Verlag, Salzburg, 1983, S. 33 f.

S. 189 **Hahn, Gottfried** (ohne Lebensdaten)
Soll das Sitzenbleiben abgeschafft werden?, aus: http://www.focus.de/magazin/debatte/focus-leserdebatte-soll-das-sitzenbleiben-abgeschafft-werden_aid_925393.html, zuletzt besucht am 24.05.2013, Text gekürzt

S. 137 **Hahn, Ulla** (geb. 1946)
Bildlich gesprochen, aus: dies., Herz über Kopf, Deutsche Verlagsanstalt, Stuttgart, 1981, S. 48

S. 152 ff. **Halm, Friedrich** (geb. 1806 in Krakau; gest. 1871 in Wien)
Die Marzipanliese, aus: Die Macht des Geldes, A. v. Chamisso, Peter Schlemihl und F. Halm, Die Marzipanliese, mit einem Nachwort herausgegeben von Winfried Freund, Schöningh Verlag, Paderborn, 1980

S. 197 **Havel, Václav** (geb. 1936; gest. 2011)
Ohne Titel, aus: ders., Das Gartenfest. Die Benachrichtigung. Zwei Dramen, Essays, Antikoden, Reinbek, Hamburg, 1990, S. 204

S. 132 **Heine, Heinrich** (geb. 1797; gest. 1856)
IV (Herbstzyklus), aus: ders., Sämtliche Gedichte, Insel Verlag, Frankfurt/Main und Leipzig, 1993, S. 110

S. 82 **Hoffmann, Heinrich** (geb. 1809; gest. 1894)
Paulinchen war allein zu Haus, aus: ders., Der Struwwelpeter, Pestalozzi Verlag, o.O., o.J., S. 7

S. 136 **Hofmannsthal, Hugo von** (geb. 1874; gest. 1929)
Die Beiden, aus: Karl Otto Conrady (Hrsg.), Das große deutsche Gedichtbuch, Athenäum, Frankfurt/Main, 1987, S. 541

S. 57 **Höhn, Michael** (ohne Lebensdaten)
Gewaltlosigkeit – eine Idee für Schwächlinge?, aus: http://www.tdh.de/fileadmin/user_upload/inhalte/11_Globales_Lernen/Dokumente_zu_Globales_Lernen/Worte_gegen_den_Krieg.pdf, Seite 40, zuletzt besucht am 21.06.2013

S. 70 **Jelloun, Tahar Ben** (geb. 1944 in Fes, Marokko)
Papa, was ist ein Fremder?, übersetzt von Christiane Kayser, Rowohlt Verlag, Berlin, 1999, S. 7ff., S. 17ff.

S. 84 **Kaschnitz, Marie Luise** (geb. 1901; gest. 1974)
Popp und Mingel, aus: dies., Lange Schatten, Erzählungen, Claassen Verlag, Hamburg, 1960, S. 105–114

S. 14 **Kästner, Erich** (geb. 1899; gest. 1974)
Die Entwicklung der Menschheit, aus: Kästner, Erich, Zeitgenossen, haufenweise. Gedichte hrsg. von Harald Hartung in Zusammenarbeit mit Nicola Brinkmann, Carl Hanser Verlag, München, Wien, 1998, S. 175f.
S. 201 Mein lieber Kästner, aus: Kordon, Klaus, Die Zeit ist kaputt. Die Lebensgeschichte des Erich Kästner, Beltz Verlagsgruppe, Weinheim, Basel und Berlin, 1994, 1998, S. 9–11
S. 19 Sinn und Wesen der Satire, aus: Rudolf Walter Leonhardt (Hrsg.), Kästner für Erwachsene, S. Fischer Verlag, Frankfurt/Main, 1966, S. 382f.
S. 25 Trostlied im Konjunktiv, zitiert nach: Sylvia List (Hrsg.), Das Kästner-Buch, Piper & Co. Verlag, München, S. 337

S. 209 **Kerner, Charlotte** (geb. 1950)
Nicht nur Madame Curie ..., Vorwort aus: dies. (Hrsg.), Nicht nur Madame Curie ... Frauen, die den Nobelpreis bekamen, Beltz Verlag, Weinheim und Basel, Neuausgabe 1999, S. 7, S. 9f.

S. 177 **Koelbl, Herlinde** (geb. 1939)
Lügen Bilder?, aus: Sehen, was andere nicht sehen. Über die Arbeit des Bildjournalisten. In: Illner, Maybrit und Ingke Brodersen (Hrsg.), Ente auf Sendung. Von Medien und ihren Machern, DVA, München, 2003, S. 102ff.

S. 65 **Kramer, Werner** (geb. 1930 in Zürich)
Kulturelle Identität im Migrationszeitalter, aus: http://www.sosos.org/fileadmin/texte_pdf/Kramer_Kulturelle_Identit%C3%A4t_im_Migrationszeitalter_100623.pdf, zuletzt besucht am 13.05.2013, Text gekürzt und leicht verändert

S. 134 **Kunze, Reiner** (geb. 1933)
Die liebe, aus: ders., Brief mit blauem Siegel, Reclam Verlag, Leipzig, 1973, S. 10

S. 112 **Kuttler, Jochen**
Das Gestern lebt!, aus: Télécran 46/2009, S. 28ff., Text aktualisiert und angepasst

S. 173 **Lehmkuhl, Markus** (geb. 1968)
Wissenschaft im deutschen Fernsehen, aus: http://www.goethe.de/wis/med/rtv/for/de2609722.htm, zuletzt besucht am 20.05.2013, Text gekürzt

S. 21 **Loriot** (geb. 1923; gest. 2011)
Bundestagsrede, aus: Loriots dramatische Werke, Diogenes Verlag, Zürich, 1983, S. 171ff.

S. 164 **Malecha, Herbert** (geb. 1927; gest. 2011)
Die Probe, aus: Die 16 besten Kurzgeschichten aus dem Preisausschreiben der Wochenzeitung Die Zeit, herausgegeben von Marion von Schröder, Marion von Schröder Verlag, Hamburg, 1955, S. 21–27

S. 197 **Meitner, Lise** (geb. 1878; gest. 1968)
Ich kam zu dem Schluss, aus: Kerner, Charlotte, Lise, Atomphysikerin. Die Lebensgeschichte der Lise Meitner, Beltz Verlag, Weinheim und Basel, 1986 und 1989, S. 7

S. 137 **Meyer, Conrad Ferdinand** (geb. 1825; gest. 1898)
Zwei Segel, aus: Karl Otto Conrady (Hrsg.), Das große deutsche Gedichtbuch, Athenäum, Frankfurt/Main, 1987, S. 541

S. 78 **Newth, Eirik** (geb. 1964 in Oslo)
Globalisierung, aus: ders., Abenteuer Zukunft. Projekte und Visionen für das dritte Jahrtausend, Deutscher Taschenbuchverlag, München, 2002, S. 100–102

S. 227 **Olsberg, Karl** (geb. 1960)
Taubers Sammlung, aus: Ein Streifen Silberpapier. Geschichten vom Glück, herausgegeben vom MVB Marketing- und Verlagsservice des Buchhandels GmbH, Frankfurt/Main, 2005, S. 9–12

S. 67 **Pirsch, Fabienne** (ohne Lebensdaten)
Zwischen neuer Heimat und Rückkehr, aus: Télécran, 27/2007, S. 32ff., Text gekürzt und verändert

S. 199 **Rauch, Judith** (geb. 1956)
„Werde nie eine Frau, wenn du groß bist.", aus: Kerner, Charlotte (Hrsg.): Nicht nur Madame Curie ... Frauen, die den Nobelpreis bekamen, Beltz Verlag, Weinheim und Basel, Neuausgabe 1999, S. 214–218, 246f.
S. 212 „Am ehemaligen Goeppert'schen Haus ...", aus: ebd., S. 249f.

S. 63 **Rinas, Jutta** (ohne Lebensdaten)
„Migranten brauchen ein Recht auf Fremdheit" http://www.haz.de/Nachrichten/Kultur/Uebersicht/Migranten-brauchen-Recht-auf-Fremdheit, zuletzt besucht am 12.05.2013

S. 224 **Röder, Marlene** (geb. 1983)
Mitternachtspartys, aus: dies., Melvin, mein Hund und die russischen Gurken, Ravensburger Buchverlag, Ravensburg, 2011, S. 43–48

S. 66 **Scheffen, Jean-Louis** (ohne Lebensdaten)
Geburtsort Luxemburg – Geburtsland Italien, aus: Télécran, 28/2012, S. 21, Text gekürzt und verändert

S. 10 **Schmich, Theo** (geb. 1935)
Geier, aus: Theodor Karst (Hrsg.), Texte aus der Arbeitswelt seit 1961, Reclam Verlag, Stuttgart, 1974, S. 81 ff.

S. 150 **Schopenhauer, Arthur** (geb. 1788; gest. 1860)
Über Geld, aus: Aphorismen zur Lebensweisheit, vollständige Ausgabe mit Erläuterungen und Übersetzungen der fremdsprachigen Zitate, Insel Verlag, Frankfurt/Main, 1976, S. 14ff.

S. 59 **Şenocak, Zafer** (geb. 1961 in Ankara)
Doppelmann, aus: ders., Flammentropfen. Gedichte, Dagyeli Verlag, Frankfurt/Main, 1985, S. 39

S. 234 **Seul, Michaela** (geb. 1962)
Allmorgendlich, aus: Allert-Wybranietz, Kristiane (Hrsg.), Abseits der Eitelkeiten, Heyne Verlag, München, 1987, S. 23

S. 130 **Silbermond**
Das Beste, aus: http://www.silbermond.de/#/band/photos/, http://www.magistrix.de/lyrics/Silbermond/Das-Beste-24171.html, zuletzt besucht am 13.05.2013

S. 109 **Sterblich, Ulrike** (geb. 1970)
Danach: Prenzlauer Berg, aus: dies., Die halbe Stadt, die es nicht mehr gibt: Eine Kindheit in Berlin (West), Rowohlt Verlag GmbH, Reinbek bei Hamburg, 2012, S. 9–16, Textauszug gekürzt

S. 198 **Stratenwerth, Irene** (geb. 1954)
„Das Gefühl, die Welt ein Stück weiterbringen zu müssen", aus: Kerner, Charlotte (Hrsg.), Nicht nur Madame Curie ... Frauen, die den Nobelpreis bekamen, Beltz Verlag, Weinheim und Basel, Neuausgabe 1999, S. 44f., S. 48f.

S. 55 **Teller, Janne** (ohne Lebensdaten)
Krieg. Stell dir vor, er wäre hier, Hanser Verlag, München, 2011, S. 7–13, Text gekürzt

S. 18 **Tucholsky, Kurt** (geb. 1890; gest. 1935)
Was darf Satire?, aus: ders., Gesammelte Werke, Bd. I, Rowohlt Verlag, Reinbek, 1961, S. 63

S. 114 **Volks, Sybil** (geb. 1965)
Willkommen, bienvenue, welcome, aus: dies., Torstraße 1, Deutscher Taschenbuch Verlag, München, 2012, S. 7–10

S. 149 **Wassermann, Jakob** (geb. 1873; gest. 1934)
Das Gold von Caxamalca, Reclam Verlag, Stuttgart, 1973, S. 22ff.

S. 230 **Ziegler, Reinhold** (geb. 1955)
Die Brücke, aus: ders., Der Straßengeher, www.reinhold-ziegler.de/html/bruecke.html, zuletzt besucht am 06.01.2014

S. 144 **Zimmermann, Tanja** (ohne Lebensdaten)
Eifersucht, aus: Bolte, Marion (Hrsg.), Total verknallt, Rowohlt Verlag, Reinbek bei Hamburg, 1984, S. 56

S. 131 Sommerschnee, aus: http://www.kantiolten.ch/cms/fileadmin/aktuell_downloads/APMAR/AP11_Sprachbogen.pdf, zuletzt besucht am 15.05.2013

S. 16 **Zwerenz, Gerhard** (geb. 1925)
Nicht alles gefallen lassen ..., aus: Nicht alles gefallen lassen, Schulbuchgeschichten, Fischer Verlag, Frankfurt/Main, 1977

Ohne Autor:

S. 218 Am 19. März 1953 erklärte der britische Forscher Francis Crick ..., aus: http://www.bild.de/news/ausland/auktion/teuerster-brief-versteigert-29959252.bild.html, zuletzt besucht am 13.04.2013

S. 124 Berlin für Jugendliche, aus: http://www.top10berlin.de/Location/2101-Berlin_Tour_fuer_Jugendliche, zuletzt besucht am 18.07.2013

S. 141 Brecht und die Frauen, selbst verfasster Text auf der Basis von: Patzer, Georg, Brecht kennen lernen. Leben und Werk: Theater – Lyrik – Prosa, AOL Verlag, Lichtenau, achte Auflage 2009, S. 10f. und Vogt, Jochen, Kritisches Lexikon zur deutschsprachigen Gegenwartsliteratur, Edition Text + Kritik GmbH, München, 1978, 16. Nlg.

S. 111 Das Stadion der Weltjugend..., aus: http://www.top10berlin.de/Location/2101-Berlin_Tour_fuer_Jugendliche, zuletzt besucht am 16.10.2013

S. 151 Definition „Geld" von Hannelore Figna, nach: http://www.zum.de/Faecher/Materialien/figna/glossar.htm, zuletzt besucht am 16.10.2013

S. 180 Deichbruch an der Elbe – ICE-Hauptverbindungen unterbrochen, aus: http://www.t-online.de/nachrichten/specials/id_63782050/hochwasser-2013-deichbruch-in-fischbeck-ice-verbindungen-unterbrochen.html, zuletzt besucht am 04.07.2013

S. 219 Die meisten Nobelpreisträger haben sich schon in der frühesten Kindheit ..., aus: http://www.planet-wissen.de/politik_geschichte/persoenlichkeiten/nobelpreistraeger/, zuletzt besucht am 13.04.2013

S. 142 Goethe und Friederike Brion, selbst verfasster Text

S. 27 Haie: Tauchen ohne Käfig, aus: http://www.geo.de/GEOlino/natur/haie-tauchen-ohne-kaefig-60743.html, zuletzt besucht am 02.04.2013

S. 45 Heinrich Böll: biografischer Text, aus: http://www.dradio.de/dlf/sendungen/buechermarkt/164919/, zuletzt besucht am 21.06.2013, gekürzt

S. 184 „Heutzutage gibt es bessere Schutzmöglichkeiten" (Das Interview führte Jörn Unsöld, tagesschau.de), aus: http://www.tagesschau.de/inland/interview-juergen-stamm100.html, zuletzt besucht am 04.07.2013, gekürzt

S. 195 Hohlspiegel, Auszüge aus: http://www.spiegel.de/fotostrecke/hohlspiegel-kostenloser-brennholzverleih-fotostrecke-77117-4.html; http://www.spiegel.de/fotostrecke/hohlspiegel-geliebte-streubombe-fotostrecke-76124.html; http://www.spiegel.de/fotostrecke/hohlspiegel-gefaehrliches-spiel-mit-dem-feuer-fotostrecke-75122-4.html; http://www.spiegel.de/fotostrecke/hohlspiegel-druckabfall-mal-anders-fotostrecke-74957.html; http://www.spiegel.de/foto-strecke/hohlspiegel-das-landgericht-als-klaeranlage-fotostrecke-74157-6.html; http://www.spiegel.de/fotostrecke/hohlspiegel-achtung-strasse-faellt-fotostrecke-73125-5.html, alle zuletzt besucht am 17.05.2013

S. 213 Infografik zu Lise Meitner, aus: http://www.br.de/fernsehen/br-alpha/sendungen/entdeckungen-grosser-forscher/meitner-lise-100.html, zuletzt besucht am 16.10.2013

S. 43 In seinem Größenwahn glaubte Hitler ..., aus: http://www.planet-schule.de/wissenspool/kinder-europas/inhalt/wissen-deutschland/geschichte/verfolgung-der-juden.html, zuletzt besucht am 21.06.2013, Textauszug

S. 221 Interessantes und Kurioses rund um den Nobelpreis, zusammengestellt aus: http://www.uni-goettingen.de/de/4281.html und http://de.wikipedia.org/wiki/Von_der_schwedischen_Reichsbank_in_Erinnerung_an_Alfred_Nobel_gestifteter_Preis_f%C3%BCr_Wirtschaftswissenschaften, zuletzt besucht am 13.04.2013

S. 51 Kriegsende von Sine Maier-Bode, aus: http://www.planet-wissen.de/politik_geschichte/drittes_reich/kindheit_unter_hitler/, zuletzt besucht am 21.06.2013, Text verändert und angepasst

S. 185 Land unter (von Klaus Zinzt), aus: http://www.stuttgarter-zeitung.de/inhalt.kommentar-zum-hochwasser-land-unter.ab2c0d17-ae43-4710-9bca-829d048de5f2.html, zuletzt besucht am 04.07.2013

S. 150 Lexikonartikel „Gold", aus: Hans Biedermann, Kraus Lexikon der Symbole, Droemer Knaur, 1989, Augsburg, S. 165f.

S. 64 Migration – Lexikonartikel, aus: Schülerduden Politik und Gesellschaft, Dudenverlag, (Bibliographisches Institut & F.A. Brockhaus AG, Mannheim), 4. völlig neu bearbeitete Auflage, Mannheim, Leipzig, Wien, Zürich, 2001, S. 265

S. 76 Multikulturalität, aus: ASTI (Hrsg.), Entwurzelt – Verwurzelt. Beilage im Télécran vom 16. Dezember 2009, S. 2, gekürzter Interview-Ausschnitt

S. 187 Öffentliche Aufgabe der Medien, aus: DIE ZEIT. Medienkunde 2010/2011. Die neue Lernplattform von „ZEIT für die Schule", www.zeit.de/schule, IX Medienwissen, S. 147f., zuletzt besucht am 20.05.2013, Text gekürzt

S. 182 Partystimmung beim Sandsackschleppen (von Susanne Kailitz), aus: http://www.zeit.de/gesellschaft/zeitgeschehen/2013-06/dresden-hochwasser-facebook, zuletzt besucht am 04.07.2013

S. 28 Raubtier der Meere: der Hai, aus: http://www.helles-koepfchen.de/haie-raubtiere-der-meere.html, zuletzt besucht am 02.04.2013

S. 81 Schaubild „Bevölkerungsentwicklung in Luxemburg", aus: http://www.statistiques.public.lu/stat/TableViewer/tableView.aspx?ReportId=384&IF_Language=fra&MainTheme=2&FldrName=1, zuletzt besucht am 14.12.2013

S. 220 Selma Lagerlöf, aus: http://www.fembio.org/biographie.php/frau/biographie/selma-lagerloef/, zuletzt besucht am 04.04.2013, Text gekürzt und leicht verändert

S. 180 Spektakuläre Schiffssprengung an der Elbe erfolgreich, aus: http://www.welt.de/vermischtes/article117152580/Spektakulaere-Schiffssprengung-an-der-Elbe-erfolgreich.html, zuletzt besucht am 04.07.2013

S. 245 Tätowierungen erzählen Geschichten, aus: http://www.planet-wissen.de/natur_technik/anatomie_mensch/haut_des_menschen/koeperkunst.jsp, zuletzt besucht am 18.06.2013, Text verändert und angepasst

S. 242 Tätowierung und Piercing – nur eine Frage des Geschmacks?, aus: http://www.wasistwas.de/nc/aktuelles/artikel/link//68ea175962/article/taetowierung-und-piercing-nur-eine-frage-des-geschmacks.html, zuletzt besucht am 18.06.2013, Text gekürzt

S. 217 Testament von Alfred Nobel, Auszug aus: Kerner, Charlotte (Hrsg.). Nicht nur Madame Curie ... Frauen, die den Nobelpreis bekamen, Beltz Verlag, Weinheim und Basel, Neuausgabe 1999, S. 445 f.

S. 217 Um Aussicht auf den Nobelpreis zu haben ..., aus: http://www.planet-wissen.de/politik_geschichte/persoenlichkeiten/nobelpreistraeger/ zuletzt besucht am 13.04.2013

S. 175 Warum sind gute Nachrichten wichtig? (N 24-Interview), aus: http://www.n24.de/n24/Nachrichten/Politik/d/1370418/warum-sind-gute-nachrichten-wichtig-.html, zuletzt besucht am 04.07.2013, Text gekürzt und angepasst

S. 54 Warum werden Kinder und Jugendliche Soldaten?, aus: http://www.unicef.de/projekte/themen/kinder-schuetzen/kindersoldaten/, zuletzt besucht am 21.06.2013, Textauszüge

S. 244 Warum wollen sich Jugendliche piercen oder tätowieren lassen?, aus: https://www.elternimnetz.de/kinder/pubertaet/piercing.php, zuletzt besucht am 18.07.2013, Text gekürzt

S. 186 Welch ein Sommer!, aus: Die Zeit, Nr. 26, 26.06.2013, S. 1

S. 52 Weltweit gibt es noch immer viele Kindersoldaten, aus: http://www.helles-koepfchen.de/artikel/3408.html, zuletzt besucht am 21.06.2013

S. 44 Wolfgang Borchert, Ein Leben im Zeichen des Krieges, aus: http://www.wbg-lgz.de/ja/index.php?option=com_content&view=article&id=6&Itemid=46, zuletzt besucht am 21.06.2013

S. 106 Wusstest du schon, dass ...?, aus: http://www.city-tourist.de/city-tourist.de-Berlin-info.htm, zuletzt besucht am 15.07.2013

S. 204 Zitate über Lise Meitner, aus: Kerner, Charlotte, Lise, Atomphysikerin. Die Lebensgeschichte der Lise Meitner, Beltz Verlag, Weinheim und Basel, 1986, 1989, S. 129, S. 21 f., S. 129 f., S. 134

Textsortenverzeichnis

Bildquellenverzeichnis

Einband akg-images, Berlin; fotolia/© photoGraphHie
S. 17 BOB/toonpool.com
S. 19 akg-images, Berlin; Schiller Nationalmuseum/Deutsches Literaturarchiv, Marbach am Neckar
S. 34 akg-images, Berlin (2)
S. 34/35 Der 2. Weltkrieg: Daten, Bilder, Dokumente, C. Bertelsmann Verlag, München 1983
S. 36 akg-images/Stefan Arcynski, Berlin
S. 38 Der 2. Weltkrieg: Daten, Bilder, Dokumente, C. Bertelsmann Verlag, München 1983
S. 39 Erich Weiß, Bamberg
S. 41 Der 2. Weltkrieg: Daten, Bilder, Dokumente, C. Bertelsmann Verlag, München 1983 (4)
S. 42 akg-images, Berlin
S. 45 PRO
S. 46 Zoonar, Hamburg
S. 53/54 terre des hommes/Oetringhaus, Osnabrück (2)
S. 55 Janne Teller, Krieg. Stell dir vor, es wäre Krieg, aus dem Dänischen von Sigrid Engeler, dtv/Reihe Hanser, München 2013
S. 58 photocase/© marqs
S. 60 Irena Brežná, Die undankbare Fremde, Galiani Verlag, Berlin
S. 61 fotolia/© Zauberhut
S. 63 © gezett.de, Berlin
S. 66 Guy Wolff, Télécran/Luxemburg
S. 67 Mady Weydert, Luxemburg
S. 68 www.flagpedia.net (3)
S. 70 Bruno Barbey/Magnum und Charly Case
S. 72 Tahar Ben Jelloun, Papa, was ist ein Fremder?, Gespräch mit meiner Tochter, Rowohlt Taschenbuch Verlag, Reinbek 2000
S. 76 http://www.alterego-europe.eu/integration-und-multikulturalitat.html
S. 82/83 Heinrich Hoffmann, Der Struwelpeter
S. 91 Berliner Ensemble, Berlin; Cinetext, Frankfurt
S. 93 Berliner Ensemble, Berlin
S. 95 Berliner Ensemble, Berlin
S. 97 Berliner Ensemble, Berlin
S. 101 Berliner Ensemble, Berlin
S. 108 © Jan García/Der Tagesspiegel, Berlin
S. 109 © Doris Spiekermann-Klaas/Der Tagesspiegel, Berlin; Ulrike Sterblich, Die halbe Stadt, die es nicht mehr gibt. Eine Kindheit in Berlin (West), Rowohlt Taschenbuch Verlag, Reinbek 2012
S. 110 Gamma-Rapho via Getty Images, München
S. 111 Bundesarchiv, Bild 183-10280-0001/Quaschinsky, Hans-Günter/CC-BY-SA
S. 113 Jochen Kuttler, Télécran, Luxemburg
S. 114 © Barbara Dietl; Sybil Volks, Torstraße 1, dtv, München 2012
S. 115 © Bildarchiv Foto Marburg, Marburg
S. 120 Getty Images/Ulrich Baumgarten, München
S. 123 fotolia/© Marcito
S. 124 Wir sind Berlin UG, Berlin
S. 130 Getty Images/Adam Berry, München
S. 134 Bildarchiv Preußischer Kulturbesitz/Scala, Berlin
S. 141 Interfoto/Friedrich, München
S. 142 akg-images, Berlin; dpa Picture-Alliance/bifab, Frankfurt; dpa Picture-Alliance/Polfoto, Frankfurt; www.goethezeitportal.de
S. 150 Interfoto, München
S. 170 http://expositions.mundaneum.org/sites/default/files/newsroom-big.jpg
S. 172 Zentrum für Kultur und Medientechnologie, Karlsruhe
S. 173 wikimedia.org/Alex Hindemith, Lizenz Creative Commons gy-sa-3.0.de
S. 174 Gero Hellmuth, Singen
S. 177 Herlinde Koebl, Neuried (2)
S. 178 Axel Springer AG, BILD vom 12.09.2001, Berlin; Frankfurter Allgemeine Zeitung, FAZ vom 12.09.2001, Frankfurt; RP Media GmbH, Rheinische Post vom 12.09.2001, Düsseldorf
S. 179 © Scholz & Friends, Berlin (r)
S. 180 dpa Picture-Alliance/ZB/Thomas Butzeck, Frankfurt
S. 182 dpa Picture-Alliance/ZB/Martin Förster, Frankfurt; © Susanne Kailitz, Dresden
S. 187 Gustav Stresemann Stiftung e.V., Jena
S. 188 dpa Picture-Alliance/Kay Nietfeld, Frankfurt; dpa Picture-Alliance/Steffen Kugler, Frankfurt; thinkstock/Photodisc; thinkstock/polarfernandez
S. 196/197 akg-images, Berlin
S. 199 Ullstein-Bild/The Granger Collection, Berlin
S. 200 wikimedia.org/Smithonian Institution Archives
S. 201 Getty Images/Keystone, München
S. 203 Deutsches Museum, München
S. 205 Ullstein-Bild, Berlin; Ullstein-Bild/Augstein, Berlin
S. 206 Christiane Schmitz, Luxemburg
S. 213 dpa Picture-Alliance, Frankfurt; dpa Picture-Alliance/DB Max-Planck-Gesellschaft, Frankfurt; dpa Picture-Alliance/Georg Göbel, Frankfurt; HZB, Berlin; wikimedia.org/U.S. National Archives and Records Administration
S. 218 fotolia/© kilala
S. 220 wikipaintings.org
S. 221 akg-images/picture-alliance, Berlin
S. 222/223 The Image Bank/P. Turner, Düsseldorf
S. 225 Food Centrale, Hamburg
S. 226 thinkstock/iStockphoto; olaf herschbach
S. 231 vario images, Bonn
S. 235 IBM, New York
S. 237 thinkstock/zoonar
S. 241 dpa Picture-Alliance/Boris Roessler, Frankfurt
S. 242 thinkstock/iStockphoto

Sachregister